Biblioteca de Derecho Penal y Procesal Penal

Carlos Pérez del Valle
(Director)

Carlos Antonio Agurto Gonzáles
Sonia Lidia Quequejana Mamani
Benigno Choque Cuenca
(Coordinadores Generales)

GIUSEPPE BETTIOL
Profesor ordinario de la Universidad de Padua

INSTITUCIONES DE DERECHO PENAL Y PROCESAL PENAL

EDICIÓN AL CUIDADO DE
CARLOS ANTONIO AGURTO GONZÁLES
SONIA LIDIA QUEQUEJANA MAMANI
BENIGNO CHOQUE CUENCA

Ediciones Olejnik

INSTITUCIONES DE DERECHO PENAL Y PROCESAL PENAL

© Ediciones Olejnik
Huérfanos 611, Santiago-Chile
E-mail: contacto@edicionesolejnik.com
Web site: http://www.edicionesolejnik.com

Revisión de la traducción
Luis M. Marcano Salazar y Equipo

Primera edición en Ediciones Olejnik: 2022

ISBN: 978-956-407-038-4

Diseño de Carátula: Ena Zuñiga
Diagramación: Janett Ruiz Rebaza

Impreso en Argentina 2022 Printed in Argentina

A mi hijo Rodolfo, antiguo estudiante de Derecho en Padua, en quien revive el nombre y el espíritu de su inolvidable abuelo.

ÍNDICE

Capítulo IV
LAS CODIFICACIONES ITALIANAS

Capítulo V
LOS PRINCIPIOS FUNDAMENTALES DEL DERECHO PENAL VIGENTE

PARTE SEGUNDA

Capítulo I
NOCIONES SOBRE EL PROCESO PENAL ITALIANO

Capítulo II
PROCESO PENAL Y LEGISLACIÓN VIGENTE

Capítulo III
LOS PRINCIPIOS FUNDAMENTALES DEL DERECHO PROCESAL PENAL VIGENTE

Capítulo IV
EL FUTURO DEL PROCESO PENAL

PRÓLOGO A LA SEGUNDA EDICIÓN

Tras la reimpresión inalterada de la primera edición que tuvo lugar en 1970, sale ahora —mientras las grandes reformas del Código penal y del de procedimiento penal están aún en fase de elaboración—, la segunda edición de estas «Instituciones», puesta al día con las disposiciones posteriores y las resoluciones del Tribunal Constitucional.

No he creído conveniente ampliar el texto porque lo estimo suficiente para los estudiantes de Ciencias Políticas con vista a su preparación. Es prueba de ello el favor que le han dispensado en Italia y en el extranjero. En este sentido debo agradecer a mi queridísimo amigo Giuseppe Guarneri por la amplia y completa recensión que ha querido hacer de estas «Instituciones» en la «Rivista di Diritto e procedura penale», y tener un recuerdo conmovido y respetuoso para la memoria de Remo Pannain, que en el «Archivio Penale» fue el primero que supo concretar la estructura y las finalidades de este trabajo.

Agradezco profundamente a mi entusiasta discípulo y adjunto el doctor Prieto Longo la valiosa ayuda que me ha prestado y encomiendo el libro a la comprensión de los estudiantes, a quienes se dedica, y a la de los colegas.

Padua, mayo de 1973.

GIUSEPPE BETTIOL

PRÓLOGO A LA PRIMERA EDICIÓN

Ciertamente más de un lector se maravillará del hecho que yo publique un curso de «Instituciones de Derecho penal y procesal» tras las recientes y análogas publicaciones de Leone, de Pisapia, de Tesauro y de otros ilustres autores. Me doy perfecta cuenta de ello. Mas, es el caso que cada uno de nosotros tiene su propia característica y orientación cultural. Si mi «Derecho penal», escrito para juristas, en cierto aspecto supera el concepto de delito como institución puramente técnico-jurídica para indagar la función ético-política de las categorías de la dogmática penal, con mayor razón estas «Instituciones», escritas para estudiantes de la Facultad de Ciencias Políticas, llevan a considerar el delito, la pena y el proceso bajo un aspecto que llamaría *problemático* —como mejor diré en el texto— en el sentido que estos fenómenos de la vida social son contemplados y discutidos en términos prevalentemente político-culturales. La dogmática jurídica y la política no se presentan más como planos superpuestos sin contacto entre sí, sino como momentos o aspectos de un fenómeno que confluyen todos hacia una visión unitaria, aunque compleja, del mismo. El porqué de las cosas en su devenir histórico puede ser más útil que un conocimiento inmóvil y formal de la «cosa en sí», especialmente para los estudiosos de las Ciencias Políticas. ¡Y el Derecho penal es también una política! Cuanto menos la historia reciente lo ha demostrado dramáticamente.

Dado el carácter del volumen he marginado las notas bibliográficas. Me he limitado a indicar solo un elenco de la literatura italiana y extranjera esencial para el Derecho penal y procesal penal, sin renunciar, no obstante, a recordar en el texto las opiniones de algunos autores cuando me ha parecido indispensable o particularmente significativo.

Agradezco a Molari, Calvi y Scanferla toda la ayuda que me han prestado.

Padua, agosto de 1966.

GIUSEPPE BETTIOL

PARTE PRIMERA

CAPÍTULO PRIMERO

Nociones introductorias

1. INTRODUCCIÓN METODOLÓGICA. —Un estudio institucional del Derecho penal para los estudiantes de la Facultad de Ciencias Políticas no puede ser planteado y desarrollado con intentos *dogmáticos*, como sucede para con los estudiantes de la Facultad de Derecho. Estos últimos tienen sobre todo necesidad de conocer las estructuras técnicas de las normas penales, el delito como institución jurídica, la pena como consecuencia jurídica: el conjunto va además encuadrado en un *sistema conceptual* en cuyo ámbito cada noción particular debe encontrar su posición y explicación en conexión lógico-formal con todas las demás. Es verdad que hoy el formalismo de una metodología nominalista que ha imperado en Italia con CARNELUTTI de 1930 a 1960 debe considerarse superado, porque es inidóneo para aprehender la naturaleza y la función de los conceptos penales: pero, en todo caso —incluso en aquel en que se quiera interpretar teleológicamente el concepto jurídico—, en el campo de las investigaciones estrictamente jurídicas domina la exigencia de la *sistematización* del pensamiento científico, en cuyo ámbito los conceptos y los principios (dogmas) se desarrollan y se disponen según las reglas de la lógica clásica. El concepto singular debe ser inserto en el todo, y los conceptos «base» deben servir de apoyo para los conceptos «vértice» en un conjunto armónico y ordenado. Las antinomias y contradicciones han de ser en lo posible eliminadas por el constructor de conceptos u operador jurídico, o todo lo más soportadas como reliquias históricas que la evolución de los tiempos no ha llegado aún a eliminar o superar. Toda la historia de la dogmática penal —desde que el Derecho penal ha tomado conciencia de sí— está dominada por una tal exigencia sistemática (ya sea lógica, ya sea teleológica), que es en todo caso indispensable al jurista para dar orden a sus conceptos, en cuanto que en el orden se manifiesta el pensamiento científico si no quiere acabar en lo confuso y en lo inexacto. El que de tal modo, con este proceder hacia generalizaciones y esquemas siempre más amplios, se llegue a perder el contacto con la materia cultural y con las nociones últimas del Derecho penal, es algo que está en la misma naturaleza del procedimiento mental. Quien dogmatiza abstrae, y con la abstracción ordena. Esto se pone, aunque solo en cierto aspecto, en contraste con una visión o interpretación histórico-cultural de los problemas básicos del Derecho penal. La exigencia sistemática hace perder la característica *problemática* al pensamiento penal, que está en relación con la historia, con la cultura, con los contrastes, con el ambiente, con los choques de intereses, con el drama de la

vida. En síntesis, la sistematización del pensamiento jurídico hace perder de vista la sustancia y el origen político de los problemas, de las doctrinas, de las construcciones mentales típicas del jurista. Y es eso precisamente lo que, por el contrario, interesa particularmente al político y al estudioso de los problemas políticos. Que la antijuridicidad sea una nota formal del delito o uno de sus elementos, que ella se distinga o no de la tipicidad del hecho o de la culpabilidad del sujeto agente es algo de indudable importancia, pero más importante aún para el estudioso de las doctrinas políticas es saber en qué cosa se traduzca la antijuridicidad y cómo la misma reaccione respecto a la noción del delito, según se parta de una interpretación liberal o marxista de la historia. Debemos tratar las últimas razones del pensamiento jurídico, que son políticas y, por tanto, *problemáticas,* como con razón ha escrito PETTOELLO. No se trata ya de sistematizar más o menos impecablemente los conceptos entre sí, sino de aprehender la razón última de los conceptos bajo su aspecto cultural, político y jurídico. He aquí por qué una exposición incluso institucional del derecho y del proceso penal para los estudiantes de ciencias políticas necesita de un planteamiento diverso del que por el contrario *es* necesario en otros sectores del conocimiento. Y a este método nos limitaremos en nuestra breve exposición.

2. DERECHO PENAL Y FILOSOFÍA DEL DERECHO. —Nuestra exposición «problemática» debe en todo caso partir de una experiencia de derecho positivo. Tenemos que comenzar por el Código penal vigente de 1931, en parte ya retocado o reformado tras la caída de la dictadura fascista, de que era expresión. Este Código proporcionará el punto de partida a nuestras disquisiciones, con el fin de llegar a un conocimiento de su contenido sobre la base de los problemas y de las orientaciones ideológicas que le hicieron surgir. Pero es también evidente que todo ello debe encuadrarse en la *cultura* de nuestro tiempo con relación a las necesidades de orden espiritual y político que nuestra época expresa.

Un hecho sobresale claramente de lo hondo de nuestras convicciones y de las experiencias adquiridas en los últimos cuarenta años tan cargados de historia: nos encontramos frente a una *crisis de la positividad del derecho.* La proposición de que solo sea derecho el derecho positivo, es decir, el que emana de la voluntad del Estado, aunque era hace medio siglo un dogma intocable para el jurista, hoy se presenta fuertemente atacada y discutida. Las ventajas que aquélla proporcionaba, como la certeza del derecho y la seguridad jurídica, ceden el puesto a una más sentida exigencia de justicia para las situaciones en las cuales la persona humana se puede llegar a encontrar. Y con la justicia, también una exigencia de verdad. Basta pensar en las vicisitudes y en los problemas que dieron origen al proceso de Nuremberg contra los criminales de guerra para darse cuenta, por ejemplo, de que la invocación de la orden vinculante del superior no es válida si esta orden no es sustancialmente legítima, o sea, si no se corresponde a una efectiva exigencia de justicia en el respeto de los derechos de la persona. «Derechos inviolables», como dispone el art. 2 de la Constitución italiana, que, con tal expresión, abre un portillo a un orden jurídico que el derecho positivo no crea, sino *reconoce.* Surge, por tanto, el tan discutido problema de la validez de un derecho *natural* que preexiste al derecho positivo, y que sirve para corregir las orientaciones, para colmar las lagunas, para vincular la norma positiva a una serie de valores éticos que se erigen en imperativos absolutos. Sobre la insuficiencia o sobre la incapacidad del derecho positivo, tras las trágicas experiencias de sistemas que confiaban ciegamente en la validez exclusiva del derecho positivo, se habla hoy de una crisis de la positividad del derecho y de un *renacimiento del derecho natural.* Y es sobre todo el político quien por ello debe tomar posición, si quiere penetrar en las más íntimas exigencias de una interpretación jurídica que esté situada en nuestro tiempo, tan rudo y dramático a causa de las contradicciones por las que está dominado y en las que se halla casi sumido. Nos damos cuenta que la alusión al derecho natural —después de la larga dominación del derecho positivo y de la dogmática formalista— plantea problemas muy delicados. Y los plantea porque del derecho natural —elaborado por la filosofía del Derecho— se pueden tener diversos planteamientos e interpretaciones, que pueden llevar a resultados en contradicción entre sí. También la doctrina jurídica nacionalsocialista en los años 1933-45 apelaba a «su» derecho natural, que se manifestaba en la exigencia suprema de mantener intacta la pureza racial del pueblo alemán, a la que cualquier otra exigencia —incluido el respeto de la dignidad y libertad del hombre— debía venir si fuese el caso sacrificada. Pero si entendemos por derecho natural solo aquellas tendencias filosóficas que, frente al exceso de poder de la colectividad estatal, social, racial o clasista, se ponen como exigencias de *salvaguardia* para la amenazada libertad individual, podemos individualizar todavía hoy y reputar válidos en el pensamiento filosófico tres concepciones del derecho natural que encuentran sus raíces en el *pensamiento iluminista,* en la *tradición escolástica* y en la *visión existencialista del hombre.* Y si aun bajo el aspecto especulativo las diferencias son sustanciales, en el terreno práctico las tres terminan por exigir que la persona humana tenga una dimensión jurídica que el Estado o la colectividad no puede sacrificar *ad nutum.* Bastarán al respecto breves orientaciones.

El derecho natural del Iluminismo, que vive y opera en el pensamiento político de signo liberal, es derivación directa del *racionalismo absoluto* del siglo XVIII, el cual, en nombre de la razón humana (abstractamente entendida), trataba de elaborar y de deducir de algunos principios generales toda una serie de proposiciones jurídicas que debían ser consideradas válidas en sí y por sí y debían servir en todo caso de modelo a las esquematizaciones del derecho positivo, en aquel tiempo todavía inculto y rudo, y en el campo del Derecho penal y procesal penal, en contraste con las exigencias de respeto de la persona humana. El choque con la historia es y era inevitable, porque la historia —así como se había manifestado— había sido para el hombre una historia de lágrimas y de sangre. No era de la historia, del ambiente, de las situaciones de la vida, de donde el derecho debía extraer su razón de ser, puesto que todo ello era fuente espuria y envenenada. La razón, la abstracta racionalidad, debía ser la matriz de un derecho soberano, que se ponía como modelo para las futuras legislaciones, a fin de que satisficiesen las *exigencias de libertad* de la persona humana. Y es esta exigencia de la libertad la que el iusnaturalismo iluminista acentuó; y es de esta idea de la que las reformas de los Códigos penales y procesales penales han partido. El mérito de la filosofía iluminista fue principalmente el de integrar un estímulo para la reforma de legislaciones arcaicas y a menudo crueles. Pero si es cierto que las esquematizaciones resultan siempre de modelos abstractos, tales modelos son indispensables cuando se procede a una obra de reforma con vista a un mejoramiento sustancial de la situación jurídica. Y podemos afirmar con presteza que el iusnaturalismo iluminista ha influenciado fuertemente la ideología de la escuela clásica, la cual, a través de todo el siglo XIX, con sus exigencias de libertad ha estado a la cabeza del progreso legislativo y científico.

A este planteamiento racionalista-abstracto del Iluminismo se contrapone otra concepción que también trae causa de la naturaleza racional del hombre, pero más cercana —al menos en su planteamiento clásico— a exigencias fundamentales de carácter histórico-social. Es la concepción tomista o escolástica del derecho natural, anterior en el tiempo a la iluminista y que, en razón de un planteamiento concreto que reconoce significado al devenir en el marco de las relaciones sociales, desarrolla aún hoy un fuerte influjo entre los estudiosos de orientación cristiana. Si la ley positiva no está en armonía con la ley moral, «*iam non est lex sed corruptio legis*», tratándose de aquella parte de la ley moral que afecta al momento social, es decir, el de las relaciones intersubjetivas que deben desenvolverse en base a exigencias de *justicia*. Santo Tomás afirma que la justicia es principio de coordinación en las relaciones entre varios sujetos: «*cum justitia ordinetur ad alterum, non est circa totam materiam virtutis moralis, sed solum circa exteriores actiones et res, secundum quandam rationem objecti specialem, prout scilicet secundum eas unus homo alteri coordinatur*». Y Dante nos dirá que el derecho es así «*proportio hominis ad hominem*». No se trata, en el ámbito de tal concepción (nos remitimos a las páginas de GIORGIO DEL VECCHIO) de desarrollar todo un sistema abstracto de normas y de principios a los que referir de vez en cuando la realidad jurídica e histórica para verificar concordancias o disonancias, sino de interpretar en términos de «justicia» las experiencias positivas, siendo la justicia la virtud social por excelencia a la que deben adecuarse las acciones del hombre que inciden en la esfera de otro hombre. Estamos —por usar la expresión de OLGIATI— frente a una reducción del concepto de derecho al concepto de justicia. Y es sobre este concepto más que sobre aquel de libertad donde el acento tiene que ser puesto, si bien no olvidando que cuando en las relaciones intersubjetivas la justicia es observada, la dignidad y, por tanto, la libertad de la persona viene a ser respetada implícitamente. Léanse al respecto las páginas de OPOCHER en su penetrante y esclarecedora obra sobre el concepto de justicia.

Un planteamiento escolástico que junto al momento estático ve también el dinámico del Derecho, favorece la evolución histórica del Derecho (también del penal) hacia formas siempre más adherentes a una idea de «proporción», y nos ofrece un criterio de medida especialmente en períodos de emergencia, para valorar como injusta una norma del derecho positivo. El derecho natural, en este continuo esfuerzo de armonizar la realidad histórica con la idea de justicia, es inseparable de la naturaleza racional del hombre y fundamento de su libertad responsable. Sin querer crear abstractas esquematizaciones que paralizan el curso de la historia, la teoría del derecho natural así entendida nos ofrece un criterio válido de valoración de los tipos concretos de legislaciones penales. Estamos también frente a una *fuente sustancial* del Derecho penal positivo, es decir, una exigencia a la que debe acomodarse la voluntad del legislador que no quiera acabar en el arbitrio y en la violencia. Al mismo tiempo llega a ser una garantía de libertad con el reconocimiento de la dignidad de la persona humana cuya salvaguardia debe ser el punto invariable de toda legislación.

Nos hemos referido a una *concepción existencialista* del derecho natural y a su significado en el Derecho penal. Es sabido que la filosofía del existencialismo en el plano histórico, apareció como una violenta reacción al idealismo absoluto de las corrientes hegelianas, que habían querido insertar jerárquicamente al hombre en el Yo trascendental en cuyo ámbito solo podría ser valorado. En el terreno práctico la persona individual sería solo una transitoria manifestación empírica del espíritu objetivo por cuyas vicisitudes históricas terminaría siendo arrollado. Pero el existencialismo se ha colocado, no solo contra la concepción dialéctica, que hace del devenir histórico el único centro de creación y de valor en la vida, sino incluso contra aquellas concepciones ligadas en sus últimas consecuencias a una elaboración lógico-sistemática de conceptos de contenido positivista, donde también la individualidad es sofocada no ya por las espirales de un sistema en evolución sino por las concatenaciones lógicas de un sistema rígido. El hombre terminaría por ser valorado solo en el sistema: ¡fuera del mismo está lo irreconocible!

Tanto el idealismo absoluto como las formas de interpretación de la vida de contenido exclusivo lógico-sistemático han hecho perder la idea concreta del hombre, el valor y el significado de su singular individualidad. Basta recordar a BENEDETTO CROCE, para quien «el único actor de la historia es el espíritu del mundo, que procede de la creación de obras individuales pero que no tiene por empleados y colaboradores a los individuos, quienes, en realidad, hacen una unidad con las obras que se van realizando y, considerados fuera de ellas, son sombras humanas, vacíos que parecen personas». Y por el contrario el existencialismo —estado de ánimo, quizá, más que doctrina— en todas sus tendencias ha influido precisamente en la persona, esforzándose así en sacarla de las posiciones negativas en las que había sido injustamente y por largo tiempo confinada. En el plano del método lógico-jurídico, tal tendencia lleva por naturaleza a la ruptura de todo sistema que no esté puramente referido a la praxis, insistiendo sobre la prioridad de los conceptos singulares o individuales en los que la riqueza de la vida directamente se manifiesta; y en el terreno de la filosofía del derecho el existencialismo, con la valoración de la persona humana individual, ha llevado a valorar con menor intensidad la eficacia y el significado del sistema del derecho positivo, especialmente cuando frente a un conflicto de deberes el hombre, llamado a *elegir,* opera con una elección de valores que puede no corresponder a la del derecho positivo vigente. Es a este respecto cuando se habla de un derecho natural existencialmente entendido, como vocación del sujeto a los valores morales que se debaten en su conciencia en el momento de la elección responsable. Y es en este sentido en el que WÜRTENBERGER habla de un renacimiento del derecho natural, tras las trágicas experiencias de una sistemática jurídico-positiva que había aniquilado a la persona con sus exigencias morales. Es verdad que en el ámbito de tal orientación antisistemática puede existir un camino abierto hacia la irracionalidad, la soledad individual, o la anarquía social. Existen tendencias existencialistas que interpretando unilateralmente y de modo exagerado las exigencias individuales han llegado a un radical individualismo que reniega de todo vínculo moral heterónomo y de todo ligamen social; se trata, sin embargo, de tendencias marginales con cuyos resultados no se generaliza o dogmatiza. Pues si así fuese todo el derecho saldría perturbado, incluso el derecho natural que es siempre una medida y, por tanto, una regla de valoración. La consecuencia sería un nihilismo que, a su vez, por ironía de la suerte, se convertiría en sistemático destruyendo las premisas antisistemáticas de que parte. Pero, como habíamos dicho, el existencialismo en el plano histórico ha sido solo una fuerza de choque contra los sistemas trascendentes o panlogísticos, y en el plano metodológico se presenta como un estado de ánimo que quiere devolver a la persona humana la posición y el significado que le corresponden. Dogmáticamente hablando, si un dato fijo presenta, este viene dado por la *contemplación de la persona humana* concretamente entendida en el conjunto de las realidades sociales en la que se desarrolla y vive. Posición central que puede asumir también, como en el existencialismo cristiano, un valor absoluto o metafísico; pero que puede limitarse, como en el existencialismo historicista anti-hegeliano, a identificar en la persona el valor cultural supremo en un determinado momento histórico. De todos modos, está siempre la persona humana en el centro de toda valoración; por ello el existencialismo se ha presentado y se presenta todavía como un movimiento de restauración de los valores personales concretos que se habían ido perdiendo. Como bien ha podido decir WÜRTENBERGER en su clásica obra sobre «La situación espiritual de la ciencia penal en Alemania», mediante la experiencia existencialista el derecho positivo queda humillado o desintegrado. Aunque se parta de una contemplación de la persona humana, esta no permanece aislada en el plano histórico y concreto. Viviendo en sociedad, es evidente que deberá aceptar aquellas reglas consolidadas de la vida social en las que se expresa el derecho positivo. Se trata de encontrar una legitimación auténtica al poder estatal que dicta las normas del derecho positivo, así como de interpretar nuevamente la exigencia iusnaturalista del respeto para la dignidad humana. «Respecto a las otras ramas del derecho —dice WÜRTENBERGER— el Derecho penal se caracteriza por el hecho de que en él los pensamientos centrales del iusnaturalismo vienen desarrollados en el modo más puro. En efecto, uno de sus cometidos más elevados consiste en no perder nunca de vista el respeto por la personalidad del hombre, concebida como su libertad de decisión moral». Es más, el derecho no es algo «impropio» a la persona humana, porque no es en la soledad donde como el hombre vive y se perfecciona, sino en el marco de una sociabilidad, hacia la cual le lleva su vocación natural para reencontrar en las articulaciones de la misma las condiciones más favorables para el desarrollo moral y social de su *individualidad.* Esta consideración preeminente de la individualidad no puede y no debe conducir a la desesperada soledad ideológica y moral de algunas últimas consecuencias del existencialismo, sino a una inserción ordenada del hombre en una conexión social abierta al reconocimiento de su dignidad. Y cuando surge un conflicto entre la rígida sistematización dogmática de un ordenamiento positivo que quisiera plasmar al hombre y su conciencia «a su imagen y semejanza» y la problematicidad de la conciencia individual orientada en el respeto de supremas exigencias éticas, es a estas a las que, en el caso concreto, en nombre de un iusnaturalismo existencial, debe otorgarse la primacía.

3. Nociones sistemáticas sobre el delito. —Si bien es cierto que a los políticos interesa el Derecho penal bajo el aspecto «problemático», algunas nociones de carácter «sistemático» son siempre necesarias para poder comprender los aspectos políticos del fenómeno jurídico «delito». Digamos ante todo que el delito es un acto ilícito, entendiéndose con ello un acto que contraviene a una prohibición jurídica provista de sanción o consecuencia jurídica. El acto ilícito como tal se contrapone al *acto lícito, es* decir, el que viene realizado por un sujeto privado *(negocio jurídico)* con vista a un interés personal o por un funcionario público *(acto debido)* por un interés público (por ejemplo, sentencia del magistrado o el acto administrativo de un funcionario público). Se trata, con el acto lícito, de permitir a la voluntad privada de operar en el mundo del tráfico jurídico en términos de desarrollo social, o a la voluntad de un órgano del Estado de operar con vista al bien o utilidad general. Se trata, por tanto, de actividades dirigidas a la realización o al disfrute de bienes o intereses. El acto ilícito, por el contrario, es un acto tendente a la destrucción o a la negación de un bien o de un interés privado o público. No tiene naturaleza creadora y, por tanto, positiva, sino que determina una parada en el ordenado desarrollo de la vida social. Si el acto como tal ataca un interés privado porque viola una obligación (por ejemplo, la no restitución de una suma tenida en depósito), o una obligación extracontractual, como un daño culposo a un bien patrimonial ajeno, estamos en el campo del *ilícito civil* que trae como consecuencia una sanción civil, es decir, el resarcimiento de los daños ocasionados o la restitución de lo tomado. Si, por el contrario, el acto es cometido por un funcionario público y es de tal naturaleza que compromete el prestigio de la administración pública o lesiona los intereses legítimos o expectativas de terceros, estamos en el terreno del *ilícito administrativo* o incluso *disciplinar* que determina la aplicación de una sanción administrativa (por ejemplo, suspensión de empleo o de sueldo, amonestación). Si el acto, finalmente, es de tal categoría que lesione los intereses en cuyo mantenimiento esté interesada toda sociedad política y jurídicamente organizada, en cuanto que la lesión del interés o del bien vulnera las condiciones fundamentales de la vida social, estamos en el campo del *ilícito penal.* Este constituye *ratione materiae* la forma más intensa de ilícito y trae como consecuencia una sanción que se llama pena, la cual, dada la naturaleza de los intereses violados, no puede asumir características satisfactivas o reparatorias, sino que debe ser retributiva y aflictiva. Nosotros debemos estudiar esta última forma del ilícito.

¿Qué cosa es el «delito»? Es necesario advertir con presteza que el término delito es genérico, porque en nuestro ordenamiento el delito (reato) se escinde en el «delito» (delitto) y en la «falta» (*contravvenzione*). Pero, aunque existan bajo el aspecto político tendencias que quisieran confinar las contravenciones en el campo de los ilícitos administrativos y separarlas del Código penal, ontológicamente no subsiste diferencia alguna entre las dos formas de ilícito penal; solo hay un tratamiento penal menos severo en las contravenciones, dada su mínima carga de lesividad. El delito, bajo un aspecto formal, es la *violación de una norma provista de sanción penal.* No existe otra posibilidad de definir el delito cuando se quiera contemplar solo sus momentos o connotaciones externas. Será una tautología, pero es el único modo o la única forma a través de la cual puede ser definido el delito. Bajo el aspecto sustancial, por el contrario, el delito es un *hecho del hombre que vulnera las condiciones de existencia, de conservación, de desarrollo, de una sociedad en un momento determinado y por el cual se prevé para el sujeto agente como consecuencia una pena de naturaleza aflictiva en cuanto comporta privación o disminución del disfrute de determinados bienes jurídicos (vida, libertad personal, patrimonio,* etc.). El acento se pone sobre el contenido de las situaciones que el delito niega o menosprecia, y se abre así en el plano dogmático un camino de investigación metodológica que pretende indagar el *telos* de los conceptos que el derecho penal expresa (teleología).

¿Cuáles son los elementos del delito? En el marco de un planteamiento formal de la investigación, la escuela clásica, y toda la tradición de pensamiento que al clasicismo se liga, distinguió en la noción del delito dos momentos: uno *objetivo o físico* (la acción del hombre y el resultado que de ella deriva) y uno *subjetivo o psicológico* (la conciencia y voluntariedad de la acción y del resultado). Son las dos «fuerzas» de que habló CARRARA, el máximo exponente del clasicismo italiano, que nos ha dado una definición formal-causal del delito en la cual confluyen la filosofía del iluminismo, que tendía a formalizar los conceptos jurídicos, y las nuevas exposiciones del positivismo metodológico, que hace un siglo llamaban a las puertas del Derecho penal. Un gran paso adelante se había dado respecto a la situación precedente, a menudo caótica, en homenaje al progreso cultural de aquel período histórico. Y si permanecemos en el terreno jurídico, prescindiendo de las definiciones del delito de contenido puramente naturalista de la escuela positiva, el planteamiento de CARRARA ha dominado en la escena del mundo y encuentra aún hoy crédito en los escritores que insisten en la *dicotomía* del delito como hecho físico y psíquico del hombre, que viola un precepto sancionado penalmente.

Pero, quiérase o no, con tal definición se permanece siempre anclado en el mundo de la naturaleza interpretado según criterios naturalistas y positivistas, mientras que el delito, aun teniendo un soporte natural, es una manifestación de la cultura y está, por tanto, ligado a una o más valoraciones del legislador, a su vez expresadas en concreto por el juez. Si queremos estar en armonía con las exigencias político-culturales del momento, debemos definir el delito como un *hecho humano típico, antijurídico y culpable, para el que está prevista como consecuencia jurídica una pena.* En el ámbito de esta definición, llamamos la atención sobre un dato natural (el «hecho» del hombre, es decir, la modificación de las condiciones preexistentes al actuar en el mundo de la naturaleza) y sobre tres valoraciones que deben ser referidas al hecho así entendido del hombre, porque este se eleva del mundo ciego de la naturaleza a aquél vidente del derecho. La primera valoración es la de la *tipicidad,* lo que quiere decir que en el ámbito de nuestro sistema para que exista delito es necesario que el hecho esté previsto expresamente por la ley como tal y que en concreto pueda ser subsumido en un abstracto tipo legal. Es solo el legislador quien crea el delito mediante una indicación abstracta de «tipos de comportamiento» delictivos a los que debe poder referirse en cada caso particular la «concreta expresión vital» que interese. Ello sucede mediante la *subsunción* del hecho concreto bajo la abstracta hipótesis delictiva: operación, esta, no de pura mecánica lógico-formal, sino correspondiente a una valoración del hecho y a una interpretación de la norma.

Estamos frente (y lo decimos presto) a una exigencia de carácter fundamental y, por tanto, establecida no solo por la ley ordinaria sino también por la Constitución, la cual, en una atmósfera de libertad, debe siempre tener presente las posiciones y los intereses del individuo. El Estado de derecho en el campo del Derecho penal debe partir de la premisa de que las relaciones entre la autoridad pública y la libertad privada deben ser reguladas por la ley. La «tipicidad» es, pues, el primer aspecto que debe presentar el hecho delictivo. Ella es una cualidad del hecho mismo que debe ser fijada por el legislador, y no remitida a otras fuentes de producción de la norma jurídica. Solo el derecho positivo crea el delito.

El delito, sin embargo, no se agota en la sola tipicidad del hecho. También la muerte cometida en estado de legítima defensa es un hecho típico en cuanto puede ser subsumido bajo el tipo de delito a que se refiere el art. 575 del Código penal («el que ocasione la muerte de un hombre»). Ella, sin embargo, no es aún delito, porque falta la posibilidad de expresar un juicio de valoración sobre el carácter *lesivo* del mismo hecho. Quien mata por legítima defensa no destruye un interés ajeno a la vida que goza todavía de tutela jurídica, porque el injusto agresor se pone con su acción agresora fuera de la tutela jurídica. He aquí, pues, cómo la *antijuridicidad* deviene el segundo aspecto constitutivo del delito. No es el caso de contraponer una antijuridicidad formal a una sustancial, viendo en la primera el contraste entre hecho y norma, y en la segunda el de entre hecho e interés protegido. La antijuridicidad formal es solo un sinónimo de la tipicidad del hecho, mientras que la esencia de la antijuridicidad está en la lesión del interés. Se trata de un juicio, o valoración, que debe ser expresado sobre el carácter lesivo del hecho en cuanto no conforme a las exigencias de tutela del ordenamiento jurídico. Y se trata de un juicio *objetivo,* en el sentido que está orientado hacia un fin bien preciso: el de determinar la conformidad o disconformidad de un hecho típico respecto a los intereses básicos de la vida social que el derecho penal tutela. Tipicidad y antijuridicidad son dos juicios distintos: el uno sirve para establecer los hechos que interesan al derecho penal en cuanto son hechos patológicos respecto a un normal estilo de vida, y, el otro, para establecer si tal hecho ha incidido también sobre los intereses tutelados sacrificando un interés que gozaba en abstracto y en concreto de una tutela.

Bajo el aspecto metodológico y sistemático, la discusión sobre la autonomía del juicio de antijuridicidad frente al de tipicidad está aún viva y desde hace un siglo es materia de ásperas polémicas y diatribas. ¿Es la tipicidad *ratio essendi* o *ratio cognoscendi* de la antijuridicidad? Es decir, ¿establecida y fijada la tipicidad del hecho está automáticamente comprendido en este juicio también el de antijuridicidad, o más bien se trata de dos juicios distintos que cumplen finalidades distintas? Somos de la opinión que ambos juicios son lógicamente autónomos; pero esta división presenta un substrato político que debe ser subrayado. En el marco de una interpretación formal de la realidad política y jurídica, peculiar del liberalismo conservador, lo que cuenta y lo que sobresale a toda otra consideración es el «tipo», es decir, la exigencia de que la «concreta expresión vital» imputada a un sujeto sea conforme a una hipótesis delictiva. Se trata de garantizar la libertad individual y la certeza jurídica. Cuando, por el contrario, en lugar de un liberalismo abstracto, formal, conservador, asistimos al irrumpir de tendencias más concretas, más intervencionistas, más ligadas a una realidad social en movimiento, el juego de los *intereses* aparece en toda su importancia y en todo su significado. Bien podemos decir cómo ha sido una concepción democrática de la vida política, especialmente bajo el estímulo de la social-democracia, la que individualiza en los intereses subyacentes a la norma el momento decisivo en la economía estructural del delito: La antijuridicidad comenzó a diferenciarse de cualquier otro momento, y a afirmar su primacía respecto a cualquiera otra valoración. Naturalmente en el Estado de derecho ello ha tenido lugar siempre dentro de límites legales, en el ámbito del tipo, porque en cierto aspecto una superacentuación de los intereses en juego, especialmente si se interpretan en términos prevalentemente políticos, puede conducir a romper o a negar la necesidad de los «tipos», y a vulnerar gravemente la seguridad jurídica y la libertad de los ciudadanos. Pero, de cualquier modo, un método *teleológico* ha comenzado a prevalecer sobre cualquier otro método lógico-formal, y ello ha permitido contemplar en profundidad la noción de delito y resolver toda una serie de problemas.

Hay que agregar que el juicio de antijuridicidad es un juicio objetivo. Pero debemos guardarnos al respecto de caer en un peligroso equívoco. No se dice con ello que al juicio de antijuridicidad pertenezca solo todo lo que se refiere al hecho, el momento objetivo del delito. Si así fuese, deberíamos dividir en dos también la acción humana que está en la raíz del delito y decir que solo el coeficiente físico de la acción (el movimiento muscular) es el soporte fáctico o el objeto del juicio de antijuridicidad. Una cosa es el juicio de antijuridicidad, que es de naturaleza objetiva, y otra cosa el *objeto* del propio juicio, que viene dado por la «concreta expresión vital», en la que confluyen momentos objetivos y momentos subjetivos. También la voluntariedad de la acción, el fin de la acción en los delitos con dolo específico forman objeto del juicio de antijuricidad. No es lícito ni oportuno escindir en dos partes, entre sí antagónicas, el soporte naturalista del juicio de antijuridicidad. También elementos subjetivos pueden estar en la base del mismo juicio.

Lo que, por el contrario, no creemos poder aceptar es el concepto «personalista» de la antijuridicidad, en el sentido que el juicio de antijuridicidad se haría depender de toda la actitud ético-psicológica del sujeto agente respecto al hecho causado. Sería, por tanto, determinante para el juicio de antijuridicidad un conjunto de elementos, de momentos, de actitudes del sujeto respecto al hecho lesivo ocasionado. Es la teoría de WELZEL sobre el injusto penal, teoría que no niega la lesión del bien jurídico como esencial al juicio de antijuridicidad, pero que indica como prevalentes momentos ligados a la orientación, al convencimiento, a la actitud del sujeto autor del hecho lesivo. Estamos frente a un serio intento de subjetivizar el juicio de antijuridicidad tras el período de la fase objetiva. Pero sucede que el derecho —y también el penal— tiene necesariamente una *dimensión o vocación* social; por lo que, aun admitido que en su origen el momento ético (justicia) sea determinante, no es partiendo del comportamiento personalista del sujeto agente como el problema de la antijuridicidad puede ser acometido y resuelto, sino con el criterio objetivo de la lesión efectiva o potencial de un interés social. De otro modo vendríamos a identificar derecho penal y moral que, cuanto menos respecto a la acentuación del momento del actuar, resultan distintos. La moral concierne al momento interno del actuar: el *animus* del sujeto; el derecho acentúa lo externo, es decir, el *exitus*. No se pueden cambiar los dos momentos si no queremos llegar a la consecuencia que el derecho se resuelve en un soliloquio y esté en cierto aspecto en contraste con las necesidades sociales, cuando, precisamente en el tema de la antijuridicidad, la lesión de un interés social es criterio determinante de selección y de valoración. Un criterio objetivo de valoración es, por tanto, esencial. El bien jurídico o interés protegido no puede ser diluido en un color subjetivista, donde una no bien precisada actitud personal diría la palabra decisiva. La seguridad jurídica no puede venir sacrificada cuando no es necesario, porque ya tenemos a nuestra disposición lo que precisamos para llegar a la meta.

El delito no está solo en la tipicidad y antijuridicidad del hecho de un sujeto. Está también en la *culpabilidad*. No existe, en verdad, delito si el hecho del que se discute no es también un hecho culpable. Sobre la culpabilidad tendremos ocasión de volver pronto. Pero es desde ahora necesario clarificar la sustancia del concepto y su significado penal. Mientras que en la antijuridicidad se muestra el momento social del Derecho penal en cuanto se trata de calificar un hecho como lesivo de un interés de todos los asociados, en la culpabilidad viene a la luz el momento típicamente *personalista* de la imputación penal, en el sentido de que mediante este juicio se trata de ver si por la perpetración de un hecho típico o lesivo pueda ser dirigido un reproche a un determinado autor. Y es aquí cuando en realidad coinciden, al menos en el actual momento histórico, la ética y el Derecho penal, porque hacer a alguno responsable de un hecho significa expresar un juicio negativo sobre el acto de voluntad que está en la base de la acción delictiva. Juicio negativo que vale tanto bajo el aspecto ético cuanto bajo el aspecto jurídico. Solo en las hipótesis excepcionales en que la Ley penal prevea un caso de responsabilidad objetiva, en el que se prescinde de toda actitud subjetiva respecto al hecho lesivo causado, el juicio moral retrocede y no se manifiesta, dejando campo libre a un juicio jurídico si bien anormal. La historia del Derecho penal, incluso, en cuanto historia civil, es toda una lucha contra las arcaicas y primitivas formas de responsabilidad objetiva que en un tiempo figuraban en las legislaciones penales. A medida que la exigencia personal aparece en el campo penal la culpabilidad se viene delineando como esencial a una concepción ética y humana del Derecho penal.

Y cuando falta tal exigencia personalista está claro que falta también una exigencia política que podemos definir con término amplio de liberal, en cuanto que solo de la fijación de una culpabilidad por el hecho perpetrado puede derivar una responsabilidad penal. La exigencia que sea establecida también la culpabilidad es una exigencia de libertad política.

Y de ello se desprende cómo una metodología científica que pretenda individualizar en la noción del delito aspectos particulares no está en función de una exigencia puramente académica, sino que está en relación con una investigación científica cualificada y responsable que tiene como miras la individualización y la precisión de los momentos idóneos para garantizar y tutelar la libertad del individuo. Y, en verdad, en los regímenes políticos autoritarios o totalitarios también la metodología pierde su carácter analítico-teleológico, porque pretende «existencialmente» concebir el delito como una unidad donde toda conceptualización desaparece en el torbellino de una concepción autoritaria que sacrifica con la claridad de los conceptos también la libertad del hombre.

Es sabido que respecto a la culpabilidad podemos tener dos nociones distintas: una de carácter *psicológico* y otra de carácter *normativo*. Digamos presto que rechazamos la noción psicológica de culpabilidad. Esta, liga la culpabilidad misma a un dato naturalista-psicológico, y se inserta así en un mundo donde domina un criterio puramente causal-descriptivo de los fenómenos. Sobre la base de tal concepción, el hecho típico y antijurídico es culpable cuando haya sido por el sujeto previsto y querido en los límites respectivos del dolo o de la culpa, que son las dos formas que la culpabilidad puede asumir en el mundo sensible de la experiencia. Hay dolo cuando el sujeto ha previsto y querido el hecho constitutivo del delito, es decir, la acción, el resultado, el nexo causal entre la acción y el resultado. Hay culpa cuando el sujeto ha querido un comportamiento imprudente o negligente del cual ha derivado un resultado no querido aunque sí previsto; o, si no previsto, por lo menos previsible. Con otras palabras, la culpabilidad está en estos dos nexos de carácter psicológico entre la *mens rea* del sujeto y el hecho del delito.

Contra esta concepción es fácil observar que tales nexos pueden subsistir aun en la hipótesis en que un delito no subsiste o no se manifieste, como en el hecho justificado o en el realizado en estado de necesidad. La culpabilidad opera sobre otro plano que no es el de una visión naturalista de los problemas o de los fenómenos. No se puede ser culpable porque se ha querido o previsto un determinado hecho, sino porque se ha querido en términos diferentes a como se debía querer en las circunstancias concretas en que se actuó. El «descubrimiento» que ha revolucionado el capítulo de la culpabilidad está precisamente en esto: no se trata de la constatación de un hecho cual puede también ser un nexo psicológico entre sujeto y resultado, sino de *un juicio de valoración* sobre un acto de voluntad que está en la base del delito. La culpabilidad es, por tanto, también ella un juicio de valor sobre el no deber ser del acto de voluntad que ha venido a madurar en una determinada situación histórica y que sostiene e ilumina el hecho delictivo. Solo así se puede identificar la culpabilidad con el juicio de reproche y superar una base puramente naturalista de investigación que no puede expresar las típicas exigencias del Derecho penal. Es esta la concepción normativa de la culpabilidad, que, como juicio, se ampara en otros juicios, en los que o mediante los que el delito se expresa en su integridad y en sus finalidades. Que ello comporte la presencia de determinados presupuestos de hecho, es decir, el nexo psicológico antes indicado, la capacidad del sujeto agente, la normalidad de las condiciones históricas en el actuar, está fuera de dudas. Pero todo ello es soporte del juicio de culpabilidad, mas no la culpabilidad como reprochabilidad por el hecho perpetrado.

CAPÍTULO II

Derecho penal y política criminal

1. EL CLASICISMO PENAL. —Desde hace más de un siglo el Derecho penal está desgarrado por una profunda contienda respecto a orientaciones de política criminal. Se trata de la polémica entre la *escuela clásica* y la *escuela positiva*, polémica de métodos y de fines acerca de la acción del Estado en la represión y en la prevención de la delincuencia. Querer separar el debate entre las dos escuelas de su matriz política quiere decir obstaculizar una adecuada comprensión de una serie de entre los mayores problemas del Derecho penal.

Digamos presto que la *escuela clásica* del Derecho penal florece particularmente en el siglo XIX y por sus esenciales y fundamentales planteamientos en de neta derivación iluminista-liberal, en cuanto su fin específico es elaborar una concepción y un sistema que fuese a servir a la tutela de las posiciones de libertad del individuo en sí y por sí, al margen y más allá de toda conveniencia o utilidad práctica. El valor supremo es el individuo que el ordenamiento jurídico liberal debe proteger de toda arbitraria intervención estatal: el Estado puede operar solo dentro de los límites de la más estricta legalidad como corresponde a un *Estado de derecho* que se encuentra limitado por exigencias de derecho natural-racional o se autolimita sabedor de su alta responsabilidad. Ninguna razón práctica de conveniencia puede disuadir al Estado de aplicar la sanción penal, porque lógicamente aquélla es para HEGEL la negación de una negación es, por tanto, una afirmación jurídica de la cual es garante absoluto en la historia del mundo; es decir, el Estado se traicionaría a sí mismo cuando no interviniese para cerrar con la sanción penal la herida que el delito, negación del derecho, ha inferido a su ordenamiento jurídico. Con lo cual el Estado realiza la idea ética de la cual él es el único portador como máxima expresión de la Historia o del espíritu objetivo en que se manifiesta la cultura de un pueblo; y en este cuadro la pena es uno de los momentos máximos de la racionalidad de la Historia que el delincuente debe sufrir responsablemente. Si para HEGEL la pena encuentra en sí misma su justificación lógico-dialéctica, porque es síntesis de una tesis y de una antítesis, en KANT la pena encuentra en sí misma su explicación y justificación, porque la ética del imperativo categórico exige que al autor de un delito tenga que ser aplicada una pena independientemente de toda consideración finalista. *Punitur quia peccatum.* Toda indicación de finalidad o de prevención general o de prevención especial viene a turbar gravemente el equilibrio moral y a transformar la pena de resolución de justicia absoluta o retributiva en una resolución utilitarista indigna de la naturaleza moral del hombre. El clasicismo desde sus orígenes ha enunciado así las bases racionales y éticas de las teorías penales absolutas, para las que la pena encuentra solo en sí misma su explicación y justificación. El Derecho penal se encuadra en este planteamiento filosófico, que hace desembocar en términos jurídicos tales exigencias absolutas en el marco de aquel *Estado de derecho formal, conservador y autoritario* (aunque de inspiración liberal), que históricamente se ha presentado como antítesis al Estado de policía, que no reconocía al individuo en el campo del derecho público esfera alguna autónoma de libertad o derecho público subjetivo.

Los poco ponderados juicios del clasicismo primitivo deben ser brevemente recordados. El delito, por usar la expresión de CARRARA, que fue el máximo representante de esta orientación en Italia, es ante todo un «ente jurídico». Si hoy la expresión es de evidencia extrema, no lo era hace un siglo, cuando el concepto de delito no había sido aún claramente definido en su aspecto jurídico, sino remitido a menudo al arbitrio del magistrado o de la policía. La idea del delito «ente jurídico» reclama, pues, rápidamente la idea de una disposición legal preestablecida que prevea como expresamente delictivo un hecho del hombre. El principio de legalidad *nullum crimen, nulla poena sine lege,* es de este modo sustancialmente connatural al planteamiento clásico del Derecho penal. Aún hoy una doctrina que atenúe el principio de legalidad por lo que concierne al delito o la pena ha de reputarse fuera del radio de acción del pensamiento clásico o tendente al clasicismo.

En todo caso, para los clásicos, el delito está en *un hecho* del hombre, no en su pensamiento *(de internis non curat praetor) o* en su modo de ser (peligrosidad del individuo que delinque). El delito debe manifestarse en un comportamiento que determina un daño en el cuerpo social de tal gravedad que se deba recurrir como reacción solo a una resolución particularmente drástica, cual la pena. La pena, por tanto, se manifiesta en el pensamiento clásico como reacción del ordenamiento jurídico frente a quien con su acción ha vulnerado tal ordenamiento. La pena es, formalmente, una reacción; sustancialmente, un castigo retributivo en nombre de aquella exigencia ética que quiere que al bien siga el bien (el premio) y al mal siga el mal (el castigo). No existen cometidos especiales que correspondan a la pena. Esta es represión del delito perpetrado y en esta idea de la *represión* el Derecho penal debe basarse. No incumben, por tanto, al Derecho penal cometidos de prevención que serían cometidos de utilidad social. Esto por lo que se refiere a la escuela clásica primitiva, pues esta ha sufrido indudablemente transformaciones que, sin afectar a la sustancia de su pensamiento, ha puesto sus exigencias en sintonía con las modificaciones que también ha asumido el pensamiento político liberal del que aquélla es la expresión más típica. En verdad, el liberalismo en el curso de su historia ha abandonado las posiciones rígidamente kantianas y socialmente negativas de sus orígenes (el Estado puro guardia nocturno), para arrogarse cometidos de política social sin los cuales el Estado se pierde en el reino de las puras abstracciones sin contacto con la Historia. Si la pena es retribución, la medida de la misma debe adecuarse a las valoraciones que los ciudadanos efectúan durante el curso del tiempo acerca de la mayor o menor gravedad de los delitos y de la propensión que puede subsistir en el cuerpo social hacia determinados tipos de delitos con preferencia a otros. Bajo tal aspecto el legislador que no quiera trabajar en el vacío debe indagar el problema de la eficacia intimidativa de la pena o de un determinado tipo de pena en el momento de una determinada evolución histórica. Nace, pues, la exigencia de una adecuación de la clase y del límite de la pena al delito, para que sean disuadidos del mismo delito aquellos que estarían propensos a cometerlo: el *criterio de la prevención general del delito,* es decir, la eficacia que la pena con su amenaza puede desplegar, como contra-estímulo al estímulo delictivo, se convierte así en esencial incluso en una visión clásica del derecho penal. En la tradición clásica italiana está siempre presente como momento esencial que liga la abstracción inicial a un dato histórico-político concreto.

Pero es más: la escuela clásica no ha permanecido insensible al criterio de la *prevención especial* como fin de la pena, especialmente en estos últimos tiempos que han visto prosperar el deseo de la reeducación o resocialización del reo como fin principal de la sanción penal. Es el hombre —en último análisis— el protagonista del drama penal, y si es verdad que la pena debe mantener su carácter retributivo o de castigo ella debe estar según la modalidad de su ejecución dirigida a la recuperación del delincuente. Pero este criterio de la prevención especial en el ámbito de un neoclasicismo (aún hoy seguido) no se entiende como criterio finalista que vaya a desnaturalizar la pena de su contenido retributivo, cuanto más bien como *objeto indirecto* que la pena puede realizar cuando en su ejecución tenga presente la personalidad del condenado. En efecto, no se trata de transformar la pena de resolución de justicia retributiva en una resolución finalista-utilitarista, sino de reconocer que precisamente la pena retributiva con las modalidades de su ejecución humanitaria puede realizar la enmienda del reo. La precisión es muy importante, porque a través de la consideración exclusiva de la enmienda como fin principal de la pena se puede transgredir una exigencia fundamental del Estado de derecho, dentro de cuyo marco todo deseo de la escuela clásica debe ser siempre reconducido: es decir, la determinación del límite de la pena y una prórroga del mismo límite para el caso en que no haya sido realizada la enmienda del culpable al finalizar el límite de tiempo fijado en la sentencia. La pena, en tal caso, debería ser prorrogada, porque la atención entonces pasa —según el criterio de la prevención especial— del hecho delictivo (razón exclusiva de punibilidad) a la persona del sujeto culpable.

2. EL POSITIVISMO CRIMINOLÓGICO. —La prevención especial consagra el ingreso de la personalidad del reo como criterio determinante en las disposiciones y en las finalidades del Derecho penal. Ha sido esta una de las consecuencias fundamentales del irrumpir de la escuela positiva cuando, hacia los últimos decenios del siglo pasado —con los estudios de LOMBROSO, FERRI, GAROFALO—, se pretendió aplicar el método experimental-naturalista al estudio del reo y del delito invalidando la metodología abstracta de la orientación clásica de contenido racionalista. Entretanto se había ido madurando en el terreno político una revisión de las tradiciones ideológicas liberales. El marxismo había aparecido en la escena política de muchos países de Europa ata-

cando de raíz las estructuras de una concepción tildada de formal-individualista del Estado, para atribuir al Estado cometidos específicos, sobre todo en el sector social, a fin de que fuesen colmadas lagunas y eliminados desequilibrios propicios a favorecer el delito. El Estado no puede limitarse a reprimir el delito entreteniéndose con un concepto «abstracto» de delito y olvidando la realidad del delincuente, sino que debe encarar la realidad y naturaleza de las cosas para conocer las leyes que disciplinan o explican el fenómeno delictivo, a fin de influir sobre las causas conocidas con la intención de eliminarlo. No se trata ya de reprimir, sino de *prevenir* en nombre de una exigencia de defensa social para que la colectividad (que es para el marxismo el nuevo absoluto) sea puesta a cobijo de todo ataque que se dirija contra los presupuestos de su existencia, conservación y progreso.

Solo en un nuevo clima político intervencionista se puede explicar y comprender la razón de la nueva orientación penal, si bien no todos los representantes de la misma orientación pueden reputarse vinculados al verbo marxista. De cualquier modo, todo intento hecho para poner de acuerdo positivismo metodológico de un lado y exigencias del Estado de derecho de otro o ha fracasado o ha determinado un compromiso ideológico y práctico que nosotros rechazamos. Sí, en verdad, la consideración decisiva en el terreno de las resoluciones penales es la personalidad del reo, ello quiere decir que su modo de ser *(la peligrosidad social)* entorpece el ritmo normal de vida de la colectividad y postula una reacción defensiva *(la medida de seguridad)* por naturaleza indeterminada. Como inmediata consecuencia el principio de legalidad para los delitos (el *nullum crimen sine lege)* se convierte cuando menos en embarazoso porque limita la acción defensiva del Estado, mientras que el principio de la determinación de la resolución defensiva es *ipso facto* violada o negada. La medida indeterminada es la expresión natural de las nuevas tendencias penales. Estas consecuencias y estos peligros fueron prontamente individualizados por el mayor representante de la orientación especial en Alemania —FRANZ VON LISZT—, el cual trató de armonizar las nuevas exigencias de política criminal con los criterios del Estado de derecho creado para tutelar los derechos fundamentales del ciudadano. Y lo consiguió solo causando profundas contradicciones en su sistema, como ha demostrado CALVI. Y lo mismo puede decirse de los intentos que hoy vienen realizados por los teóricos de la *nouvelle défense sociale,* quienes pretenden desarmonizar todas las tradicionales exigencias del Estado de derecho con el reconocimiento de que la base del derecho penal se encuentra en la necesidad social de defensa contra el ataque delictivo. Así opinan ANCEL y GRAVEN y todos aquellos que, abandonando los dogmas iniciales de la ideología marxista, se han encuadrado en un clima democrático intentando lo imposible: la conciliación de los derechos de la persona (fundamento de toda democracia) con la idea de una defensa preventiva contra la acción del delincuente. En el *plano lógico* tal conciliación es imposible: frente al delito perpetrado la pena no puede justificarse con el recurso a la defensa que supone todavía una agresión en curso; frente al delito futuro es absurdo hablar de una pena castigo para lo que no se ha verificado y es incierto. Se castiga solo por lo que se ha cometido, no por lo que en el futuro se podrá cometer. Una pena ligada al peligro de futuros delitos no tiene sentido o es la expresión de una concepción política totalitaria. En el *plano ontológico* la teoría de la defensa social no puede estar en condiciones de dar un fundamento racional a una esfera autónoma de libertad del individuo, porque parte del presupuesto de una superioridad de lo colectivo o del grupo sobre lo individual y lo singular. Lo absoluto es el Estado, mientras que la persona goza solo de «aquellos» derechos que el Estado le atribuye o reconoce con su acto gracioso de voluntad, de vez en cuando, durante el curso de la evolución histórica. Lo que ha sido reconocido puede venir *ad nutum* revocado. En el *plano político* una democracia auténtica no puede encuadrarse en el marco de una «defensa social», si bien suavizada, mientras que en el *plano jurídico* la defensa social conduce directamente a la adopción de la pena indeterminada, al ser el criterio de la prevención el criterio determinante de elección para las penas y para su duración y estar dirigida a obtener la resocialización del condenado.

Hemos dicho que el centro focal de la escuela positiva viene dado por el estudio de las causas del delito que no puede prescindir de un examen de la personalidad del sujeto agente y del ambiente en el cual el delincuente vive. Toda fórmula que pueda sintetizarse en la afirmación que el *delito = personalidad + ambiente* es de impronta positivista, independientemente de la acentuación que en el ámbito de la misma fórmula puede tener la personalidad del sujeto o el ambiente en el cual ha vivido. Ello puede depender de la diversidad de orientaciones que siempre subsisten, incluso en el cuadro del positivismo criminológico. El criterio *biológico* acentuó el examen de la estructura del hombre delincuente para buscar la causa del delito en una anomalía biológica del individuo (LOMBROSO), mientras que el criterio sociológico indaga en las anomalías del ambiente (FERRI); el *psicológico,* finalmente, pretende buscar la causa del delito en una deformación psíquica del sujeto agente (GRISPIGNI), es decir, en una anormalidad que se refleja sobre la motivación del acto de voluntad. En todo caso el delito es siempre fruto de una anomalía personal (también la anomalía social se subjetiviza y altera cuanto menos la función de la psique) que está en la raíz de la *peligrosidad* del reo. El estudio de la personalidad es de este modo el estudio de los factores que determinan la peligrosidad social del reo, y la *criminología* se coloca en lugar del derecho penal como la ciencia que indaga sobre todas las causas del delito conjuntamente consideradas e indica los medios más idóneos para eliminarlas. Dos consecuencias descienden inevitablemente de tal planteamiento: si el delito es fruto o consecuencia fatal de una o más causas, el problema de la *libertad de la voluntad* humana no tiene más razón de ser cuestionado. No hay libertad, sino necesidad. El determinismo se convierte en Ley fundamental: quien no la reconoce peca de iluso y está así fuera de toda base científica. Toda doctrina que en el campo penal llegue a quitar a la acción humana un fundamento voluntario *libre es* de derivación positivista. La segunda consecuencia se refiere directamente a la técnica de la formulación legislativa: si el criterio decisivo no es el delito sino la personalidad del reo, la formulación de los «tipos de delitos» (hurto, corrupción, homicidio) pierde importancia en favor de la formulación de los «tipos de delincuentes» singulares (ladrón, corruptor, homicida) o de categoría (delincuente habitual, profesional, por tendencias, etc.) en razón del diverso grado de peligrosidad social que los distintos tipos pueden presentar.

3. LAS CORRIENTES DIRIGIDAS A LA SUPERACIÓN DEL DEBATE. Entre la impostación clásica, de una parte, y la visión positivista, de otra, de los problemas

del derecho penal no puede existir bajo el aspecto especulativo coincidencia alguna. La concepción del «hombre» que las dos orientaciones toman como punto de partida divergen ontológicamente. En la primera concepción el hombre es entendido como un ser responsable de sus acciones y, por tanto, abierto al mundo de los valores respecto a los que siente la exigencia tanto moral como jurídica de un modo de comportarse. Su voluntad es considerada capaz (a menos que subsista una anomalía) de sobreponerse por encima de motivos que puedan empujarla o detenerla para tomar una decisión responsable en cuanto que el acto de libre elección es un acto culpable. El hombre es, por tanto, responsable porque es culpable, y la pena está en directa relación con la culpabilidad que expresa un juicio de reproche por el hecho perpetrado. Donde hay un hombre hay pues libertad, donde hay libertad hay culpabilidad, donde hay culpabilidad hay pena. Un término está necesariamente ligado a otro, y el derecho penal con sus instituciones fundamentales debe gravitar en torno a estos conceptos-valor que derivan de una interpretación ético-espiritualista de la realidad.

En la segunda concepción, por el contrario, el hombre es inserto en una interpretación del mundo completamente diversa. Si toda la realidad se somete en sus manifestaciones al principio de causalidad, si todo fenómeno está unido a otro por un nexo de necesaria sucesión que no admite un espacio vacío —como sería la libertad del querer—, ello quiere significar que toda manifestación vital del hombre está también subordinada o subyugada a la idea causal. En suma, el hombre está siempre dominado, o mejor opera siempre, bajo la directriz del motivo más fuerte que lo determina a la acción, de tal modo que, en efecto, su actividad es encuadrable y encuadrada en la ley de los instintos naturales que caracterizan su personalidad. Si incluso el hombre se presenta como el ser más perfecto en el vértice de la escala de los vertebrados, no existe entre el hombre y el animal una diferenciación sustancial, sino solo de grado. El hombre como el animal opera en la línea indicada por el instinto sin poder se sustraer a la fuerza del mismo. Si, por tanto, hablar de libertad en tal situación es un contrasentido, también el concepto de culpabilidad como sinónimo de juicio de reproche no tiene base y justificación. No se puede reprochar a alguno la perpetración de un determinado hecho si no podía actuar diversamente de como ha operado, si era necesariamente llevado a cometer lo que ha cometido porque el instinto así se lo ordenaba hacer. No se puede castigar a quien no es culpable, sino solo socialmente peligroso. Y la persona calificada como tal podrá ser solo sometida a una resolución preventiva-defensiva, cual la medida de seguridad.

A mi entender no existe, pues, posibilidad de sanar con un compromiso la radical discordia entre las dos orientaciones. Toda tentativa de superar con lugares comunes la controversia está destinada al fracaso, porque la misma naturaleza de las cosas se rebela en términos categóricos. Y, sin embargo, hay toda una corriente doctrinal (la que llamaremos la tercera escuela o la tercera fuerza) que hace tiempo busca conciliar la idea y las exigencias de la peligrosidad social con la idea y la función de la pena. Se dice: la pena es un valor que no puede ser negado o eliminado por la legislación sin gravísimas repercusiones en las mismas estructuras de nuestro orden cultural y social, pero antes que vincular o referir la pena a un concepto inseguro como es el de la culpabilidad es necesario referirla a la peligrosidad (y a su grado) del sujeto agente. En otras palabras, la aplicación y la individualización de la pena supone la fijación, no ya solo de la culpabilidad del agente (concepto metafísico que no se niega expresamente), sino sobre todo la *fijación de la peligrosidad del individuo.* Se castiga a quien es peligroso, y se le castiga más o menos según que el grado de peligrosidad sea más o menos intenso. La pena puede así mantener en abstracto su figura de resolución represiva dirigida con un fin de prevención general, pero en concreto el criterio fundamental para su aplicación es el de la peligrosidad del reo. Así opina en sustancia GRISPIGNI quien hace de la prevención especial el único fin concreto de la pena o de la sanción criminal. Pero no está solo GRISPIGNI —positivista declarado— en este camino. En efecto, toda una larga lista de juristas están fascinados por los cometidos de prevención especial que corresponderían a la misma pena. Según estos autores la peligrosidad del individuo se erigiría como verdadera protagonista en la escena del Derecho penal, para transformar todas las viejas estructuras y eliminar toda incrustación o anacronismo. Recordamos a VASSALLI, DE MARSICO, RANIERI. Hay un error de fondo en todo este planteamiento «conciliatorio»: si a la pena se le quiere mantener todavía una naturaleza ética en el cuadro de los valores de un determinado tipo de civilización, no es posible ligar este «tipo» de pena a un dato puramente naturalista cual el de la «peligrosidad» de un sujeto, que es probabilidad de futuros delitos sobre la base de un cálculo estadístico. No se liga una realidad moral, índice de supremas exigencias (y por ello un valor), a un dato y a un juicio puramente naturalista sin contenido de reproche y, por tanto, sin sustancia moral cual es en efecto el juicio de peligrosidad. Si sobre ello se insiste, quiere decir que se renuncia también al concepto de pena como es tradicionalmente entendido, para transformarlo en una resolución preventiva e indeterminada. El nombre ya no cuenta, porque la llamada sanción criminal es en efecto una medida de seguridad. Bajo el influjo de esta tercera escuela todo concepto termina así transformado o desfigurado. Aun rechazando declararse positivistas, sus representantes acaban en verdad por trabajar en un clima de impronta positivista, que no es el más adecuado para salvar el mundo de la tradición, aunque mucho deba en el mismo ser revisado. Se niega la libertad del querer, que viene reconducida al esquema de la «normal determinación sobre la base de los motivos» o encerrada en un marco referido a los caracteres, lo que es inaceptable por no ser de unívoca y clara interpretación doctrinal. La pena se polariza hacia la indeterminación lo que constituye en verdad su negación, y se transforma en una resolución preventiva en menoscabo de la libertad individual. De esta sustancial confusión de principios y de ideas sale de este modo vulnerado también el Estado de derecho en sus fundamentales exigencias de claridad y precisión. Si todo se polariza hacia la peligrosidad, la *legalidad de base* termina dañada, porque es bien difícil determinar con precisión la «hipótesis» o los «tipos» de peligrosidad sobre los cuales fundar un juicio de probabilidad que en sus conclusiones deja amplio margen a la incertidumbre. Y cuando sobre tan frágil base venga referida una pena indeterminada en espera de la «recuperación social» del condenado, remitida a un juicio, por naturaleza elástico, del magistrado, cualquiera se apercibe de que las estructuras de un Estado de derecho (también sustancialmente entendido como Estado de justicia) han sido irremediablemente perdidas. Estamos frente a una visión antilegalista y antidemocrática de los máximos problemas del Derecho penal.

CAPÍTULO III

Derecho penal y orientaciones políticas

1. EL LIBERALISMO Y LA CODIFICACIÓN OCCIDENTAL. —Si la filosofía del Derecho penal con los valores a los que está ligada es el molde del Derecho penal positivo, y si la Filosofía es también una interpretación racional de una determinada situación histórica, ningún Derecho penal puede ser entendido con abstracción de la situación histórica en la que se manifiesta y llega a su madurez. Querer desligar el estudio del Derecho penal positivo del ambiente histórico que lo ha determinado es como querer estudiar botánica con un manojo de flores marchitas, cuando cada linfa vital ya ha desaparecido y la planta no recibe más alimento y por ello ya no puede vivir. Historia es sinónimo de civilización, es decir, de apertura de la mente a los valores que efectivamente sirven al progreso moral, civil, técnico de un pueblo. No existe historia donde falta tal apertura, donde la mente del hombre está aún oscurecida e inactiva, donde el instinto (el puro instinto que une al hombre con el animal) es fundamentalmente la ley y la regla. Pero tan pronto como el hombre reflexione y llegue a percibir la exigencia del *neminem laedere* y del *suum cuique tribuere,* el derecho irrumpe en el cuerpo social con la precisa función de valorar en términos positivos o negativos los comportamientos de los particulares. He aquí porque allí donde existe un cuerpo social «abierto» a los valores existe un ordenamiento jurídico que de los mismos valores (de la cultura) recibe alimento y justificación. El Derecho penal, que es parte esencial del orden jurídico, se encuentra, por tanto, en relación directa y en estrecho ligamen con los momentos más culminantes de la civilización de un pueblo. Se habla así en el plano histórico de un *Derecho penal romano* y de un *Derecho penal germánico* que presentan, junto a momentos comunes, notas particulares muy diferenciadas entre sí; se habla hoy de un *Derecho penal italiano* y de otro *anglosajón* con sus diversas peculiaridades; se habla de un *Derecho penal democrático* y de otro *autoritario,* según la acentuación que se dé a la posición de libertad del ciudadano o a la autoridad del Estado; se habla de un Derecho penal *cristiano* y de otro *laico,* en relación a la diversa intensidad del criterio confesional y su influencia en el ámbito de la misma legislación, etc.

Todo ello significa que el estudio del Derecho penal se convierte en un enigma donde se pretenda *aislar* el dato jurídico de todo el complejo ideológico que caracteriza la época histórica en la cual ese Derecho penal se manifieste. ¿Quién podrá entender, por ejemplo, el espíritu y el tenor del Código penal italiano de 1889 (Código penal de Zanardelli) aislándolo de su molde ideológico-político liberal? Del mismo modo, ¿quién podrá penetrar en el espíritu del Código penal del Reich alemán de 1871 sin conocer la esencia de un liberalismo conservador de derechas de neta impronta hegeliana? ¿Quién podrá entender el Código penal soviético de 1926 y el de 1960 sin conocer la doctrina marxista-leninista, del cual aquél es la expresión? Existen aspectos del ordenamiento jurídico que se resienten menos de tal origen ideológico-político-cultural (por ejemplo, el Derecho cambiario y el Derecho de las obligaciones), mientras que el Derecho penal está todo imbuido de las normas de cultura (por usar la expresión de M. E. MAYER), a través de las cuales le llega el oxígeno vital. Todo ello manifiesta las dificultades cuando se quieren comparar distintas legislaciones penales: no se trata, en efecto, de subrayar solo los aspectos idénticos o los diversos (lo que es obra de pura lógica formal o nominalista), sino de explicar las asonancias o disonancias en relación con los diversos tipos de cultura a que corresponden las distintas legislaciones. En momentos formales idénticos pueden, por el contrario corresponder sustanciales razones de contraste, vinculadas a las diversas ideologías de las que los Códigos son portadores. No es, pues, con la lógica formal como la comparación debe ser explicada o desarrollada, sino con la teleológica, es decir, con una lógica que atiende a las finalidades o a los fines determinantes de un concreto tipo de legislación.

Hoy en el mundo no existe una plataforma ideológica común. La cual sí existió en el pasado, incluso en un pasado reciente, cuando cada ordenamiento jurídico (penal) se distinguía de los otros solo por razones prevalentemente accidentales o formales. Hasta el fin del siglo XVIII Europa, con la que se identificaba el mundo civilizado, se regulaba en el plano penal sobre la base de criterios comunes de valoración, extraídos por un lado de las elaboraciones de los prácticos o postglosadores, referidas a los textos de los *libri terribiles* del Digesto (los tres últimos) o por los textos concretos de leyes que los monarcas habían ido promulgando (en el Imperio basta recordar la legislación penal de Carlos V), y guiada de otro por la presencia de *normas consuetudinarias* y *de precedentes judiciales* que en parte habían incluso dulcificado la particular dureza del Derecho penal de aquellos tiempos. Y no se olvide la importancia que ha tenido para la determinación de una plataforma común de cultura la presencia científica de los grandes moralistas católicos (especialmente españoles) que aportaron una gran contribución a la clarificación de importantísimas nociones indispensables para una recta interpretación de duras y arcaicas disposiciones legales. SUÁREZ y COVARRUBIAS son nombres altamente beneméritos que influyeron decisivamente en un proceso de gradual «humanización» de las categorías penales en un mundo aún ligado a formas que la conciencia moderna rechaza. Bajo el influjo de las doctrinas moralistas y de los juristas o comentaristas católicos se creó en Europa una plataforma ideológica común a todos los Estados en el esfuerzo gradualmente dirigido a alcanzar una conciencia completa y sistemática de todos los problemas penales. Incluso sin la irrupción de los principios del iluminismo francés ya habríamos tenido una transformación de las estructuras básicas del Derecho penal, sobre el convencimiento de que este no puede presentarse como instrumento de prevaricación para oprimir la libertad y la dignidad de la persona humana que debe gozar de una posición de prioridad respecto a toda otra consideración de fin particular o general. Pero fue, sin embargo, el iluminismo francés quien aprehendió el profundo significado de tal prioridad, presentándola como una fundamental exigencia política de renovación, y atribuyendo a la misma una justificación filosófica vinculada a una visión *autónoma* del mundo moral que nosotros cristianos rechazamos. Pero si rechazamos el fundamento laico de la moral de la que nació la *Declaración de los derechos del hombre y del ciudadano* de 1789, no podemos considerar tales derechos en contraste con la visión que tenemos del hombre y del ciudadano, siempre tendente hacia la salvaguardia de las posiciones individuales de una libertad responsable.

No hay duda de que sobre la base de la famosa Declaración (a la cual aún hoy siempre se reconducen análogas declaraciones de las *Naciones Unidas* de 1948 y del *Consejo de Europa* de 1950) han nacido importantes legislaciones europeas. Quiero recordar el Código penal de Napoleón de 1810, que es todavía hoy, con las modificaciones adecuadas, el Código penal de la República francesa, y que puede ser considerado como el primer Código penal «secularizado», es decir, basado sobre una moral laica que, en sustancia, rehúsa reconocer significado determinante a los valores religiosos e incluso para los fines de su tutela. Característica fundamental del mismo Código, todo él tendente hacia la garantía de las libertades individuales, es la coherente aplicación del principio de estricta legalidad, ya para lo que concierne al delito *(nullum crimen sine lege)* ya para lo que se refiere a la pena *(nulla poena sine lege),* aun a costa de crear tipos demasiado rígidos de delitos y de penas fijas y drásticas en cuanto orientadas hacia el criterio de la prevención general. Se trata de un Código penal que hoy juzgamos particularmente severo, y que, sin embargo, en el momento histórico en el cual surgió, representó un cambio en la legislación penal, porque se encuadraba en el nuevo clima del *Estado de derecho* que el liberalismo venía instaurando en Europa tras una época de arbitrariedades. Estado de derecho entendido aún en un sentido puramente formal, pero que en todo caso era una superación de las estructuras de un Estado de policía que negaba al ciudadano toda garantía de libertad. El Código penal de Napoleón es, por el contrario, el primer Código europeo animado de tan fundamental preocupación: lo que ha sido de gran significación histórica, política y jurídica. Dice BOUZAT que el Código penal de Napoleón puede ser juzgado como un Código severo, impregnado de espíritu utilitarista, moderado respecto a los poderes discrecionales del juez, y basado en abstracciones.

Fruto de una concepción liberal-iluminista debe sin duda reputarse el Código penal Bávaro de 1813, obra de un gran jurista: FEUERBACH. También este Código, de directa inspiración francesa, es un Código que particularmente se preocupa de describir netamente los tipos delictivos y de no dejar ningún margen al juez por cuanto concierne a la pena. Bajo el influjo del pensamiento científico y sistemático alemán, el Código presenta datos de particular claridad y es técnicamente más avanzado que el Código penal francés. Junto con el Código penal prusiano de 1851, es indudablemente la legislación inspiradora del Código del Reich de 1871 aún hoy en vigor, aunque en vías de desaparición[1] donde el liberalismo inspirador se unió a la ideología estatal prusiana, considerada como de neta inspiración hegeliana aunque sea de un HEGEL interpretado según las exigencias políticas de la derecha conservadora.

También el Código penal italiano de 1889 (el primer Código penal unitario) nace de la común plataforma política europea, y es, por tanto, un Código penal de neta inspiración liberal, como lo fue el Código penal toscano de 1854 llamado Código MORI. La preocupación por encuadrarse en el ámbito del Estado de derecho supera cualquier otra exigencia. La descripción de la acción punible, es decir, del delito, debe ocurrir en términos de claros deslindes. La pena puede ser también variable (entre un máximo y un mínimo), pero debe ser siempre determinada, porque debe existir proporción entre la gravedad del delito y la gravedad de la pena en concreto, irrevocablemente establecida por el juez según el uso de limitados poderes discrecionales. El fin de la pena está, sobre todo, en la prevención general, para que su amenaza y ejecución sirva para oponer un contraestímulo al estímulo delictuoso. Se trata en sustancia de una legislación penal individualista, de un individualismo formal y abstracto que solo se preocupaba de formar una sólida base para un Derecho penal al servicio de la libertad del hombre.

Y cualquier otro Código penal europeo surgido durante el siglo XIX siempre se inspiraron en los presupuestos lógico-racionalistas de un liberalismo de derechas, como expresión incluso de una necesidad de tutela de las posiciones políticas que la burguesía había venido conquistando y consolidando tras su ascensión al poder. Se puede, también, afirmar que la legislación europea del siglo XIX es la *legislación burguesa* que se inspira en aquellas ideologías liberales que consintieron a la burguesía romper las estructuras del Estado de policía para instaurar el Estado de derecho, donde toda acción de los órganos públicos debe ser regulada expresamente por una concreta norma legal para la salvaguardia de los derechos del ciudadano.

Es verdad que, bajo el impulso de un liberalismo de izquierdas, ya hacia el final del siglo XIX se hicieron sentir nuevas exigencias, sobre todo gracias a la función de la pena dirigida más que a reprimir a prevenir el delito incidiendo sobre las causas del propio delito, y por tanto, sobre la personalidad del sujeto agente, pero en general todo ocurría en términos de normalidad. Fue con el estallar de la Primera Guerra Mundial (1915-18) y de la Revolución de Octubre en Rusia (1917) cuando se verificó una *violenta ruptura* en el tejido conectivo unitario de un Derecho penal europeo. Europa se escindió en diversas ramas jurídicas, a más de políticas, y se determinó una situación de grave obstáculo y de tensión. El primer acto realizado por la revolución soviética fue la abrogación del Código penal zarista considerado como la expresión más típica del predominio de la clase burguesa sobre la clase de los trabajadores sojuzgada y esclavizada por el sistema capitalista y por la legislación penal que de tal sistema es la expresión más señalada.

---

1 La nueva redacción positiva del Código penal alemán, a cuya elaboración se alude en el texto, ha entrado en vigor en la República Federal Alemana el 1 de enero de 1975. *(N. del T.)*

Un primer grupo de naciones europeas que bajo el aspecto penal se considera más homogéneo es el de las naciones continentales de la Europa occidental (Italia, Alemania, Francia, España, Suiza, Portugal, Austria, Bélgica, Holanda), a las que se deben añadir dos naciones sud-orientales cual Grecia y Turquía. Tal grupo de naciones pueden considerarse homogéneas, porque en ellas se piensa que la materia jurídico-penal debe venir codificada, representando la *codificación* una garantía particular, especialmente cuando se la interprete con una mentalidad normativista sistemática. Esto significa la excelencia o la preeminencia reconocida a la norma escrita en el campo de las fuentes del Derecho, con el rechazo de todo criterio o aspecto fundamental que se conceda a la interpretación judicial y a la costumbre. El delito es de exclusiva creación legal (principio de la reserva de Ley), por lo que al margen o más allá de los tipos de delitos fijados por el legislador está solo lo lícito jurídico-penal, es decir, un reconocimiento de libertad. Lo mismo vale para la pena de carácter prevalentemente retributivo, que no puede violar en concreto los límites máximos o mínimos establecidos por el legislador. El poder discrecional del juez está limitado o dirigido por normas particulares cuando encuentran reconocimiento en el Código para hacer la decisión más conforme a la realidad de las situaciones. Tal tipo de legislación continental está ansiosamente orientada hacia una delimitación de confines entre lo lícito e ilícito, a fin de que venga eliminada toda zona de peligro para la libertad individual. Sobre la consideración del delincuente y de su personalidad penal, prevalece la del delito dentro de los rigurosos límites de la determinación legal, aunque en algunas legislaciones más recientes (como el Código penal italiano de 1931) aparezcan junto a la tipología de los delitos también las primeras tipologías de reos, consideradas, sin embargo, con recelo en cuanto que su concreta determinación podría vulnerar el principio de estricta legalidad. El delito está en el hecho del hombre, no en un modo de ser de su personalidad. Es algo que debe manifestarse en la realidad exterior, para que pueda ser valorado en oposición con algunas fundamentales exigencias jurídicas cuales las expresadas por la *tipicidad*, la *antijuridicidad* y la *culpabilidad*. Se castiga al individuo porque ha cometido un hecho que la Ley prevé como delito, que lesiona un interés tutelado por la norma, que puede ser objeto de reproche. La nocividad social o la inmoralidad del hecho al margen de los estrictos límites de la Ley no tienen algún relieve o significado para fijar la noción del delito. Y es la culpabilidad, o sea, la imputación en términos de reproche de un hecho al sujeto agente, lo que ha de reputarse determinante, y no ya la *peligrosidad social;* esta última, en algunas legislaciones más recientes, es criterio complementario para los fines de la aplicación de una medida de seguridad.

Para la elaboración de los conceptos jurídicos en el ámbito de este sistema codificador preside una exigencia lógico-sistemática, en cuya virtud viene a considerarse determinante, para los fines de la interpretación y aplicación del derecho, no ya el concepto individual tomado de la concreta disposición legal, sino el *principio general* del que los conceptos individuales solo son una manifestación. El derecho no está en la disposición aislada, sino en el sistema que liga a la unidad las disposiciones concretas. Existe entre norma y norma un ligamen subterráneo, que el intérprete debe sacar a la luz; y el conjunto de estos vínculos forma el armazón del sistema. El estudio del Derecho —también para los fines de su aplicación— es, por tanto, el estudio del sistema que debe ser conocido y dominado por el intérprete, precisamente para poder dar al caso particular la mejor solución posible. Todo ello lleva a la conclusión que el mundo penal continental es todavía hoy de neta procedencia racionalista y de inspiración liberal incluso con las varias y concretas diferenciaciones cuantitativas o contingentes entre Estado y Estado.

2. EL EMPIRISMO UTILITARISTA ANGLOSAJÓN. —Un segundo grupo de naciones que forman otro grupo homogéneo en el campo penal, viene dado por las naciones anglosajonas (Inglaterra, la Commonwealth, Estados Unidos de América). Según la tradición filosófica del empirismo y del utilitarismo (campo especulativo y campo moral), las legislaciones de tales países rechazan la *elección codificadora,* porque en un Código viene a reflejarse fatalmente la mentalidad abstracta y racionalista que une incluso aquello que la experiencia o la conveniencia evidencia no poder unir en un sistema armónico.

Y, en verdad, ningún país de raigambre anglosajona conoce un Código en el sentido europeo-continental de la palabra, hecha excepción en los U.S.A., de la Louisiana, de fuerte tradición francesa, que tiene un Código penal, y de los Estados de New York (donde existe un Código de ejecución penal, de contenido pragmático), de Illinois y de Minnesota. Se advierten, además, tendencias unificadoras —y existen a este propósito proyectos privados de Código-tipo unitario— para superar la molestia del fragmentarismo que se encuentra en la legislación penal norteamericana. En todo caso, como bien dice MACKAY COOPER, «la codificación es el producto más importante y difundido de la tradición jurídica civilista. El anglosajón por instinto es hostil a las codificaciones. El latino es entusiasta de ellas. Las razas germánicas y eslavas, tras un primer período de hostilidad, han adoptado también el sistema de las latinas. El fenómeno de la codificación (...) es el resultado inevitable y natural del método de pensar del civilista, que consiste en un razonamiento desarrollado de forma sistemática y en su aplicación al campo del Derecho. Omitiendo los méritos y deméritos abstractos de la codificación, es innegable que el sistema civilista del Derecho codificado se ha difundido en el mundo moderno por imitación libre y voluntaria y ha llevado el lenguaje y el pensamiento romano a la mayor parte del mundo civilizado. El Derecho angloamericano, por el contrario, ha sido impuesto por la conquista bélica como secuela de guerras de colonización; solo en raros casos, y estos incluso discutibles, ha sido elegido libremente por un Estado moderno».

No es, pues, de este modo, el sistema vinculado a una interpretación lógico-racionalista de un «Código» el que tiene eficacia determinante en el campo de la regulación jurídica, sino la *norma individual* en relación al *caso individual,* de forma que la decisión tiene que ser conformada a criterios de equidad. La norma individual puede hallarse en una expresa disposición legal escrita, en una regla de Derecho consuetudinario, en la fuerza vinculante de un precedente judicial. En el ámbito de tal sistema, el Derecho encuentra su fuente no solo en la voluntad abstracta del legislador sino también en las decisiones concretas del juez, inspiradas más que en criterios generales, rígidos por naturaleza, en una fundamental exigencia de equidad. De donde se sigue que falta una elaboración sistemática de las categorías fundamentales penales porque no se cree en la eficacia de las mismas en cuanto impregnadas de racionalidad abstracta o formal que pueden estar en colisión con las características del caso concreto. Es, en cada situación, del *caso singular* del que se debe partir, y es sobre las decisiones dadas por los tribunales a tales casos donde la mentalidad del jurista debe formarse. No existe, pues, recelo hacia la acción del magistrado porque es precisamente de ella de la que deriva el mejor Derecho para la regulación del caso concreto. El magistrado, elegido por el pueblo, convierte así la expresión viva del sentimiento del Derecho en una relación de confianza entre elegido y elector, sentimiento que no se esquematiza en áridas fórmulas, sino que vive y opera en el devenir y en la mutabilidad de las cosas, y por tanto, de la historia.

Con razón afirma SERENI que «la característica más notable del *common law* consistiría en el hecho de que considera el Derecho como un producto necesario y espontáneo de la sociedad en que surge y no como obra del Estado. Con otras palabras, el *common law* partiría de la premisa que el Derecho es anterior al Estado; es de tal ordenamiento jurídico-preexistente *(the law of the land)* de donde el soberano derivará sus poderes; estos serían válidos solo en cuanto reconocidos por el *law of the land* y solo dentro de los límites por él previsto... El juez no se limita a buscar y a aplicar las leyes en relación al caso concreto; él realiza además una función de creación del Derecho respecto a los hechos futuros. Se concilian así en la función del juez aquel substrato iusnaturalista que está en la base del *common law,* y el empirismo, o más bien el pragmatismo, que caracterizan de otra parte la entera vida social anglo-americana; el juez, en efecto, debe atenerse a ciertos principios fundamentales de razón y de justicia, y por ello de Derecho natural, pero tiene la potestad y la función de adecuarlos, sobre la base de la experiencia y de las exigencias históricas, a las situaciones particulares que se le presenten, para administrar justicia concretamente».

No se debe, sin embargo, pensar que, en un clima de semejante recelo hacia los principios generales, tales principios estén del todo ausentes. LAWSON ha demostrado que subsiste una íntima racionalidad también en el Derecho inglés. Y no podría ser de otro modo. Subsisten principios o reglas generales que presiden la determinación de algunos criterios fundamentales de orientación, cuanto menos en el campo de la elaboración científica. Así piensa HALL, para quien «the principles of criminal law consist of seven ultimate notions expressing: 2) *mens rea,* 2) act (effort), 3) the «concurrence» (fusión) of *mens rea* and act, 4) harm, 5) causation, 6) punishment and 7) legality».

Y entre estos basta solo pensar en la gran elaboración que ha encontrado en la doctrina anglosajona el elemento subjetivo del delito, lo que viene llamado con frase latina *mens rea,* sobre todo bajo el aspecto de la *imputabilidad* del sujeto agente, de la que han sido examinados analíticamente los presupuestos, las condiciones, los límites, y las modalidades. También aquí, sin embargo, es más la fuerza de las cosas la que lleva a conclusiones generales que la fuerza de la argumentación lógica. Esta fuerza de las cosas preside también las garantías de carácter formal que un Derecho penal debe poder liberar para ser instrumento de libertad. Aunque en el marco de la filosofía moral del utilitarismo de BENTHAM no haya una sustancial repugnancia en sacrificar al individuo cuando ello sirve a la felicidad de muchos, es preciso reconocer que en concreto las garantías de libertad y de seguridad individuales han sido siempre respetadas y lo son particularmente hoy, especialmente en el plano procesal penal, que no tolera atentados graves a la dignidad y a las posiciones de defensa del imputado. Piénsese que el primer documento en que se puede reconocer la presencia de una garantía procesal de libertad, por la que cada uno debe ser juzgado por sus iguales, es la *Magna Charta libertatum,* de 1215, con la que Juan Sin Tierra accedía a las peticiones de los barones ingleses y ponía así fin a la sedición.

3. EL MARXISMO Y EL DERECHO PENAL. — Un tercer grupo de naciones de la Europa oriental está hoy bajo el aspecto penal regulado por los principios que derivan de una interpretación marxista-leninista de la historia y de la vida. Aquí la ruptura con el mundo occidental, todo él orientado hacia la salvaguardia de las libertades del ciudadano en un clima de estricta legalidad, es radical y completa. No estamos ya solo frente a una distinción conceptual (como puede ser aquélla entre Derecho continental y Derecho anglosajón), sino ante una verdadera y propia contraposición inconciliable entre dos diversas concepciones acerca de la esencia y de la función del Derecho penal. Lo que vale, ante todo, por cuanto concierne a la lógica puesta al servicio de la elaboración de los conceptos jurídicos: mientras el mundo occidental está siempre vinculado a los cánones de una lógica tradicional que a menudo acaba en el formalismo, si bien hoy esté en parte corregida por consideraciones finalistas (teleológica), la lógica al servicio de la elaboración de los conceptos penales marxistas es en sustancia una dialéctica en la que cada concepto particular encierra en sí también su contradicción: solo de este choque entre tesis y antítesis puede esperarse un progreso jurídico en función de los intereses económicos y políticos de la clase trabajadora. Lo que puede significar que también un texto legal de origen capitalista-burgués puede venir, si no aún expresamente abrogado, *dialécticamente* interpretado por servir al progreso económico y social de la clase dominante, explotando y potenciando al máximo las posibilidades de ampliación que toda norma encierra — en menoscabo de los principios ligados a la tradición y, por tanto, cerrados a la nueva realidad —, como sería el de la *peligrosidad de la acción.* Bien podemos decir con GREGORI que «en un ordenamiento inspirado en la ideología marxista, el método de la jurisprudencia no puede ser sino dialéctico. En tal sistema, en efecto, los vínculos entre ciencia del Derecho y socialismo no pueden ser ciertamente contingentes. Los principios tradicionales pueden permanecer válidos; pero es natural que vengan continuamente superados por una interpretación creativa». Sucede así que en la Alemania oriental (dominada por un régimen marxista) había permanecido hasta 1968 en vigor el Código penal del Reich de 1871, interpretado, sin embargo, de modo tal que los resultados de esta interpretación eran antitéticos con los tradicionales. Pero aun en el ámbito de una nueva norma fijada por el legislador marxista es válido el criterio de la interpretación dialéctica, porque no contempla, tanto los criterios formales con los que la interpretación tiene lugar, sino que pone el acento determinante

sobre la sustancial *carga lesiva* de la acción humana en lo que concierne a los intereses políticos y económicos de la nueva clase en el poder. Una acción puede ser penalmente relevante aunque no esté prevista expresamente como delito por un texto legislativo mediante una interpretación analógica del mismo texto. De este modo hemos asistido al declinar de la regla del *nullum crimen sine lege* en los Códigos apenas terminada la revolución. El art. 16 del Código penal soviético de 1926 establecía que «si una determinada acción socialmente peligrosa no está expresamente prevista por el presente Código, el fundamento y los límites de la responsabilidad que tal acción comporta se determinarán conforme a los artículos del Código que prevean delitos cuya naturaleza sea más afín con aquélla». Era, pues, expresamente reconocida la analogía *in malam partem.*

Hoy con la reforma de 1958 y con el Código de 1960 (artículo 3), el delito está sometido, por el contrario, a la reserva expresa de la Ley, si bien la falta de peligrosidad de la acción pueda autorizar al juez a negar en concreto el delito porque el hecho no viole los intereses de la clase dominante. Y esta es, en sustancia, la analogía *in bonam partem* vinculada, sin embargo, a un criterio discriminatorio. A pesar de ello no se quiere abandonar el fundamental criterio de legalidad. Es más, se asiste en este momento a una particular acentuación de la *legalidad socialista* en contraposición a la legalidad del Estado burgués. Legalidad socialista que, abandonando posiciones de tutela rigurosamente individualista, vendría —según los teóricos de este tipo de legalidad— a reforzar la tutela individual en cuanto que se encuadra en la tutela de los intereses de clase. Lo que prueba, una vez más, cómo en el marco de un planteamiento marxista el individuo es solo un derivado de una consideración de fondo que atribuye a la clase —y por tanto al Estado clasista— un valor absoluto, si de valor absoluto se puede hablar con una visión dialéctico-historicista de la realidad. Bien dice NAPOLETANO que «se trata de una legalidad que no encuentra, y no puede encontrar, comparación en las doctrinas jurídicas tradicionales, porque aquella no se refiere para nada al *poder estatal* que no está limitado por ninguna Ley».

Pero, a mayor abundamiento, la legalidad, en el socialismo, además de no limitar en modo alguno al poder estatal, es precisamente considerada instrumento para la realización de los fines de la dictadura del proletariado, y corresponde, una y otra vez, al interés de la clase dominante. De este modo se aniquila al individuo, que no tiene filosóficamente significado autónomo alguno porque termina por disolverse dialécticamente en el grupo o en la clase única portadora de todo valor y de todo interés. Si bien, desde una perspectiva final, el Estado clasista esté destinado a disolverse porque es una superestructura formal de una sustancia que se realizará toda por sí misma al margen de toda sistemática jurídica, en este momento histórico Estado clasista y Derecho penal clasista son términos correlativos: el Derecho penal marxista debe asumir un *matiz clasista,* en cuanto es un instrumento de fuerza para la defensa de las posiciones conquistadas por los trabajadores mediante la revolución. Se establece, pues, una neta contraposición entre Derecho penal «burgués» de origen liberal-iluminista y Derecho penal «socialista» de impronta marxista, no solo por lo que concierne a las fuentes y la interpretación de la norma penal (antes examinada), sino también por lo que se refiere a la construcción de las instituciones fundamentales o esenciales a nuestra disciplina. El delito está en la lesión potencial de un interés de clase, no en las formas o en las modalidades de la manifestación empírica de la acción delictiva. Si es necesario que la clase trabajadora tenga que defender las propias conquistas de toda reacción o retorno del espíritu capitalista aún vivo en una clase vencida pero todavía no del todo desaparecida, la eventual acción de defensa del Estado proletario debe desplegarse tan pronto se manifieste una acción animada por un espíritu ofensivo. Y más que las notas formales de la acción en relación a los tipos de delitos, es necesario —en el marco de tal planteamiento— mirar el *modo de ser* del contenido psicológico de la acción y la pertenencia clasista del sujeto que debe ser juzgado. La noción de delito se viene a subjetivizar, a personalizar, en cuanto es decisiva la mentalidad «burguesa» que está en la raíz de la acción o la pertenencia del imputado a la clase burguesa-capitalista. La tutela de los intereses de la clase trabajadora en el poder viene dada sobre todo por la individualización de una mentalidad políticamente no conformista y por una determinada posición social del presunto reo. Es bien cierto que en las últimas fases de la evolución del sistema penal soviético el marcado subjetivismo de los orígenes se ha ido atenuando, pero permanece aún siempre en el sistema una tendencia que interpreta el significado jurídico-penal de la ofensa efectiva o potencial externa con relación a momentos subjetivos. No es, pues, fundada la objeción de subjetivismo falto de garantías para el imputado, que la ciencia penal soviética hace a la dogmática y a la legislación occidental, en cuanto justamente se preocupa en definir los tipos subjetivos del delito (dolo, culpa, preterintencionalidad). Es verdad, precisamente, todo lo contrario, porque cuando la reacción penal encuentra su justificación en la individualización de un determinado móvil o de un concreto fin o en la fijación de una determinada posición social, todo válido criterio objetivo desaparece y el delito es remitido a los momentos subjetivos que consienten la más amplia interpretación. El Estado de Derecho tutor de la más estricta legalidad está de este modo ciertamente minado en su base.

También la reacción estatal sufre una profunda transformación. Ella ya no está vinculada, como indefectible presupuesto, al establecimiento de la culpabilidad del imputado. El concepto de culpa es un concepto de origen burgués en íntima conexión con la concepción filosófica individualista del occidente liberal y cristiano. Se castiga, no ya porque se es culpable según los criterios morales que nuestra civilización pone como base del juicio de culpabilidad, sino porque la acción es de por sí misma *objetivamente* peligrosa para el orden social independientemente de búsquedas en torno a las nociones de dolo o de culpa, o porque los *sujetos* han de reputarse *peligrosos* para el orden constituido con la revolución. Se establece, por tanto, un nexo no ya entre pena y culpabilidad, sino entre pena (el nombre hoy vuelve de moda) y peligrosidad de la acción o del sujeto a juzgar. La resolución en la que la reacción estatal se manifiesta no pretende, pues, por cuanto respecta al sujeto, reprimir o castigar en nombre de indeclinables exigencias éticas y jurídicas, sino prevenir nuevos ataques al orden nuevo o a través de la eliminación física del delincuente, «enemigo del pueblo» y como tal no recuperable (la pena de muerte hoy de nuevo introducida y profusamente aplicada), o la recuperación del delincuente «corregible» con la aplicación de una pena pedagógica o preventiva por la que estos lleguen a convencerse de lo equivocado de su elección anterior y aceptar los postulados y las directrices del nuevo sistema. La pena viene así a tener una amplia función de «defensa social», porque esta puede venir garantizada tanto por la eliminación como por la recuperación social de los «reos». Y el condenado recuperado viene a ser posteriormente inserto en el orden socialista en el que desarrollará un trabajo o una función útiles para la clase o para la categoría: lo que puede acontecer solo tras un radical cambio de orientación mental, obtenido mediante la necesaria acción pedagógica.

4. EL TOTALITARISMO PENAL. —Hay, ciertamente, que recordar que también en Europa occidental se ha pasado por un período en el que el Derecho penal ha sufrido una profunda transformación bajo el influjo de una concepción política totalitaria cual fue la doctrina nacional-socialista en Alemania de 1933 a 1945. Ahora esta pertenece a la historia. Pero es una desagradable historia que hay que recordar. Tendremos más ocasiones en el curso de la exposición de recordar algunos aspectos de tal doctrina, porque indudablemente ella ha marcado —aunque con caracteres negros— una época que termina trágicamente en una guerra mundial. Aquí basta recordar algunos aspectos fundamentales del totalitarismo nazi que incidieron profundamente sobre las estructuras del Derecho penal, de suerte que resulta útil su examen para los fines de un más pleno conocimiento de las relaciones entre política y Derecho penal. Se trató de una concepción *organicista* de las relaciones entre pueblo y Estado y entre pueblo e individuo, en el sentido que toda referencia a una esfera de libertad natural de la persona humana frente al Todo era considerada en ontológico contraste con la realidad, no ya solo jurídica, sino con la natural de la sociedad humana. El vínculo de la sangre que une entre sí a los miembros de un pueblo asentado en un territorio *(Blut und Boden)* hace que uno se identifique con otro, y todos los individuos se integren en la única realidad que cuenta: la comunidad nacional racialmente pura que constituye el supremo valor, al cual todo debe ser relacionado o referido. Ella forma el supremo criterio de juicio de toda actitud del individuo llamado solo a desarrollar en el ámbito de la comunidad las funciones que el Todo le atribuye, no ya a reclamar derechos que no tienen razón alguna de subsistir. El Estado viene a perder sus estructuras autónomas lógico-jurídicas, que especialmente en Alemania el liberalismo conservador había elaborado bajo el influjo de un hegelismo de derechas. El Estado es solo un instrumento que sirve a la comunidad racial para realizarla plenamente, pero no es fuente del Derecho, manifestándose este por la conciencia racial-nacional del pueblo interpretado según la voluntad del jefe (Führer) a quien el destino ha atribuido el mando. El Derecho penal está subordinado al principio autoritario (Führenprinzip) y sirve para la defensa de los intereses de la comunidad popular, nunca —sino de reflejo— a la tutela de posiciones individuales de autonomía. En el cuadro de tal planteamiento de fondo, la Ley formal es solo uno de los criterios directivos para el juez, quien podrá acudir a los principios de la conciencia de la comunidad popular para aplicar *analógicamente* una norma penal incriminadora de un caso expresamente regulado a otro no previsto. La gran conquista del Estado de derecho en relación a la prohibición de la analogía en materia penal se lesiona de este

modo mortalmente. Tal Estado de derecho incluso viene menospreciado, porque es de un origen liberal-iluminista elaborado por publicistas con método y mentalidad talmúdica. Es Estado de derecho solo el Estado que sirve a los intereses vitales de la comunidad racial, sin preocupación alguna por la libertad del individuo, que es un simple *flatus vocis*. El delito no es la lesión «típica» de un bien jurídicamente protegido cuya noción deba ser elaborada dentro de los estrictos confines de legalidad «formal», sino es un *acto de infidelidad*, una rebelión de la voluntad individual a la voluntad del *Führung* (guía político), independientemente de la lesión efectiva de un interés que podrá agravar pero no constituir un delito. Se contrapone así un Derecho penal que se refiere a la voluntad *(Willensstrafrecht)* a un Derecho penal que atiende al resultado *(Erfolgsstrafrecht)*: el primero, en armonía con una concepción organicista de las relaciones individuo-Estado popular; el segundo, por el contrario, expresión de una visión atomista liberal dirigida enteramente a salvaguardar la esfera de autonomía o de libertad de la persona. Basta, pues, la exteriorización de un acto de voluntad, incluso con medios inidóneos, para que un delito exista. La consumación del delito viene anticipada a lo que llamamos el momento de la tentativa. La pena sirve, en el cuadro de tal planteamiento, ante todo para fines de prevención general, drásticamente expresados por amenazas particularmente severas; en concreto, para eliminar físicamente a los incorregibles, y para recuperar en interés de la comunidad a los demás.

5. DEMOCRACIA Y DERECHO PENAL. —Se impone, en este momento, una breve reseña de lo que significa para el Derecho penal una concepción democrática de la realidad política, hoy en auge después de tristes experiencias y consagrada en los nuevos textos constitucionales, por ejemplo, en la Constitución italiana o en la de Alemania occidental. A este respecto, y para no acabar en un peligroso y equívoco nominalismo, queremos distinguir dos tipos de democracia: la *personalista* y la *popular*. Para nosotros, en el ámbito de una tradición occidental, no existe duda que de democracia solo se puede hablar con referencia a un planteamiento y justificación *personalista* de la misma, es decir, cuando la persona humana aparece en la escena política como portadora de una esfera de autonomía, y por tanto, de su responsabilidad, antes de toda intervención y de todo reconocimiento estatal. El individuo entendido como persona (o sea éticamente calificado) es el protagonista de la política y de la historia y en consecuencia también del Derecho, que de la política y de la historia es una manifestación típica, incluso la más típica. Si nosotros, por el contrario, hablamos de democracia popular, trasladamos fatalmente el acento de la persona al grupo al que pertenece el individuo, personificando el grupo y la colectividad como un absoluto, es decir, como el único y solo valor que reasume en sí todo aspecto o momento individual de la realidad social. De nuevo, otra vez se abre así la puerta a una forma de auténtico totalitarismo.

En una concepción democrática del Derecho penal el punto de partida viene dado por el concepto de «persona». No se trata ya de una concepción atomista-individualista del hombre, como sucedía con el contractualismo francés que impulsa a los hombres aislados a asociarse para sobrevivir mediante la fórmula y el vínculo del famoso contrato social, mediante el que cada uno cede una parte de su libertad para crear las condiciones de la coexistencia, porque los hombres coexisten entre sí por ley de naturaleza, y se articulan en una serie de grupos sociales que van desde la familia al Estado a través de comunidades intermedias. Independientemente de toda forma histórica de contractualismo (la de J. J. ROUSSEAU tiene un carácter hipotético), subsiste entre hombre y hombre un vínculo de naturaleza moral, primero, y de carácter jurídico, después, por lo que bien se puede decir que el Derecho nace institucionalmente, en el sentido de que donde se manifiesta una institución social se manifiesta la norma jurídica. El Derecho es principio de coordinación de las relaciones humanas, y no existe necesidad de coordinación donde falta una sociedad para coordinar. *Ubi societas ibi ius.* Pero en una sociedad democrática *abierta, es* decir, democrática, la posición de la persona humana se encuentra favorecida por la presencia y por la acción de una regla ético-jurídica (ante todo, de Derecho natural) que eleva a la misma persona por encima de toda otra realidad y de toda otra exigencia, por lo que ella deviene el *valor absoluto* y determinante de cada elección, de forma que no puede ser degradada a medio para la realización de un fin. La persona humana goza, pues, de una esfera de autonomía suya propia que no puede ser disminuida o vulnerada sin comprometer las mismas bases de la convivencia.

El Derecho penal que encuentra su razón última en una exigencia de justicia conmutativa o retributiva, de la que el Estado es garante, tiende precisamente a garantizar al individuo la *inviolabilidad de su esfera de autonomía* de toda intervención de terceros y de toda arbitraria intervención del mismo Estado. Se derivan de estas premisas importantes conclusiones: el delito no puede ser un hecho puramente interno a la psique del sujeto agente, porque hasta tanto un sujeto permanece en sus posiciones no viola la esfera de autonomía ajena y no crea por tanto las condiciones o las premisas de una ruptura en las relaciones inter-subjetivas con vulneración de una exigencia de justicia que reclama la intervención punitiva del Estado. El delito, al lesionar la esfera de autonomía de un sujeto, viene con ello mismo a comprometer un interés particular que en el ámbito de su esfera de autonomía estaba en las posibilidades de goce del individuo. Tal consideración da un contenido a la esfera de autonomía individual mediante la indicación del *bien jurídico* que el delito viola o menosprecia. La objetividad del delito está justamente en esta indicación de un bien jurídico lesionado. El delito no es un puro acto de rebelión o de desobediencia, como afirman los teóricos del totalitarismo penal (concepción puramente subjetiva), sino que está ligado a una realidad externa. Pero para garantizar todavía más la esfera de libertad individual de toda arbitraria intervención estatal es preciso que la lesión del bien jurídico sea una *lesión típica,* en el sentido que no todo acto lesivo de un interés ajeno es delito sino solo aquel que como tal está descrito por la ley penal. Una democracia personalista no puede prescindir de reconocer valor determinante al principio de legalidad *(nullum crimen sine lege),* que el liberalismo del siglo XVIII indicó como esencial a un Estado de derecho. Y es por esta vía por la que la democracia personalista se convierte en sinónimo de un Estado de derecho, no entendido, sin embargo, en términos puramente formales y nominalistas, sino como forma jurídica que afecta a toda una serie de exigencias a las que el Estado debe hacer frente para estar a la altura de sus más cambiantes finalidades sociales. Se trata de un Estado de derecho sustancialmente entendido que explica responsablemente las actividades que inciden en la sustancia de las relaciones humanas, para que sean creadas a la persona humana las mejores condiciones para su progreso y perfeccionamiento. En otras palabras, un Estado de derecho en el marco de una democracia personalista no puede ser un Estado *agnóstico,* sino un Estado *ético,* no ya en el sentido hegeliano, donde este es la misma creencia de la moralidad que se actúa en la historia, sino en el sentido cristiano para el que el Estado actúa en su visión social los dictámenes de una moral que preexiste al propio Estado y que traza para todos caminos obligatorios. Esto llega a ser muy importante en el sector de las consecuencias jurídicas del delito. Sobre todo, en la *pena.* Una visión democrática de la pena en el marco de una concepción ético-heterónoma debe hacer eje en el concepto de *pena retributiva.* La pena deviene así la expresión de una suprema exigencia: al mal debe seguir el mal, es decir, el castigo. El mal se entiende en sentido físico y no en sentido moral, porque la pena no está vinculada —como por algunos se quiere— al concepto y al criterio de la venganza *(vindicta publica):* ella es por el contrario expresión de un principio de justicia. Y una resolución de la justicia no puede ser un mal. Atribuir a la justicia fines particulares quiere decir encontrar su justificación al margen de la idea de la igualdad y, por tanto, desnaturalizar la misma sustancia de la sanción penal. La pena retributiva no puede, por consiguiente, perseguir fines particulares como si estos fueran unidos necesariamente a su naturaleza. La prevención general y la prevención especial de los delitos han sido atribuidos como fines a la pena por quienes niegan su verdadera y única razón de ser: la *retribución.* Pero, a este propósito, se observa pronto cómo en el ámbito de un Estado de derecho sustancialmente entendido la retribución no puede ser entendida en términos puramente nominalistas o formales. Retribuir quiere decir castigar, y castigar a un *hombre.* El castigo no puede ser entendido como pura reacción retributiva al margen de la consideración que el mismo incide sobre una naturaleza ética, como es la naturaleza del hombre. *El castigo debe ser individualizado;* no puede ser aplicado con esquemas abstractos, sino sobre la base de operaciones concretas, que exigen el conocimiento de la personalidad que debe sufrir el castigo. La exigencia de la individualización de la pena se ha convertido hoy en un axioma, pero lo es como consecuencia no ya de una indicación específica del fin (prevención especial) asignado a la pena, sino como corolario de la naturaleza retributiva de la pena que debe operar en lo concreto de una personalidad humana bien definida. Lo que significa que la pena debe ser en concreto un castigo *humanizado* compatible en el máximo grado con el criterio retributivo. Solo por esta vía puede obtenerse la enmienda del reo o su recuperación social. Efectos estos que la pena retributiva, en cuanto justa y equitativa, puede producir independientemente de su polarización hacia un fin que si no se alcanzase quitaría a la pena toda razón de ser. Así la pena no viene nunca a perder su naturaleza de resolución determinada en el tiempo. Su límite viene a ser rigurosamente respetado con vista a la salvaguardia de la libertad del individuo.

La *medida de seguridad* puede —incluso debe— tener, en el ámbito de una democracia inserta en una visión sustancial del Estado de derecho, una función precisa con vista a la realización de un objeto: la recuperación humana del delincuente anormal y en cuanto tal socialmente peligroso. Se trata de sanar, de curar una desgracia. Y ello entra dentro de los cometidos sociales, principales de un Estado que pretenda estar a la altura de sus responsabilidades histórico-políticas. Sin embargo, será cometido de la legislación dictar las normas más precisas posibles a fin de que también en este delicado sector todo arbitrio pueda ser eliminado. La personalidad tarada de un hombre delincuente no puede ser objeto de arbitrarias investigaciones o de medidas irregulares, sino que debe en todo caso formar objeto de serias y responsables investigaciones, porque siempre es afectado un «hombre». Estamos frente a un nuevo tipo de Estado: el *Estado social de derecho,* es decir, un Estado que, sin renegar nada de lo que representa una exigencia de estricta legalidad, asume tareas positivas en el delicado campo de la resocialización del delincuente.

CAPÍTULO IV
Las codificaciones italianas

1. EL CÓDIGO PENAL ZANARDELLI Y EL PROYECTO FERRI. —El Código penal hoy en vigor en Italia se remonta al 1 de julio de 1931. Fue promulgado en el período de la dictadura fascista, cuando sin embargo esta, más que un régimen totalitario —ideológica y políticamente—, era prevalentemente un régimen *autoritario* con supremacía del poder ejecutivo sobre cualquier otro poder estatal. Esto es muy importante porque el Código no se resiente, sino en medida limitada, de una concepción totalitaria de la política y de las relaciones —por tanto— entre Estado y ciudadano. En 1973, a veintinueve años de la reconquista de la libertad por parte del pueblo italiano, el Código está aún en vigor, aunque ha sido reformado parcialmente. Lo que quiere decir que en sustancia el Código resiste a la nueva situación y a las necesidades de la misma, no obstante se prevea su profunda revisión, y haya presentado el gobierno varias veces a las Cámaras diversos proyectos de reforma.

El Código es el segundo de Italia tras su unificación, porque no se puede llamar Código de la unificación al Código penal del Reino de Cerdeña, extendido a todos los territorios de Italia después de 1861, hecha excepción de la región Toscana donde permaneció en vigor el Código Mori promulgado en el Gran Ducado en 1854, Código que puede considerarse un documento de gran sabiduría y precisión jurídica. Fue en 1889 cuando en Italia se dio la primera legislación unitaria por obra del Ministro de Justicia Zanardelli, quien dejó unido su nombre al Código. El Código Zanardelli fue bajo el aspecto político un Código inspirado por una ideología liberal de derechas, vinculada al criterio de la precisión y de la seguridad jurídica: precisión por los conceptos y en consecuencia por la certeza del Derecho de la que deriva la seguridad de los asociados. Su criterio informador fue el de la represión. El Estado debe intervenir con sanciones punitivas después que el delito ha sido perpetrado. Prevenir el delito, más allá de la que puede ser la función preventiva de la norma penal en cuanto tal, significa peligro de incidir sobre las libertades individuales que el Derecho está llamado a tutelar. Es el delito el centro de toda norma legislativa y de toda discusión científica; más allá del delito toda incursión está precluida. El problema de la peligrosidad del agente no había sido aún planteado en sus exhaustivos términos por la escuela positiva, pero en todo caso no podía reputarse en armonía con las exigencias de un Derecho penal que miraba al delito o mejor al «tipo» como la noción y valor supremo para que fueran definidos en términos precisos los confines de lo lícito y de lo ilícito y eliminadas las zonas de peligros para las libertades individuales. Eran el hecho y la peligrosidad del hecho los polos positivos del derecho penal, mientras que la pena represiva constituía el polo negativo del sistema del Código.

No es el caso de descender a particularidades. Pero una cosa es segura: el Código podía regir en el cuadro político-cultural en el que había nacido y al cual debía servir. Una vez modificados el ambiente cultural y político, también el Código debía conocer sus primeras quiebras y abrir el camino a una iniciativa de reformas. La primera guerra mundial trajo también a Italia profundos cambios en las estructuras sociales, en la realidad económica, en las ideologías políticas. Si el Código del 89 puede reputarse el *Código de la burguesía* que había dado lugar al Resurgimiento en nombre de una orientación conservadora de las estructuras sociales y políticas, la llegada de grandes masas del pueblo a la vida política mediante el sufragio universal (católicos y socialistas), la transformación de las estructuras sociales del mundo en casi cincuenta años que reclamaban una nueva política económica, el afirmarse de concepciones doctrinales en oposición con el pensamiento político y científico que había regido la vida del siglo XIX no podían dejar de hacerse sentir en el sector de la vida jurídica del Estado para reclamar reformas. Y hubo un serio intento de reforma, aunque no llegase a buen puerto: el proyecto de un nuevo Código penal debido por iniciativa ministerial a ENRICO FERRI, entonces exponente tanto del socialismo italiano como de la escuela positiva italiana en el máximo de su esplendor y de su grandeza por los años de 1920 a 1925.

El proyecto Ferri vio la luz en 1921, cuando la crisis del pensamiento y del sistema liberal había alcanzado su punto culminante. Será útil conocer los principios informadores del proyecto, porque tuvieron una notable influencia en el desarrollo del Derecho penal de muchos países además del nuestro. Siguiendo la Relación ministerial al Rey, podemos subrayar algunos extremos fundamentales: 1) La legislación penal debe tomar como punto de partida el *delincuente* antes que el *delito.* Lo que no quiere decir necesariamente que el Código no deba fijar el hecho delictivo y que el juez en la sentencia de condena pueda o tenga que prescindir del mismo, sino solo que el delito, antes de ser un «ente jurídico» como se había expresado por el clasicismo, debe considerarse la *acción de un hombre: «es* pues a este hombre, no al hecho delictivo, al que debe aplicarse la resolución represiva establecida por la ley. Y es finalmente este hombre, quien cumplida la condena, deberá vivir bien respetando los derechos ajenos o cometiendo nuevos delitos». 2) Las medidas de *defensa social* (criterio inspirador del sistema) contra la delincuencia deben en consecuencia adaptarse no tanto a la gravedad mayor o menor del delito, cuanto a la *mayor o menor peligrosidad del delincuente.* La peligrosidad social del delincuente llega a ser, pues, el criterio de medida para la elección o para la determinación concreta de la medida de defensa, de ahí que «el criterio fundamental para una reforma de las leyes de defensa social contra la criminalidad debe ser que las medidas represivas sean más severas, es decir, más eficaces, para los delincuentes habituales y más peligrosos por tendencia congénita o adquirida, y sean menos rigurosas, o sea, mejor adecuadas para la gran mayoría de los delincuentes ocasionales y menos peligrosos». Lo que significa que la progresiva mitigación de las medidas de defensa no siempre pueden estar en los fines del legislador que se inspira en ideologías positivistas, porque sería absurdo que a los delincuentes de alta peligrosidad social se aplicaran medidas de excesiva benevolencia. 3) Todo lo anteriormente dicho lleva a la necesidad de distinguir bajo el aspecto de la peligrosidad los *delincuentes adultos* de los *delincuentes menores,* y entre *delincuentes comunes* y *delincuentes políticos-sociales.* 4) La responsabilidad del delincuente no se establece ya según el criterio de la imputación moral del hecho delictuoso, porque la libertad del querer o libre arbitrio no existe, sino que se determina según un criterio social. La ley establece una responsabilidad porque todo individuo en cuanto vive en sociedad debe asumir el riesgo de las consecuencias de sus propias acciones. Es esta la *responsabilidad legal* por la cual debe ser desterrado todo recuerdo de culpa vinculada al criterio metafísico de la libertad moral. 5) Ulterior criterio directivo en la reforma de las leyes penales es que «las sanciones por estas establecidas para los hechos delictivos, deben ser extrañas a cualquier pretensión de infringir un castigo proporcionado a una culpa moral». El criterio de un castigo «retributivo» deviene así un absurdo «porque no se pueden medir dos entidades esencialmente heterogéneas como son la esperanza de una utilidad (delito) y el temor de un daño (pena)». Tal negativa al criterio retributivo está en el pensamiento de la escuela positiva de modo absoluto e incondicionado; pues ella es la expresión de un planteamiento utilitarista del Derecho penal, negadora de una regla moral objetiva y universal. 6) El sistema de la pena privativa de libertad con *término fijo* debe considerarse superado: «en efecto, si no es realizable la pretensión de precisar un castigo proporcionado a una culpa, y se trata, por el contrario, de separar, cuando sea necesario, a un individuo inadaptado a la vida social, esta separación no puede tener un término prefijado, sino que debe durar tanto tiempo cuanto sea necesaria para que el individuo llegue a estar preparado para vivir en libertad: y cuando sea incorregible debe durar un tiempo *absolutamente indeterminado*». Es de esta manera como la sanción indeterminada en el tiempo (tanto de modo absoluto como relativo), llega a ser punto de referencia de la concepción positivista, y es esta la razón particular por la que no es posible coordinar las exigencias de certeza jurídica del Estado de derecho con la falta de seguridad para las libertades individuales que derivan del positivismo criminológico. 7) En consecuencia, resulta que toda diferencia entre la pena y la medida de seguridad viene a desaparecer fatalmente, porque faltan las razones *ontológicas* para mantener tal *dicotomía.* Si toda medida penal está en función de la peligrosidad social del delincuente y en esta encuentra su razón justificadora, la diferencia entre pena y medida desaparece. Entramos en el ámbito de lo que GRISPIGNI llama *sanción criminal* y los alemanes *Zweckstrafe* o pena-fin: una superación decisiva del criterio retributivo, para hacer sitio solo al criterio de la prevención y particularmente al de la prevención especial dirigida a la recuperación social del condenado. No estamos, sin embargo, frente a una superación de la pena y de la medida, sino ante la disolución verdadera y propia de la pena en la medida de seguridad. Bajo el nombre de «sanción criminal» esta sola debería prevalecer.

2. EL CÓDIGO ROCCO DE 1931 Y LAS REFORMAS PARCIALES. El proyecto Ferri no logró llegar a ser ley del Estado tanto por razones científicas como por motivos

políticos. La Italia de esa época —hace casi cincuenta años— no era precisamente favorable para una recepción de las tesis positivistas en el plano legislativo. El reblandecimiento del criterio de la seguridad con el declinar del dato objetivo del delito para insistir prevalentemente sobre los elementos personalistas y el rechazo del criterio de la culpabilidad en favor del de la peligrosidad, determinaron una fuerte reacción política y científica por lo que el proyecto fue marginado. Pero el problema de una reforma del Código penal permanecía siempre sobre el tapete, dado que el Código Zanardelli venía considerado también por parte de los antipositivistas como superado, por la evolución de las circunstancias y por la necesidad de una política criminal que hiciese intervenir más eficazmente al Estado en la lucha contra el fenómeno delictivo incluso en vía preventiva. Y fue así como, tras cinco años de discusiones sobre un proyecto —primero preliminar y luego definitivo—, se promulgó el Código de 1931, aun actualmente en vigor aunque en parte reformado y siempre en la vía de una más marcada modificación en armonía con la nueva realidad política y constitucional.

Es de hacer notar que la reforma del Código penal en los años 1925 a 1931 vino facilitada por la afirmación de una nueva corriente política que pretendía presentarse como *autoritaria* respecto al carácter liberal y democrático del mundo político que había alumbrado al Código Zanardelli. El «fascismo» entonces en el poder en Italia quería constituir y representar la antítesis más radical de la democracia, considerada como forma política superada por ser incapaz de afrontar las tareas políticas y sociales de un Estado moderno que —como se afirmaba— se iba pulverizando en el marco de una concepción hedonista-individualista de la sociedad. No era ya el individuo quien debía considerarse el centro de la realidad social y política, sino el Estado que reivindicaba para sí un poder originario y autónomo respecto a la voluntad de los individuos en cada sector de la actividad política. El presupuesto del que se partía era, por tanto, el de una concepción del Estado que negaba la dogmática política del liberalismo, pero que no lograba —ni aun como antítesis del liberalismo— caracterizarse de forma precisa y unívoca.

Por esta razón las caracterizaciones han sido múltiples y diversas, según que se contemplase la política religiosa, la económico-social, la racial o la imperialista que a toda las otras superaba y sintetizaba. Y precisamente a causa de tales orientaciones políticas en los diversos sectores de la vida social tenemos ocasión de constatar cómo el Código penal de 1931, principalmente en su parte especial (que es la que en líneas generales se resiente de la ideología en la elección de la determinación y clasificación de la materia punible), expresa una no clara fermentación ideológica, si bien en ella se haya manifestado más señaladamente que en otros lugares el influjo de una concesión «autoritaria» del Estado que pretendía rechazar la opción liberal-democrática. Pero, si esto es verdad, es también cierto que los concretos delitos previstos en la parte especial del Código son por regla general fijados y elaborados según la técnica legislativa tradicional: *determinación del «bien jurídico» tutelado; descripción del «hecho delictivo» en sus elementos constitutivos; eventual presencia de condiciones de punibilidad y de procedibilidad; determinación de la pena en grado mínimo y máximo.* Si es por ello verdad que algunos tipos delictivos no pueden ser reconducidos a una ideología político-liberal, tanto por el contenido como por la forma, también lo es que estos se vienen a perfilar, desde un punto de vista técnico, como correspondientes a las exigencias de una legislación que pretende, si no vincular, al menos *limitar* la valoración inmediata del hecho por parte del magistrado. Lo cual quiere también decir que los criterios fundamentales interpretativos elaborados por una secular tradición «liberal» son aquellos que más se adaptan a la interpretación de las disposiciones de la parte esencial del Código, sin necesidad —como había sucedido en otro lugar— de cambiar de orientación incluso bajo este aspecto, poniendo en peligro las libertades individuales. No ha habido nunca ocasión de recurrir a criterios subjetivistas de interpretación como si la preeminencia debiese reconocerse al momento «intencional» en la economía estructural del delito: esta, en efecto, ha permanecido siempre vinculada al momento objetivo de la lesión, efectiva o potencial, de un bien jurídico. Aun cuando sea verdad que los momentos personalistas o subjetivos son en el Código actual más numerosos que en las legislaciones penales pasadas, esto no significa ciertamente que las orientaciones interpretativas hayan sufrido una transformación. Y ello encuentra ulterior confirmación en la elaboración de la parte general de código, principalmente respecto a las disciplinas de los problemas relativos a la Ley penal, al delito y a la pena, donde —aparte de un régimen de mayor severidad para las sanciones— nada ha cambiado sustancialmente con relación a una legislación penal que quiera reputarse como emanación del mundo ideológico del liberalismo. En efecto, la ley penal, el delito y la pena, están orientados hacia una *finalidad represiva* que mejor que otra cualquiera satisface las exigencias de la libertad y de la seguridad jurídica.

La *idea preventiva* incluso ha tenido ocasión de manifestarse mediante la introducción de las medidas de seguridad, vinculadas a la peligrosidad del sujeto activo del delito. Las exigencias positivistas, que habían siempre realzado aspectos hasta entonces descuidados por la política criminal y por el Derecho penal, particularmente en cuanto se refiere a algunas formas de criminalidad, pretendían ser tomadas en consideración dentro de los límites de su validez científica y de su significado político. Y, por cuanto se refiere al aspecto político, las dificultades se presentaban fácilmente superables, dada la ya acaecida transformación de la concepción y de la función del Estado, con el crepúsculo de un liberalismo puro que no podía concebir y admitir una «planificación» política preventiva de luchas contra la delincuencia por el peligro que se habría derivado para las libertades individuales. En efecto, toda forma política que no sea de origen liberal reconoce la legitimidad de una intervención preventiva del Estado, aun *a costa* de causar un perjuicio a las supremas exigencias de la libertad y de la seguridad. Bajo el aspecto científico, por el contrario, se requería proceder con mayor cautela, porque los principios del positivismo criminológico no podían precisamente considerarse todos adecuados y seguros. Su reconocimiento en el Código fue solo parcial, e incluso en los límites de la misma recepción, más que de una coincidencia de contenido, se trataba a menudo de coincidencias solo formales entre el dictado de la norma y la expresión usada por la escuela positiva. Ello no quita que las posibilidades de interpretación pudieran ser diversas, particularmente a propósito de la imputabilidad, de la capacidad para delinquir, de los delincuentes caracterizados como el habitual o el profesional. Esto quiere decir que la discusión permanece aún abierta, especialmente frente a algunas motivaciones de la Relación final del Código que no pueden sino dejar perplejo a quienes creen ver siempre en el Código la impronta de la tradición cultural clásica, y no ya —como pretendía GRISPIGNI— un trampolín hacia la recepción integral del mundo positivista-criminológico.

El Código de 1931 ha sufrido reformas parciales tras el fin de la dictadura que lo había concebido y promulgado: se trata de reformas que tienden a quitar alguna severidad al propio Código, demasiado vinculado a criterios de un rigorismo quizás excesivo y dirigido a reconocer al ciudadano el derecho de crítica a la labor de la autoridad pública y el de resistencia frente al acto arbitrario del funcionario público.

Ya en septiembre de 1944 apareció el primer decreto de reforma del Código. Aquél, introdujo de nuevo en la codificación algunas disposiciones de extremado interés y de gran significado. En primer lugar, recordamos la reintegración de las *circunstancias atenuantes genéricas,* es decir, aquellas circunstancias no definidas expresamente por el Código pero remitidas al prudente arbitrio del juez con el fin de «humanizar» lo más posible la sentencia en función de todas las características del hecho concreto: se trata, en sustancia, de un *favor rei* que no puede ser descuidado por una legislación democrática. En segundo lugar, en los delitos contra el honor (difamación e injuria), cuando la ofensa se concreta en un hecho determinado y el ofendido es un funcionario público por un hecho que entra en el ejercicio de sus funciones, viene reconocida al ofensor la *exceptio veritatis:* es decir el imputado tiene el derecho de probar la verdad de cuanto ha atribuido al funcionario público, por lo que, cuando el hecho resulte cierto, la ofensa está justificada en nombre de un derecho de crítica y de control del particular frente a lo realizado por la administración pública. En tercer lugar, en el campo de los delitos contra la administración pública, frente al acto arbitrario del funcionario público ha sido reconocida la *licitud de la resistencia del ciudadano particular* en nombre de una libertad política que la dictadura había negado. La *pena de muerte,* finalmente, ha sido abolida, salvo los casos previstos por las leyes militares de guerra.

Aunque otras reformas o retoques a determinados artículos hayan acontecido en los últimos años (por ejemplo, la abolición de los delitos de adulterio y concubinato), la gran renovación está aún por llegar. Sin embargo, está en avanzado estudio de elaboración un proyecto de reforma (Proyecto Leone de 1968) de la parte general del Código, cuyos puntos característicos se deben recordar aquí: *a)* abolición de la condena a cadena perpetua; *b*) nueva disciplina de las circunstancias agravantes, con la eliminación del criterio de imputación objetiva; *c)* nueva estructuración de la tentativa; *d)* distinta disciplina de las concausas, con una visión más «personal» del nexo de causalidad; *e)* abolición de otros casos de responsabilidad objetiva; *f)* atribución al juez de mayores poderes discrecionales, con la eliminación de la recidiva obligatoria; g) supresión de la figura del «delincuente por tendencia»; *h)* revocabilidad en todo momento de las medidas de seguridad, al cesar la peligrosidad.

3. LA CONSTITUCIÓN ITALIANA DE 1948 Y EL PROBLEMA PENAL. —Tras la gran aflicción por las guerras y por las revoluciones en los países de la Europa occidental

(hecha excepción de España y Portugal, regidas por sistemas políticos autoritarios, aunque no ligados a una precisa ideología), el primer problema que atormentaba fue el constitucional, es decir, la elaboración de una Carta fundamental que garantizase en términos de *libertad* la autonomía del ciudadano, tan gravemente vulnerada en favor del principio autoritario de las dictaduras nazi-fascistas. También en los países orientales hubo toda una tendencia para constitucionalizar las relaciones entre el ciudadano-trabajador y el Estado-clasista en el marco de la llamada «legalidad socialista»; si no fuera porque el resultado que se derivó no puede ser considerado homogéneo respecto al resultado constitucional de los esfuerzos efectuados en los países occidentales, y ello en función de la sustancial diversidad de raíz ideológica. El mismo concepto de democracia viene entendido en términos sustancialmente distintos en ambos grupos de naciones: en occidente, la democracia es el *hombre «singular»*, en el sentido que él tiene un valor y significado independientemente de su inserción en el grupo; en los países socialistas, en cambio, la única realidad ontológica es el *hombre «masa»*, el individuo inserto en el grupo, en la clase o en la categoría a que pertenece la persona. De ahí la contraposición, ya efectuada, entre un tipo de *democracia personalista y un* tipo de *democracia popular* que tienen en común solo un dato nominal, el de democracia, la cual conserva por otra parte en el ámbito de cada sistema un significado profundamente diverso. También la legalidad a la que las Constituciones «occidentales» y «orientales» se refieren viene entendida en términos netamente distintos: la legalidad de tipo occidental crea el *Estado de derecho* (también social), en el ámbito del cual toda la actividad del Estado en toda su manifestación legislativa, judicial y ejecutiva está subordinada a la observancia de la «régle de droit», en el interés de las posiciones individuales de libertad y de autonomía; la legalidad de tipo oriental, por el contrario, determina el *Estado legal* socialista exclusivamente tendente a la salvaguardia de los intereses de la clase trabajadora en el poder. En todo caso, también en los movimientos legislativos más recientes de los países socialistas, se advierte la necesidad de superar el momento puramente revolucionario que subordina el derecho a la utilidad del momento, para imaginar cuanto menos, y por tanto, para definir situaciones en términos tales que no consientan más un fácil exceso por parte de los órganos ejecutivos, judiciales o legislativos.

La nueva Constitución italiana entró en vigor el primero de enero de 1948 y constituye indudablemente la primera Constitución democrática personalista de nuestro país, aunque los motivos inspiradores sean múltiples en cuanto se refieren a tres tipos de ideologías distintos: la *democristiana,* la *socialista* y la *liberal.* Pero de todos modos el tipo de «hombre» que la Constitución toma por hipótesis en el sector particular de las normas penales es el de un ser responsable de sus propias acciones, capaz de cambiar el curso de las cosas y árbitro pues de su propio destino. No hay lugar para la idea de un hombre constreñido al hecho en el marco de fuerzas causales no controlables o no dominables: el hombre es el artífice de su historia.

Por cuanto se refiere específicamente a los principios penales que ninguna legislación del futuro podrá superar, la Constitución fija algunos puntos muy importantes. Ante todo el *principio de legalidad,* disponiendo el art. 25, párr. 2 que «nadie puede ser castigado sino en virtud de una ley en vigor anterior al hecho cometido». Estamos frente al tradicional principio liberal-democrático que ha caracterizado todo Código penal europeo y latino-americano desde la época del Código penal de Napoleón de 1810. Su solemne afirmación en la Constitución italiana presenta un evidente significado político tras las experiencias, incluso penales, de la dictadura ideológica del fascismo. Es una reafirmación de la libertad de la persona humana. La fórmula que ahora consideramos, en verdad, parece limitar el principio de legalidad a la individualización del «hecho» típico del delito, mientras nada dice respecto a la «pena» que podría ser dejada al arbitrio del juez. Y si ello fuese verdad, una grave laguna existiría *in limine constitutionis* con gran menoscabo de la libertad individual. Pero esto no puede ser porque la interpretación del artículo 25, párr. 2, hay que hacerla en el marco del sistema y teniendo en cuenta además los trabajos preparatorios. En dicho sistema encontramos la constitucionalización del principio de legalidad a propósito de las medidas de seguridad en cuanto que el párr. 3.° del art. 25 de la Constitución afirma que «nadie puede ser sometido a medidas de seguridad sino en los casos previstos por la ley». Si la estricta legalidad está prevista para una medida de carácter administrativo cual es la medida de seguridad, no se ve por qué tal principio debería ser vulnerado por una resolución de carácter jurisdiccional cual la pena. Siendo precisamente en el marco de tales resoluciones jurisdiccionales cuando históricamente se ha hecho sentir la necesidad de la más estricta legalidad. Además, MOLARI ha subrayado la expresión usada por el legislador «nadie puede ser castigado sino *en virtud* de una ley»; lo que confirma que todo el sistema (delito y pena) debe estar subordinado al principio de la reserva de ley al amparo de toda discrecionalidad.

Queda, pues, entendido que el hecho delictivo debe estar expresamente previsto por la ley como delito. «Hecho» delictivo significa la manifestación de voluntad de un sujeto que deja una huella o determina una consecuencia en el mundo sensible. Esto es una nueva prueba de que un Derecho penal «democrático» no tiene más remedio que ser un Derecho penal orientado objetivamente, en el sentido que la *nuda cogitatio* o una *voluntas* que no se traduzca en términos de idoneidad para realizar un resultado lesivo no puede constituir materia delictiva. El hecho delictivo debe ser alguna cosa que transforma las condiciones ambientales preexistentes a la acción del culpable. Y cuando se habla de hecho delictivo se debe hacer referencia a toda especie de delito, tanto al *delito* como a la *contravención,* es decir, tanto a los delitos más graves como a los menos graves. La precisión es importante porque la Constitución francesa de 1958, por el contrario, deja la disciplina de las contravenciones al poder normativo del ejecutivo en armonía con la acentuación de la preeminencia del propio ejecutivo en la Constitución gaullista. Y la mayor parte de los penalistas franceses observan al respecto, que el haber abandonado la materia de la contravenciones al poder ejecutivo constituye un grave atentado al principio de legalidad de los delitos y de las penas.

La referencia específica al hecho del delito excluye que pueda considerarse en armonía con la letra y el espíritu de la Constitución un Derecho penal «sintomático», es decir, un Derecho penal que tome el hecho no como razón suficiente de la pena, sino como simple *indicio de peligrosidad* del sujeto agente, ya para medir sobre la misma peligrosidad la pena, ya para aplicar una medida de seguridad. La estructura del Derecho penal italiano con arreglo a la Constitución es la de un Derecho penal *etiológicamente* entendido, es decir, proyectado hacia el efecto lesivo causado por la acción. No es el modo de ser del sujeto lo que interesa, sino el hecho y su modo de ser en relación a un tipo de delito preestablecido por el legislador sobre la base del principio de legalidad. Y también en los casos donde el modo de ser del sujeto adquiera de modo subordinado relevancia esto debe ser previsto por la ley para los fines de la aplicación de una medida de seguridad. Pero prever la medida en términos de estricta legalidad quiere significar también legalizar los «tipos de peligrosidad», es decir, fijar con claridad legislativa los casos, los presupuestos y las situaciones dadas las cuales una medida puede ser aplicada. No se puede dejar la fijación de la peligrosidad social de un sujeto a los simples indicios o al más amplio poder discrecional del magistrado, sino que es preciso proceder a una seria y honesta tipificación de los tipos de peligrosidad. Solo una reserva de ley extendida también a este sector puede ser una eficaz garantía contra el arbitrio y el desenfreno moral.

Corolario del principio de estricta legalidad es el principio de la *prohibición de la aplicación retroactiva de la ley penal*. Las leyes se establecen para el futuro, nunca para el pasado. No se trata, sin embargo, de un principio de lógica, sino de política jurídica, porque nada prohíbe que el legislador pueda calificar en términos jurídicamente negativos también los hechos humanos realizados antes de la entrada en vigor de una determinada ley. Por otra parte, lo que lógicamente es posible deviene políticamente inoportuno en cuanto constituiría un atentado a la libertad del hombre. Solo los regímenes políticos que se basan en la razón de Estado pueden admitir eficacia retroactiva a la Ley penal incriminadora, es decir, a la Ley penal que prevé delitos y sanciones. Lo que aconteció en la Alemania nazi incluso para la pena de muerte.

La Constitución italiana no podía permanecer indiferente al problema y en el art. 25 que hemos recordado ha sancionado expresamente la prohibición. Sin embargo, no se trata de una prohibición absoluta, en cuanto se refiere solo a las normas penales incriminadoras de un hecho como delito. No se extiende por el contrario a las normas derogatorias de un delito, que tienen siempre efecto retroactivo, ni tiene vigor en caso de sucesión entre varias leyes modificadoras cuando una ley posterior modifica *in melius* la disciplina jurídica penal de un hecho constitutivo de delito.

Un tercer principio constitucional fundamental en materia penal viene sancionado en la primera parte del art. 27 por el cual: «la responsabilidad penal es personal». Es el principio de la *personalidad de la responsabilidad penal*. Mediante tal alusión constitucional, se quiere, ante todo, considerar como inadmisibles las formas y casos de responsabilidad penal por un hecho ajeno (por ejemplo, fusilamiento de rehenes, represalias personales, etc.) tan frecuentes, desgraciadamente, en períodos borrascosos como los períodos atormentados por guerras civiles y revoluciones. A diferencia del Derecho civil, que puede establecer responsabilidades civiles (obligación del resarcimiento del daño) por hecho ajeno (como la responsabilidad del padre por los daños causados por el hijo), el Derecho penal considera la responsabilidad penal como exclusivamente unida al hecho propio. Se puede ser castigado solo por un hecho que pueda venir referido en términos personales al sujeto agente. Pero el carácter personalista de la responsabilidad penal puede significar también algo más, y ello es que la responsabilidad penal para ser afirmada como tal debe tener en cuenta las *modalidades típicas del obrar humano.* El hombre con su acción no origina una causalidad puramente material o mecánica porque la acción solo existe en tanto pertenece al hombre en cuanto en ella se traduzca su «humanidad», es decir, la previsión y la voluntariedad de las consecuencias y por tanto su evitabilidad. Si esto lo ha querido decir la Constitución, se deriva de ello que toda forma de responsabilidad objetiva debe ser considerada constitucionalmente heterodoxa. Es sabido cómo los casos de responsabilidad penal objetiva, basada en la simple constatación de un nexo objetivo de causalidad entre la acción humana y el resultado lesivo, son tenidos presentes, aunque esporádicamente, en el Código penal vigente. Así, la circunstancia agravante se pone a cargo del agente aunque no sea conocida por este (art. 59, Cód. pen.). También el partícipe responde del distinto delito y más grave cometido por el autor principal (art. 116, Cód. pen.). Y así sucesivamente. Tales disposiciones deberían hoy encontrarse en contradicción con la letra y el espíritu de la Constitución; si no fuera porque el Tribunal Constitucional ha establecido que el radio de acción del art. 27 se ha limitado al caso de responsabilidad por hecho ajeno sin incluir en él también la hipótesis de la responsabilidad objetiva. A pesar de ello esta permanece todavía como la reliquia de una concepción arcaica del Derecho penal, hoy superada por los valores que determinan el tipo de nuestra civilización.

Un cuarto principio constitucional se refiere, como antes hemos visto, a la *abolición de la pena de muerte* salvo los casos previstos por el Derecho penal militar de guerra (artículo 27, párr. 3.º). Se trata de una disposición en armonía con las nuevas normas de cultura que han dado una impronta a la Constitución, aunque sean numerosos los países con régimen democrático (USA, Inglaterra, Francia, etc.) en que aún se reconoce derecho de ciudadanía a tal resolución.

Un último principio fundamental es el de la *humanización de las penas:* «las penas no pueden consistir en tratamientos contrarios al sentido de humanidad y deben tender a la reeducación del condenado». Esta disposición se encuadra también en un particular clima, cual es el del momento actual que quiere salvar los valores de la persona humana gravemente amenazados por sistemas penales inspirados en una particular crueldad. Esto quiere, ante todo, significar el rechazo a toda forma de pena corporal dirigida a hacer sufrir al condenado en su organismo físico las consecuencias de la sanción penal. Así la mutilación de la mano o del pie, la castración, la esterilización, la flagelación, son penas corporales en neto e irremediable contraste con las disposiciones constitucionales. En Italia han sido desterradas desde hace largo tiempo. La disposición del art. 27 quiere además afirmar que las penas «humanas» deben tender a la «reeducación» del condenado. Ello no significa —y lo veremos a continuación— atribuir al instituto de la pena retributiva una determinada finalidad, sino planear la ejecución de las penas de modo que la reeducación (donde sea necesaria) pueda presentarse como un esperado y positivo efecto de la misma ejecución. El argumento es muy importante y significativo, porque en torno a él ha florecido toda una literatura. Recordaremos a su debido tiempo los momentos más sobresalientes y característicos, sin desfigurar lo que debe permanecer inalterado: la *naturaleza de la pena como castigo.*

CAPÍTULO V

Los principios fundamentales del derecho penal vigente

1. EL PRINCIPIO DE LEGALIDAD O DE RESERVA DE LEY. —Llegados a este punto se hace necesario individualizar los principios fundamentales del Derecho penal vigente, en el actual momento histórico, en los países que responden a un tipo de cultura «occidental» y, por tanto, a un planteamiento político democrático «personalista», con particular referencia, bien entendido, a la legislación penal italiana vigente. Las diferencias entre Código y Código son, sin embargo, ahora mínimas, de modo que bien podemos hablar de una plataforma legislativa común, con lo que ilustrando a este respecto algunos principios fundamentales, creemos quedará claro para los estudiantes.

Ante todo, el *principio de legalidad,* es decir, la regla del *nullum crimen, nulla poena sine lege.* Varias veces hemos hecho referencia en el curso de la exposición a la misma, pero ahora es necesario descender a más particulares. Desde el punto de vista técnico-formal ello equivale a una *reserva de ley* por lo que concierne a la materia de los *delitos,* de las *penas,* y hoy de las *medidas de seguridad.* En general, no solo los Códigos sino también las Constituciones sancionan tal principio para que sean garantizadas las libertades de los ciudadanos. Reserva de ley en tal materia significa que la materia penal debe ser expresamente disciplinada por un acto de voluntad del poder del Estado al que competa según la Constitución la facultad de legislar, es decir, al *poder legislativo.* Lo que no obsta que, en ciertas situaciones de necesidad y de urgencia, concierna también al poder ejecutivo la facultad de dictar mandatos vinculantes (por *decreto ley)* hecha salvedad de la facultad de ratificación por parte del Parlamento. También por *decreto legislativo* puede ser emanada una norma legal, lo cual no representa una anomalía. El decreto legislativo, en efecto, se publica por el poder ejecutivo por *delegación* del poder legislativo: es decir, sobre la base de una ley que debe indicar, al menos en el marco constitucional italiano, el objeto, las directrices de fondo de la ley delegada o decreto legislativo y el tiempo dentro del cual debe ser dictada la ley delegada. Se debe tratar, cuando se habla de ley como fuente de la materia penal, de ley del Estado, porque es solo el Estado en el ejercicio de su poder soberano quien puede indicar lo que es penalmente ilícito y en consecuencia limitar la esfera de libertad del individuo, por tanto ni siquiera lo puede otro organismo político, como son las regiones, que existen y operan democráticamente en el marco del poder estatal. El Derecho constitucional italiano no reconoce a las regiones poder normativo penal, y con mayor razón aun ningún poder normativo de tal naturaleza podrá ser reconocido a las provincias y a los municipios. El reglamento, o sea, el acto normativo del poder ejecutivo también dirigido a hacer ejecutiva normas generales, viene de este modo a perder toda eficacia normativa penal. Dice acertadamente SPASARI que el legislador italiano se ha reservado para sí mismo, y de modo absoluto y exclusivo, la regulación de la materia penal: «y lo ha querido por el temor que, confiando, aun en línea mediata y subsidiaria, la facultad normativa a otros poderes, se podrían perjudicar, en un sector tan delicado, la certeza del Derecho y, sobre todo, aquella concepción de la justicia y de las libertades individuales de las que es históricamente guardián». Y es de esta manera por lo que también a la *costumbre* no puede serle reconocida eficacia de fuente constitutiva de una norma o de una sanción penal, pudiéndose solo hablar de una costumbre interpretadora que sirve al juez para armonizar su decisión con las estructuras y la evolución ético-social del mundo que lo rodea.

Bajo un aspecto estrictamente jurídico, el principio de legalidad importa la prohibición de la *interpretación analógica* de la norma penal. Ya en el plano constitucional ello es el corolario típico del principio enunciado: desaparece o permanece con el primero. En los ordenamientos penales que han sacrificado el principio de legalidad se manifiesta inmediatamente la licitud del procedimiento analógico incluso en las normas que prevén los delitos y sanciones, sobre la base de la engañosa argumentación de que, de otro modo, se daría vía libre a las formas más sutiles y peligrosas de delincuencias que eluden las mallas de la ley formalmente considerada. Pero el hecho es que la abolición de la prohibición de la interpretación analógica siempre ha servido, por el contrario, para justificar los excesos políticos con la complacencia de un poder judicial subordinado al poder político o al ejecutivo. La abolición de la prohibición como tal, en la historia reciente, ha sido siempre fruto de un cambio radical de orientación política.

En el ordenamiento jurídico italiano, y en general en todas las legislaciones occidentales de tipo codificador, la prohibición de la interpretación analógica tiene carácter absoluto por lo que concierne a las *normas penales incriminadoras, es* decir, para las normas que toman por hipótesis delitos, prevén penas o medidas de seguridad. Pero en el Código, junto a las normas incriminadoras, nos encontramos con las normas llamadas *eximentes* (por ejemplo, la que prevé la legítima defensa, el estado de necesidad, la ejecución de la orden legítima o no de la autoridad, etc.). ¿Vale para estas normas la prohibición de la analogía? Sobre la base de una interpretación formal del art. 14 de la Ley de 16 de marzo de 1942 número 262 que prevé «las disposiciones sobre la Ley en general», algunos piensan que también para las eximentes valga la prohibición de la analogía, ya que, aun no siendo leyes «penales» verdaderas y propias, son siempre leyes que «hacen de excepción a reglas generales». Siendo de este modo las normas eximentes normas especiales no sería admisible su extensión analógica del caso previsto a uno no previsto, porque también se vendría a quebrar la *ratio* de las normas incriminadoras que deben ser rígidas y, por tanto, «no asumir una dimensión diversa de la que resulte de su significación literal» (SPASARI). A nuestro juicio, sin embargo, estamos en presencia de un círculo vicioso, porque no se ha demostrado que las eximentes sean normas excepcionales. Estas tienen en verdad el cometido de determinar los *límites de validez* de las normas incriminadoras, no ya el de prever excepciones a las mismas normas. La norma de la legítima defensa no implica una excepción a la que incrimina por el homicidio, sino solo especifica que no es homicidio injusto la muerte del autor de una injusta agresión porque *vim vi repeliere licet*. Y ello entra plenamente en la *ratio* de la norma incriminadora del homicidio. No se ve, por tanto, la razón política o técnica de fondo por la que debería ser negada una interpretación analógica *(analogia in bonam partem)* de las normas penales eximentes, cuando con tal interpretación se da respiro a la libertad individual antes que comprimirla, como, por el contrario, sucede sobre la base de las leyes incriminadoras. La prohibición del procedimiento analógico en materia penal se mantiene pues dentro de límites bien precisos. Están dentro de la prohibición las normas incriminadoras y toda otra norma (incluso eximente) que sea verdaderamente excepcional (por ejemplo, el art. 649, núm. 1), mientras que cualquier otra norma del Código penal es susceptible de interpretación analógica.

En la ciencia penal está extendida una tendencia a excluir junto a la interpretación analógica también la *extensiva,* a pesar de que esta no vaya más allá de los límites racionales de la concreta disposición a interpretar y aplicar, como si la interpretación de la Ley penal debiese ser a todo coste *restrictiva* para favorecer al imputado. Pero la regla *in dubio pro reo* que se quiere vincular a una interpretación restrictiva no hace solo referencia a la interpretación de la Ley penal. Veremos en su momento que se trata prevalentemente de una regla procesal relativa a la carga de la prueba en virtud de la cual una duda del juez sobre un hecho constitutivo, modificativo o impeditivo de la pretensión punitiva, debe resolverse en favor de la posición defensiva del imputado. Tal regla no se refiere, pues, solo a la interpretación de la norma penal, sino que determina las consecuencias procesales penales de un hecho incierto que el juez debe extraer en su sentencia. La prohibición de la interpretación analógica para las normas incriminadoras no puede significar obligatoriedad de una interpretación puramente literal o formal de la norma, porque valdría tanto como negar a la norma su particular fin de tutela, en otras palabras, una función. La individualización del fin es, por tanto, un momento esencial del procedimiento interpretativo. Aunque se deba reconocer que mediante la indicación de los fines se puede con facilidad exceder de los límites de una suficiente y conveniente tutela, la expresión literal de la norma viene a funcionar de freno. No existe, pues, en el marco de un planteamiento penal vinculado al principio de legalidad, una interpretación que prescinda del momento literal y del funcional o teleológico: el primero, señala el límite dentro del cual se debe desarrollar la actividad del intérprete; el segundo, las razones de la norma que deben ser individualizadas para dar a los resultados de la interpretación un contenido determinado y, en consecuencia, un cierto significado. Cualquier otro planteamiento interpretativo acaba en la gazmoñería literal o en el más desenfrenado y peligroso arbitrio. Si es verdad que la exégesis literal era la preferida por los clásicos (BECCARIA decía que toda interpretación era un mal), ello se explicaba como reacción al más lato arbitrio judicial que había caracterizado la praxis del Derecho penal hasta el fin del siglo XVIII. Y si es verdad que la otra forma de interpretación tiene carácter puramente funcional o de contenido, es hoy la preferida por parte de los juristas ligados a concepciones políticas totalitarias, lo cual es debido como reacción a un formalismo llevado a sus últimas consecuencias por las metodologías hermenéuticas liberales, informadas por los criterios de una lógica puramente descriptiva. A nuestro juicio una vía intermedia, es decir, una interpretación literal teleológicamente orientada, es todavía la más segura y la más adecuada a aquellas exigencias sustanciales que una democracia penal debe estar siempre en grado de tutelar o de ejercitar. La seguridad jurídica debe estar fijada a un dato sustancial dentro de bien precisos límites formales.

En todo caso surge un problema muy importante en razón a la determinación de los «tipos» de delito que puede en algunos casos comprometer la misma seguridad jurídica, es decir, el problema de cómo el legislador determina los tipos mismos. No estamos solo frente a un problema técnico, sino ante uno de naturaleza política verdadera y propia. Se dice que los tipos penales «describen» los tipos de delitos. Así, por ejemplo, es hurto «el apoderamiento de una cosa mueble ajena con sustracción a quien la posee y con el fin de sacar provecho para sí o para otros» (art. 624, Código penal); es homicidio «causar la muerte de una persona» (artículos 575, Código penal), etc. En estas hipótesis, especialmente en la del homicidio y, en general, en todas las que el tipo gravita en torno al verbo «ocasionar» no surgen particulares dificultades. Los elementos enunciados por el legislador como determinantes para el fin de indicar un tipo delictivo son de tal naturaleza que postulan solo una *constatación* por parte del magistrado-intérprete sobre la base de una declaración de naturaleza experimental. Los elementos del delito son *hechos de la naturaleza* reagrupados según ciertos esquemas o ciertos tipos que implican juicios de valoración por parte del intérprete: basta constatar la muerte (hecho fisiológico) como consecuencia de una acción de un sujeto (principio de causalidad) para que el homicidio esté en concreto individualizado y establecido. No surgen problemas relativos a dudas acerca de los confines de lo lícito y de lo ilícito. A menudo, sin embargo, la situación no es tan simple, y basta para apercibirse advertir que ya, por ejemplo, en el tipo del delito de hurto se habla de apoderamiento de una cosa mueble «ajena». La ajenidad de la cosa no es un momento del tipo que pueda venir establecido sobre la base de un criterio empírico natural. Se trata, por el contrario, de un juicio que el magistrado-intérprete debe expresar teniendo presentes las normas jurídicas que disciplinan la propiedad y la transferencia de propiedad de la cosa mueble. Estamos frente a una *valoración* que debe ser hecha y expresada en base a determinadas exigencias de *carácter jurídico*. Téngase en cuenta, también, el tipo del delito de *actos obscenos* previsto por el art. 527: «el que en lugar público o abierto o expuesto al público comete actos obscenos será castigado...». El concepto de obscenidad es un concepto que es fruto de un juicio de *naturaleza ética* sobre el hecho perpetrado por el imputado. No basta constatar en concreto un determinado hecho, es preciso, además, que el mismo sea de tal naturaleza que ofenda el sentimiento del pudor constatable solo con referencia al sentimiento moral medio de un pueblo, del cual el juez debe hacerse intérprete mediante una valoración. Considérese, también, finalmente, el tipo del *derrotismo político* del art. 265: «el que en tiempo de guerra, difunde o comunica voces o noticias falsas exageradas o tendenciosas, que puedan suscitar la alarma pública o humillar el espíritu público, etc.». En tales hipótesis la determinación del tipo se realiza sobre la base de una valoración de carácter político e indudablemente puede abrir las puertas a un verdadero y propio arbitrio por parte del magistrado y hacer —como dice DELITALIA— farisaico el mismo principio de legalidad. En todas y cada una de las tres hipótesis observadas (referidas a criterios jurídicos, éticos, políticos) uno o más momentos de cada tipo delictivo postulan, para el fin de su concreto establecimiento, un juicio particular de valoración por parte del intérprete. El elemento del tipo delictivo que importa y exige tal valoración viene llamado *momento normativo* para distinguirlo del *momento descriptivo* o *naturalista.* A los primeros también se les llaman *tipos abiertos,* a los segundos *tipos cerrados.*

Es evidente que la presencia de un momento normativo intercalado en el tipo delictivo abierto pone sobre el tapete grandes problemas jurídicos y políticos que se sintetizan en los *poderes discrecionales* que se dejan al magistrado respecto al establecimiento del tipo delictivo. ¿Es oportuno que un Derecho penal sea articulado de modo que niegue o consienta el uso de poderes discrecionales por parte del magistrado? ¿Conviene que el magistrado sea un puro y fiel ejecutor de una voluntad legal fijada por el órgano legislativo, o es conveniente dejar un cierto margen de libertad al juez para transformarlo de algún modo en un colaborador del legislador? Una respuesta en abstracto es fácil, porque una rígida separación de los poderes comporta también una estricta delimitación de los cometidos respectivos; si no fuera porque, en concreto, no ha existido nunca un sistema político que haya negado al juez una esfera discrecional reduciéndolo a un autómata o a un robot. Es verdad que, en cierto aspecto, un sistema liberal limita los problemas y los poderes de la discrecionalidad judicial, mientras que uno autoritario conduce a acentuarlos (basta pensar en el ocaso de las reglas de estricta legalidad en los regímenes totalitarios); en el plano concreto, no obstante, todo es cuestión de límites y de prudencia. Si es verdad que el Código penal italiano aun cuando de origen autoritario está abierto a los poderes discrecionales del magistrado, es también verdad que el problema de los elementos normativos del tipo maduró en Alemania, sobre un Código de corte liberal. Lo que podemos decir es que en una codificación que pretenda tutelar al máximo la libertad del individuo, los elementos descriptivos deben prevalecer sobre los normativos, a fin de que no sea dejado todo a una decisión concreta del magistrado.

Una regla importante —por lo demás corolario de aquella atinente a la estricta legalidad, especialmente con referencia a la «certeza» más que a la justicia formal del Derecho (SPASARI)— es el principio de la *no retroactividad de la Ley penal,* sobre el que nos detuvimos a propósito de los principios ínsitos en la Constitución. El cual quiere decir, que la Ley penal dispone solo para el futuro no pudiéndose aplicar a hechos perpetrados anteriormente a su entrada en vigor. También este principio —como ya hemos dicho precedentemente— es una conquista de la libertad del ciudadano y, por tanto, una consecuencia de la idea democrática, porque no existen obstáculos lógicos a la admisibilidad de una interpretación retroactiva de la norma penal, sino solo un eventual obstáculo político. Cambiando la estructura política de la sociedad, también la prohibición de una aplicación retroactiva de la norma penal puede suprimirse. Y ello históricamente se ha verificado en todo sistema político que acentúe la preeminencia del Estado y de los presuntos intereses públicos sobre las posiciones de libertad del ciudadano. Además, incluso queriendo permanecer vinculado a un puro planteamiento psicológico de la norma penal, sería absurdo hacerla actuar con sus graves consecuencias independientemente de la posibilidad de su modo de operar como motivo en la formación del acto de voluntad que está en la raíz del delito. Todo lleva, pues, a considerar insostenible una tesis orientada hacia el reconocimiento de una eficacia retroactiva de la norma penal.

La norma penal, además, no puede tampoco tener *validez ulterior* respecto al momento de su extinción, es decir, continuar disciplinando jurídicamente una situación cuando por una determinada razón ha cesado de ser norma vigente. Falta, en efecto, con la abrogación efectuada, el interés en considerar como delitos los hechos, bien hayan sido juzgados bien estén aún *sub iudice.* Solo en caso de sucesión entre Leyes penales modificadoras de la regulación jurídica de una determinada situación puede surgir un problema, es decir, si la Ley modificativa *in melius* de la posición del imputado pueda tener efecto retroactivo. La respuesta en general es positiva, salvo que haya sobrevenido sentencia pasada en autoridad de cosa juzgada en cuyo caso la Ley penal precedente, incluso modificada, continúa desarrollando su eficacia en el caso concreto en cuanto que no se quiere volver a tratar sobre lo juzgado.

2. EL PRINCIPIO DE LA OBJETIVIDAD JURÍDICA DEL DELITO. —En el ámbito del ordenamiento jurídico italiano, y en general, en el marco de cada ordenamiento, un principio fundamental del Derecho penal es el principio de la *objetividad del delito.* ¿Qué se entiende con tal expresión? Para adquirir claridad de ideas es necesario contraponer al principio de la objetividad el de la subjetividad, para el cual la esencia del delito consistiría en una desobediencia, en una rebeldía, en una infidelidad del ciudadano con respecto a la voluntad estatal. El delito se comete entonces por la oposición entre la voluntad individual y la voluntad colectiva: el delito es en sustancia la violación de un *deber de fidelidad.* En el curso de las recientes experiencias políticas totalitarias hemos tenido ocasión de asistir a la irrupción de semejante concepción subjetiva: esta, perdiendo todo punto de referencia o de contacto con los valores de la realidad social, ha introducido en el sector penal un criterio de juicio tan amplio, mudable y filiforme que determina el fin de toda certeza y por tanto, de toda seguridad jurídica. No se niega que el delito sea la violación de un determinado deber de lealtad o de obediencia del particular con respecto al Estado, pero no consiste solo en esto. Ante todo el delito es *lesión efectiva o potencial de un bien jurídico.* ¿Qué quiere decir tal afirmación? Si el Derecho en general es disciplina de relaciones sociales y si estas relaciones sociales gravitan todas en torno a determinadas exigencias, a determinados valores, a determinados bienes, que deben ser garantizados para asegurar su goce específico por parte de todos, el delito —hecho antisocial por excelencia— no podrá sino referirse a tal momento objetivo, encontrándose su más auténtica sustancia en un perjuicio que se refleja sobre toda la colectividad.

La esencia del delito viene dada, en otros términos, por la lesión de un bien jurídico, es decir, por la lesión de un bien de la vida social garantizado por la norma penal. Y la norma penal, por su parte, no es solo un *imperativo* o mandato en cuya violación se sustanciaría —según la concepción subjetivista— el delito, sino que es también una *valoración, o* sea, criterio para juzgar la conformidad objetiva de una acción humana con las exigencias de tutela de determinados bienes de la vida social. El mandado jurídico no puede caer en el vacío: debe tener una razón plausible, que se encuentra en el ser de la norma penal como garantía de las supremas exigencias relativas a la existencia, conservación y desarrollo de la vida social. Son estas exigencias las que vulnera el delito, de tal modo que *antes que vulneración de una norma o de un deber el delito es lesión de un bien jurídico.* Tal consideración vincula el delito a una realidad objetiva, ofrece al delito un contenido, determina una garantía para todos. He aquí por qué la concepción objetiva del delito es la que más responde a un planteamiento político de libertad, por la garantía que la misma ofrece mediante el dato objetivo al particular imputado de no ser condenado por desobediencia, sino por la agresión a los bienes de la sociedad. Y no se diga que mediante la idea del bien jurídico se llega a negar todo fundamento ético al Derecho penal, sirviéndose de un concepto utilitarista, allí donde el Derecho penal es reivindicador de las supremas exigencias de justicia. Ser reivindicador de justicia no significa precisamente materializar cosa alguna. Este concepto no concierne al momento material de la lesión, sino el criterio en base al cual alguien es constreñido a sufrir las consecuencias (retributivas) de su lesivo obrar sobre bienes o intereses sociales. Pero son precisamente estos últimos los que no se entienden en términos puramente utilitarios. Es aquí donde el Derecho penal manifiesta todo su espíritu ético que colorea de eticidad incluso las situaciones que parecen más inmersas en un mundo de consideraciones utilitaristas. Hay que precisar ante todo que el bien jurídico no es la cosa en sí, entendida en sentido material, sobre la que cae la acción delictiva. La cosa en sí es el *objeto material* del delito. Pero el interés o el bien jurídico es la relación entre un sujeto y una cosa en cuanto apta para satisfacer una necesidad. Y es esta relación la que, en el Derecho penal, no puede ser resuelta en términos de pura utilidad: En efecto, si la necesidad tiene en el campo del Derecho privado una prevalente acepción económica, en el del Derecho penal asume una tonalidad y un contenido éticos. En los delitos contra el patrimonio más que un bien económico apto para satisfacer una necesidad de un sujeto viene a ser tutelada la exigencia de fondo relativa al orden que debe ser observado en la adquisición de los bienes. Los bienes o los intereses se enaltecen y se espiritualizan de este modo en las *exigencias* o en los *valores, es* decir, en las *relaciones de orden* entre la realidad racionalmente interpretada y las acciones de los asociados. Estamos en un terreno en el cual predominan interpretaciones éticas de la realidad social. El concepto de valor, o sea, del bien jurídico entendido en términos éticos, viene así a encuadrarse en un campo dominado por las ideas éticas de la culpa y de la pena, que son las ideas cardinales del Derecho penal. De una base pura o prevalentemente utilitarista, cual la de un bien jurídico «económicamente», entendido, no sería, en verdad, posible pasar a «un aire más respirable», allí donde dominan ideas y conceptos que derivan de una interpretación ética de la realidad.

También usando el término de *bien jurídico* pretendemos, sin embargo, subrayar, que ello lo hacemos por razones tradicionales, más que para recalcar una interpretación económica-utilitarista del mismo.

Para entender exactamente el concepto de bien jurídico es necesario referirse particularmente a uno de los artífices del Código de 1931. Nos referimos a ARTURO ROCCO que en la evolución histórica del pensamiento penal fue el primero que fijó el momento del bien jurídico como punto terminal o de incidencia del proceso de ejecución del delito. Con ello un momento de contenido objetivo teleológico entró triunfalmente en la dogmática penal. Precedentemente el delito venía entendido con criterios puramente formales (delito = violación de la norma penal) o fijado en posiciones naturalistas (delito = hecho material del hombre). Con Rocco, por el contrario, el delito en esencia se concibe como agresión, y por tanto, lesión efectiva o potencial de un bien de la vida social tutelado por una norma penal. El «bien jurídico» llega a ser, pues, razón de la individualización y de la sistematización de los hechos ilícitos penales. Todo delito tiene su individualidad jurídica, y varios delitos pueden tener entre sí un común denominador (objetividad jurídica de grupo: delitos contra la fe pública, contra el patrimonio, etc.). Bien se puede decir entonces como en el Código penal vigente el delito se constituye sobre tal criterio fundamental, que es, en consecuencia, criterio de elección, de sistematización y de interpretación. De elección, por lo que concierne a la creación de un delito con vista a la tutela de un determinado bien; de sistematización, por cuanto respecta al reagrupamiento de delitos sobre la base de su sustancialidad jurídica; de interpretación, para iluminar —individualizado el bien jurídico— todo momento del tipo delictivo. Ya hemos dicho como la interpretación penal sea en sustancia una interpretación *teleológica,* lo que significa una interpretación que, lejos de desenvolverse al hilo de planteamientos abstractos y deducciones, debe acontecer teniendo presente el fin de las normas concretas que se identifica con el bien jurídico tutelado. Bajo tal aspecto se habla también de una función metodológica del bien jurídico, en cuanto que de su individualización se elaboran después los conceptos penales. Pero se trata siempre del bien tutelado por la concreta norma penal, porque solo este puede tener carácter *constitutivo.* Los criterios teleológicos de *grupos,* por el contrario, no deben considerarse determinantes o constitutivos para los fines de la interpretación: son prevalentemente criterios de utilidad o de orientación que no pueden sobreponerse a la realidad si esta es diversa. Valga el ejemplo del concepto de fe pública, típica hipótesis —a nuestro entender— de categoría escolástica o de utilidad sistemática, la cual no puede ser invocada como realidad efectiva cuando el hecho de la falsedad no haya producido en concreto también perjuicio a los intereses tutelados o preservados por el carácter genuino o verídico del medio probatorio falsificado (caso de falsedad inofensiva o de la falsedad burda). De este modo, una falsedad, sea en documento público como en escritura privada, que no haya causado un perjuicio o un daño a los intereses que la genuinidad o veracidad del acto garantiza, no es delito; la violación de una presunta «fe pública» es un criterio puramente extrínseco de sistematización, útil para poner orden en la materia legislativa, y no un elemento capaz de dar origen a un delito.

Sin embargo, ello no significa que un delito tenga siempre y solo una única objetividad jurídica. Puede suceder que el mismo lesione o comprometa dos específicos intereses. Así, el delito de malversación de caudales públicos compromete el prestigio de la administración pública, y produce al Estado un perjuicio de carácter patrimonial. Son estos los delitos *pluriofensivos,* que postulan para su consumación la lesión de todos los intereses o bienes que los mismos tutelan.

El criterio de la objetividad es, pues, un criterio fundamental para entender el delito en el ámbito de la vigente legislación penal. Sobre tal objetividad jurídica se basa —como ya hemos dicho— una interpretación de la norma no vinculada a datos puramente formales y extrínsecos o derivantes de planteamientos subjetivos o etiológicos. La noción del deber es un momento que no puede ser construido en un mundo irreal. Aquél es el aspecto subjetivo de una realidad objetiva: la de la *lesión del bien jurídico.*

De cuanto hemos dicho deriva que el delito no puede surgir cuando por *inexistencia del objeto* o por *inidoneidad de la acción* no es posible la lesión de un bien jurídico. Así, quien dispara contra un muñeco creyéndolo un hombre no comete delito, porque ninguna lesión del bien de la vida es posible en esa situación concreta. Quien usa un revólver descargado con intentos homicidas no puede responder de homicidio porque el medio es del todo inidóneo para determinar una lesión jurídica, aunque se haya manifestado una voluntad «rebelde», una voluntad en desarmonía con los deberes jurídicos que nacen de la convivencia social. En las hipótesis examinadas aunque no exista el delito, se manifiesta, sin embargo, una situación de peligrosidad social. El sujeto que opera en las situaciones y en los modos señalados es socialmente peligroso, y en cuanto tal puede ser sometido a medida de seguridad (libertad vigilada). ¡Pero esto prueba que delito no existe!

3. EL PRINCIPIO DE LA OBJETIVIDAD MATERIAL DEL DELITO. —El delito no es un hecho interno de la psique del sujeto. Es un acaecimiento en el mundo de la naturaleza que se refiere al comportamiento de un hombre. El delito es un *quid* que debe ser susceptible de percepción sensorial. Se afirma con frase sintética que «los pensamientos no pagan impuestos» o que «cogitationis poenam nemo patitur». El principio es de fundamental importancia y se conecta a la imputación objetiva que postula como último término la lesión del bien jurídico. El principio de la objetividad material del delito es el soporte de hecho de la exigencia de una lesión jurídica. La lesión es un juicio objetivo de nuestra mente, mientras que el hecho es la materialidad en la que el delito se manifiesta y llega a ser susceptible de percepción sensorial. También tal principio de la objetividad material, o de «materialidad», se conecta a una exigencia de certeza, y por tanto, de seguridad jurídica en el interés de la libertad individual. Solo los regímenes totalitarios escudriñan en «lo íntimo» del hombre e indagan —con el fin de su examen— el más liviano pensamiento. Los regímenes de carácter liberal, por el contrario, exigen que el delito se tenga que manifestar en un dato objetivo, para no remitir el juicio sobre la existencia del delito a la fijación, a menudo difícil si no imposible, de momentos puramente internos a la psique del sujeto. Garantía de libertad, pues, que

no consiente traducir un juicio jurídico en un juicio moral que mira a la sola intención o al motivo desinteresándose del resultado en el mundo de la experiencia.

Dos consecuencias descienden de tal afirmación. La primera se refiere a la imposibilidad de individualizar un delito en una *actitud voluntaria puramente interna*. Incluso la prueba sería en tal hipótesis o imposible o remitida a las presunciones de uno o más indicios externos. El Derecho penal llegaría a ser así instrumento de prevención mediante la persecución al pensamiento delictivo; mientras que de este se responde solo en el fuero interno ante la propia conciencia, o bien ante Dios.

Pero incluso si el pensamiento o el acto de voluntad interno se manifiesta, el delito no puede subsistir hasta tanto que la manifestación como tal no sea idónea para comprometer o lesionar un bien jurídico. Bastará, por ejemplo, manifestar o expresar una palabra injuriosa para que se haya consumado el delito de injurias, ya que ello es suficiente para determinar la lesión del honor o de la reputación ajena. Sin embargo, no bastará manifestar un propósito homicida para que el homicidio pueda considerarse consumado o intentado, siendo al respecto necesaria una acción que tenga como consecuencia el exterminio de la vida de un sujeto o una acción por sí mismo idónea para ocasionar la muerte incluso cuando esta no se verifique por causas independientes de la voluntad del sujeto agente. El pensamiento delictivo se debe de este modo exteriorizar en la realidad natural y social que nos rodea, para que adquiera un significado jurídico-penal. Sin un hecho no existe delito; aquél es la plataforma natural de todo juicio de desvalor penal.

La segunda consecuencia concierne a la imposibilidad de individualizar el delito en un *modo de ser de la persona*. No se pretende tanto hacer referencia a un estado fisiológico (sueño) o a un estado patológico (enfermedad), como a lo que viene siendo llamado estado de *peligrosidad social* de un sujeto o al *carácter* del mismo (Derecho penal referido al carácter). En verdad, el concepto de peligrosidad social como sinónimo de probabilidad que un determinado individuo condenado por un delito pueda cometer un delito ulterior, ha entrado triunfalmente en la doctrina y en la legislación penal, pero ha entrado como presupuesto para la aplicación de una medida se seguridad, si bien la misma peligrosidad viene después utilizada por algunos (como ya se ha demostrado) como criterio de medida de la pena. Pero, en ambas hipótesis, la peligrosidad social no corresponde *al hecho* sino al *autor del hecho*. No entra en consideración para fijar la noción del delito o de uno de sus elementos, sino solo para indicar que un sujeto, a causa de su particular estado personal, debe ser tratado con una medida de naturaleza preventiva para que la sociedad pueda ser defendida y el individuo recuperado. De los *tipos de peligrosidad* que en la actualidad se conocen, aquéllos no pueden constituir materia de delito. Entre los tipos de peligrosidad y los tipos de delito subsiste una diversa razón de ser y un *telos* diverso. Los problemas de la peligrosidad, a pesar de que estén previstos por el Código penal, tienen una dimensión y un valor diverso de los que son típicos de la materia penal.

Es al *tipo de delito* al que nuestra atención debe dirigirse cuando tiene en consideración el principio de materialidad del delito. Con otras palabras, es al hecho delictivo al que nos debemos dirigir para analizarlo y tratar de extraer conclusiones válidas para nuestros fines. De un examen de los tipos delictivos del Código penal podemos rápidamente individualizar un momento extremadamente importante para construir el concepto de delito e individualizar aquel momento en el que debe exteriorizarse una intención delictiva: este momento es la *acción del hombre,* que puede ser descrita *analíticamente* (delitos con forma específicamente determinada: quien con «engaños» o «enredos»; quien con «violencia» o «amenaza») o indicado *genéricamente* mediante el uso del verbo ocasionar (delitos con formas carentes de específica determinación): quien «ocasiona» la muerte de un hombre. Aparte de los problemas específicos que pueden surgir según que la acción sea indicada genérica o analíticamente para la mayor o menor seguridad que tales fórmulas pueden conseguir, del tipo aparece claro la figura y la necesidad de una *acción* para que un delito se pueda verificar. Podemos decir, con tranquilidad, que no existe delito sin acción.

Pero es aquí cuando surge el grave problema que concierne al concepto de acción. *¿Qué cosa es la acción?* ¿Cuáles son sus elementos, cuáles son sus límites? En estos últimos años el concepto de acción ha formado objeto de encarnizadas polémicas, especialmente por obra de WELZEL, quien ha mantenido un *concepto finalista de la acción* en oposición con el tradicional *concepto causal explicativo,* típico de LISZT, de pura impronta natural-positivista. En verdad, son dos las posibilidades para indicar una vía de salida al intérprete cuando trata de construir el concepto de acción. Siguiendo la primera concepción, si actuar quiere decir situarse con un comportamiento propio en el nexo de los acaecimientos objetivos, ligados entre sí por una sucesión causal, también este comportamiento debe ser referido a un denominador causal. La acción es causa del resultado lesivo delictivo, como puede ser causa de un resultado dañoso un antecedente de cualquier otro tipo. No hay ninguna diferencia sustancial entre el actuar de la «acción» humana y la del «antecedente» de cualquier otro fenómeno de la naturaleza. La acción humana es causalidad, la causalidad es un fenómeno de la naturaleza, la acción humana es naturaleza. Estamos, pues, en el orden de una interpretación causal condicional del actuar humano, reducido al denominador común del «precedente causal». Se puede decir que toda la dogmática penal desarrollada en el período del positivismo metodológico y sistemático se ha resentido de esta concepción «natural» de la acción. Todo el Derecho penal, desde el concepto de *acción* al de *resultado,* del de *omisión* al de *nexo causal,* está atrapado tras las barras de una visión causal-natural, y ha sido por ello bloqueada toda apertura hacia las realidades de fondo de las que tales problemas derivan. Mas a esta concepción puramente natural —o físico-mecánica— de la acción se contrapone una concepción que llamaremos de valor o *social-valorativa,* dentro de la cual puede ser también referida la interpretación finalista de la acción (acción = todo comportamiento del hombre conscientemente dirigido a la realización de un fin) a menos que no se quiera llevarla sistemáticamente a sus últimas consecuencias —como WELZEL—, para hacer de ella razón de una sustancial ruptura con todo el pasado. El comportamiento del hombre no puede en verdad referirse todo y solo a un criterio de causalidad mecánica, porque el hombre con su comportamiento supone una causa en función de un determinado resultado, supone tal causa en una situación o contingencia histórica bien conocida por él, con vista a un determinado objeto que funciona como causa final en el juego interno de los motivos que se engloban en torno al acto de voluntad. La inserción de la acción humana en una suma de datos antecedentes no sucede ciegamente o en la creencia de que así debe fatalmente suceder, sino sobre la base de una valoración que el hombre hace de la situación histórica concreta con vista a la posibilidad de disfrutarla para el fin de conseguir un resultado esperado. Hay una conciencia en el hombre que actúa en el mundo exterior y hay, por tanto, la posibilidad de poder guiar, en el ovillo de los demás antecedentes causales, su acción de modo que le lleve a un resultado del que tiene la visión bien clara.

La acción es, por tanto, un comportamiento voluntario del hombre que opera en el mundo social con la conciencia de los nexos y de las relaciones de valor que lo vinculan al mismo mundo y con la clara visión de un fin a realizar. En estos términos la pura interpretación finalista de la acción se inserta en una gama de valoraciones sociales que le dan un contenido y significado bien preciso. De modo diverso se puede acabar en el punto muerto de un puro finalismo individual-psicológico, en un peligroso subjetivismo que hemos rechazado por razones de seguridad como criterio decisivo para construir la noción del delito, la cual debe, por el contrario, ser fijada a una realidad social y a las valoraciones que gravitan en torno a ella.

Y es a este respecto cuando surge el problema de la *acción socialmente adecuada,* es decir, aquellas acciones que —aun pudiéndose abstractamente considerar como tendentes a la lesión de un determinado bien jurídico estáticamente considerado—, no son, sin embargo, acciones que interesen al Derecho penal. Piénsese, por ejemplo, en la amputación de un órgano con ocasión de una intervención quirúrgica necesaria para salvar la vida al enfermo, o en una intervención correccional del padre respecto de un hijo díscolo. Los ejemplos podrían multiplicarse, como se puede ver en el libro de FIORE. NO estamos, en estos casos, frente a una lesión personal justificada por el consenso del interesado, por la necesidad o por un deber profesional del médico; ni estamos frente a un hecho típico de malos tratos, justificados por un hecho de corrección que incumbe al padre. Estamos, por el contrario, frente a acciones que se insertan perfectamente en la dinámica de la vida de convivencia, que interpretan sustanciales exigencias éticas y culturales. *La acción es portadora de un valor ético-social* que en un momento dado de la evolución histórica de una colectividad se impone con tal fuerza que imprime —independientemente del resultado lesivo o presunto— un *sello positivo* a la misma acción, la cual ni siquiera formalmente puede ser pues referida *intra moenia iuris poenalis.* Ni siquiera se trata, por ello, de acciones típicas, que tengan después necesidad de ser justificadas por causas específicas de licitud.

En todo caso, la acción debe ser un comportamiento del hombre que incide en la realidad del mundo (natural y social) que lo rodea. Bajo este aspecto —repitámoslo— es preciso que la acción se manifieste como un movimiento muscular *(momento externo)* voluntario *(momento interno)* dirigido a realizar un fin de valor o de significado social *(momento final-valorativo).* La síntesis de estos momentos nos da el concepto de acción y nos permite individualizar en un comportamiento humano la *materia del delito.* Pero surge presto otro gran problema: el de la *omisión.* En efecto, cuando examinamos el Código encontramos tipos penales fijados no ya en un hacer, sino en un *no hacer,* en omitir una acción mandada (por ejemplo, omisión de socorro, rehusar actos de oficio, omisión de denuncia, etc.). Y si en estas situaciones el delito se sustancia en un *no hacer* la conclusión es obvia: tenemos delitos sin corporalidad, sin elemento o momento en que se materialice. Tendríamos así una brecha abierta en el sistema, en menoscabo de la certeza y de la seguridad. Sin embargo, hay que hacer una primera observación: hablando de este modo se olvida que cuando viene impuesta una determinada acción (prestación del deber de socorro) el individuo que omite la acción mandada no es que no haga nada, sino que comete una acción diversa o inversa a la que por la Ley le viene ordenada. Aquí está la raíz de aquella teoría que ve en la omisión, no ya la ausencia de un hacer, sino solo un *aliud agere,* como bien ha demostrado DELITALA. Por tanto, existiría una corporalidad y el sistema no vendría vulnerado. Además, hay que observar que aun postulando el delito un elemento de corporalidad y exigiendo que tal elemento sea también un dato natural, se trata siempre de un dato natural que se inserta en una valoración social. No es el dato natural puro de la causalidad ciega, cuanto más bien un *quid* que se inserta en un clima de valoraciones sociales que son siempre objetivas. Quien omite una acción que, según el juicio social, habría podido dar al curso de las cosas una dirección diversa, ha tenido en efecto un comportamiento que ha favorecido la verificación del resultado y de este debe responder si existía una norma legal que lo obligaba a actuar. Y es con referencia a esta norma, en virtud de este *contacto normativo,* cuando la omisión se nos manifiesta en toda su naturaleza. Aun admitido que en un plano puramente natural la corporalidad de la omisión consista en un *aliud agere,* su realidad se manifiesta solo cuando el hacer cosa diversa de la cosa mandada puede ser calificado de ilícito sobre la base del propio mandato de actuar. La verdadera realidad de la omisión es, pues, una *realidad normativa.* Solo el no hacer lo que se ha mandado hacer puede tener un relieve y un significado penal. En estos términos normativos se explica la realidad social de la omisión y su desvalor jurídico, y se trata de delitos de *omisión propia* (por ejemplo, la omisión de socorro) o de delitos de *omisión impropia* o delitos de *comisión por omisión* (por ejemplo, la muerte del niño por dejar de amamantarlo su madre).

Pero los tipos, la mayoría de las veces, no se limitan solo a describir un comportamiento del hombre (acción u omisión) al fin de indicar lo que sea preciso para que un delito subsista; sino que van más allá de este límite, y exigen que como consecuencia de la acción se produzca un determinado *resultado* (por ejemplo, la muerte de un hombre en el homicidio). Estamos entonces frente a un delito cuyo tipo debe resultar compuesto de una acción y de un resultado. Son estos los *delitos de acción y de resultado.* El resultado es aquella modificación del mundo sensible asumido por un tipo penal como elemento constitutivo de un delito. No toda consecuencia de la acción humana es un resultado para los fines penales, sino solo la consecuencia típica, según cuanto se ha dicho respecto a la tipicidad del hecho. Entre las varias consecuencias que una acción humana necesariamente produce, el legislador hace una *elección* e indica como relevante solo aquella de cuya fijación puede presumirse que un bien jurídico haya sido lesionado. Se trata de una selección valorativa.

Entre la acción y el resultado así indicado debe subsistir un *nexo de causalidad:* aun antes que el Código, lo exige la lógica de los hechos humanos. Pero precisamente porque se trata de hechos humanos también la causalidad, o mejor el nexo de causalidad, debe ser resuelto en términos «humanos», no ya en términos de la fría lógica natural según la teoría naturalista de la *condicio sine qua non.* Con otras palabras, para que una acción humana sea causa de un resultado no basta que aquella se presente como condición sin la cual el resultado no se habría jamás producido, sino que es preciso que, dentro de tal límite lógico, la acción humana se presente mejor calificada. Para el fin de establecer si aquélla ha sido o no causa de un resultado, es preciso tener presente la naturaleza *vidente* del comportamiento humano y la posibilidad de maniobrar que tiene el hombre cuando opera en el conjunto de una serie de antecedentes causales, dada su capacidad de prever las consecuencias del actuar. Bajo este aspecto, entre las diversas teorías que hasta ahora han sido formuladas, la que mejor responde a una exigencia humana y justa es la teoría de la *causalidad adecuada.* Para esta, la acción humana debe reputarse causa de un resultado lesivo solo cuando el resultado puede ser reconducido a ella según una relación de normalidad o de regularidad estadística. Con otras palabras, los resultados excepcionales, incluso referidos al comportamiento del hombre en base al criterio lógico de la *condicio sine qua non* (por ejemplo, el herido que fallece en el hospital tras el incendio del mismo), no pueden ser reconducidos jurídicamente porque entre la acción y el resultado hay una sucesión atípica, anormal e irregular. La sucesión causal no se ha verificado sobre la base del *id quod plerumque accidit.*

Esta solución permite, de un lado, no agravar más de un determinado límite la posición del sujeto agente en cuanto no se le atribuyen los resultados excepcionales de su obrar, y se respeta también, a continuación, la característica típica del actuar humano ya que la posibilidad de prever una determinada consecuencia está en función de la previsibilidad de la misma, y previsible nunca puede ser la consecuencia del todo excepcional. La teoría de la causalidad adecuada viene, pues, al encuentro de aquellas que bajo un aspecto ontológico son las características del obrar humano. Con ello no está dicho que sobre la base del Código vigente aquélla pueda considerarse un hecho pacíficamente alcanzado, porque la disciplina de la relación causal (arts. 40 y 41) se resiente de una mentalidad lógico-natural que ha caracterizado a toda la dogmática jurídica de los años treinta. Basta pensar en la disciplina del fenómeno de las *concausas,* es decir, de la presencia de una pluralidad de antecedentes causales que han cooperado con la acción humana a la producción de un determinado resultado: el nexo causal no viene nunca excluido, y por tanto, se afirma una responsabilidad, ya se trate de concausas *antecedentes* (fragilidad de los huesos craneales), *concomitantes* (noche particularmente fría que hace morir al herido dejado al aire libre) o *subsiguientes* (infección producida en el hospital). Solo para las concausas subsiguientes el nexo causal se considera excluido cuando las mismas hayan sido por sí solas suficientes para producir el resultado. Fórmula del Código, esta, verdaderamente diabólica porque se puede llegar a las más aberrantes consecuencias y el planteamiento de fondo del problema causal no viene –respecto a la fórmula del Código– corregido por el criterio de la adecuación. Con la reforma del Código en curso de actuación el problema es, por el contrario, resuelto de modo diverso, porque el nexo causal se reputará roto cuando las concausas, incluso antecedentes o concomitantes sean excepcionales respecto a la situación de hecho en la que el agente se encuentra operando. Confirmación, esta, de la necesidad que toda interpretación de la Ley no pierda el contacto con el momento ontológico del actuar humano y, por tanto, con un dato seguro. Las esquematizaciones puramente lógico-formales en el tema de interpretación se resuelven en ficciones, con menoscabo de la libertad del hombre; y un banco de prueba lo constituye lo apuntado por el problema interpretativo del nexo causal entre la acción y el resultado.

Respecto al tema del momento objetivo o principio material del delito surge un problema muy importante también bajo el aspecto político, es decir, el de la *consumación* de un lado y de la *tentativa* de otro. Digo político porque, según que se parta de una más bien que de otra concepción política, el problema se resolverá de modo diverso. A quienes ven en el hecho lesivo la razón de la intervención estatal, todo lo que precede a la realización del hecho y de la lesión efectiva del interés protegido puede incluso no interesar o bajo ciertas condiciones interesar a título de tentativa del delito; para quienes, por el contrario, ven en el delito un comportamiento de rebelión de la voluntad del particular contra la voluntad de la norma penal estatal, el delito está consumado ya en el momento en el que el agente realiza un primer acto incluso si con él no alcanza el cumplimiento de la acción y la lesión efectiva del bien jurídico. Todo delito llega a ser un *delito de consumación anticipada,* o de «tentativa», como aún sucede en ciertos delitos políticos. No hay duda que en la raíz de estos dos diversos planteamientos encontramos dos diversas concepciones políticas: liberal la primera, e iliberal o totalitaria la segunda, la cual desplaza el frente de ataque contra la delincuencia a posiciones tan avanzadas que algunas veces afectan hasta la misma manifestación del pensamiento.

Bajo un aspecto más estrictamente jurídico se plantea el problema relativo a la calificación que los actos de tentativa deben asumir para que de tal forma «imperfecta» de realización delictiva se pueda hablar. La doctrina liberal había sostenido que de tentativa se podía hablar solo cuando una «acción» se puede escindir en varios «actos» y los actos se presenten como ejecutorios. Por largo tiempo la contraposición entre acto *preparatorio,* no punible, y acto *ejecutivo,* punible a título de tentativa, ha dominado la escena política, aunque, en efecto, un criterio distintivo entre uno y otro no haya sido nunca de fácil individualización. Y es también por esta razón por la que el Código vigente (art. 56) cuando habla de delito en grado de tentativa prescinde de la antigua dicotomía, prefiriendo aquélla de entre actos *idóneos y* actos *inidóneos.* Solo el acto idóneo para determinar un efecto lesivo puede configurar una tentativa punible, aunque en un tiempo podría reputarse solo preparatorio y, por tanto, no punible. Circunstancia, esta, que no es solo técnica, sino que responde a una exigencia política ciertamente iliberal de la que el Código de 1931 se ha hecho portador, habiendo querido así indicar un frente de ataque más avanzado; de donde deriva, inevitablemente, un grave daño para las libertades individuales, que pueden venir atacadas sobre la base de los amplios poderes que hoy tiene el juez en la valoración acerca de la idoneidad de la tentativa del acto.

4. EL PRINCIPIO DE LA PONDERACIÓN DE LOS INTERESES. —El Derecho no está constituido por las abstractas meditaciones de unos pocos estudiosos. El Derecho es regla de las acciones humanas en las relaciones recíprocas de hombre a hombre. Y es regla, sobre todo, en los casos de conflicto entre diversas posiciones de varios sujetos respecto a los bienes de la vida social tutelados por el Derecho penal. El conflicto es un momento patológico o mejor dinámico de la vida del Derecho, el cual, por su parte, debe siempre dar una regla o un criterio de solución del mismo conflicto. Cuando se ataca a alguien en su posición de disfrute de un bien, debemos saber si y dentro de qué límites puede recurrir a la autotutela cuando sea imposible una oportuna intervención directa del Estado a través de sus órganos. Así, si alguien se encuentra en una determinada situación de necesidad con peligro de daño grave para la persona, debemos saber si puede salir de tal situación de peligro mediante el sacrificio de un bien o de un interés de una persona *inocente,* es decir, que no ha dado motivo para que surja dicho estado de necesidad.

El Código prevé expresamente algunas situaciones en las que el sacrificio de un determinado bien o interés penalmente tutelado se reputa en concreto lícito. Son estas las situaciones previstas por las normas que tienen por hipótesis las *causas de justificación.* Tales son: el ejercicio de un Derecho, el cumplimiento de un deber, la ejecución de una orden legítima o ilegítima de la autoridad vinculante para el subordinado, la legítima defensa, el uso legítimo de las armas, el estado de necesidad, el consentimiento del sujeto pasivo del delito. Ello quiere decir que cuando alguien se encuentra obligado a actuar en una de las situaciones anteriormente tipificadas no comete delito, la lesión de un bien o de un interés no se considera ilícita en cuanto que el legislador, valorando las situaciones de conflicto, ha indicado el interés prevalente que debe venir tutelado. El homicidio en estado de legítima defensa, el hurto por necesidad, la privación de la libertad personal a consecuencia de la ejecución de una orden de la autoridad, etc., son hechos que no constituyen delitos, justificándose por el legislador en base a consideraciones de que un determinado interés debe venir sacrificado para tutelar uno de significado o de valor equivalente o superior a aquél en concreto sacrificado. Solo de esa manera se puede encontrar una solución en las hipótesis de conflicto y hacer triunfar una exigencia jurídica. Es la idea de la *proporción* entre los intereses en conflicto la que hace prevalecer a las normas que toman por hipótesis las causas de justificación. Dice el art. 52 que la legítima defensa está consentida «siempre que la defensa sea proporcionada a la ofensa»; afirma el art. 54 que el estado de necesidad puede ser invocado siempre que «el hecho sea proporcionado al peligro». El legislador pretende que los intereses en conflicto puedan ser *ponderados* entre sí, porque la idea de la desproporción y una solución adecuada a ella repugnan a la naturaleza misma del Derecho, que es *proportio hominis ad hominem,* y por tanto, justicia en la disciplina de las relaciones intersubjetivas. Lo que se deduce de la letra de las normas que toman por hipótesis expresamente causas de justificación es el índice de un principio subyacente a todas las causas, estén o no previstas expresamente por la Ley penal. Nosotros creemos, en efecto, en base a una exigencia de libertad y de potenciamiento de la misma, que las causas de justificación previstas por el Código puedan extenderse por analogía *(analogía legis) o* en base a un principio general del Derecho *(analogía iuris).* Las normas penales que las prevén —como ya hemos demostrado— no están sujetas a la prohibición de una interpretación por *analogía legis* o por *analogía iuris,* en cuanto no son normas restrictivas de las libertades como las normas incriminadoras o excepcionales. Ellas gravitan todas en torno al principio que en una hipótesis de conflicto de intereses una prevalencia debe ser dada a uno de los dos en cuanto que sería absurdo consentir el sacrificio de ambos. He aquí, pues, que el interés del agredido prevalece sobre el del injusto agresor, como el interés de aquel que obra en estado de necesidad prevalece sobre el del que viene a ser sacrificado, en cuanto se trata de dar un reconocimiento al instinto vital que conduce a salvarse por sí mismo incluso a costa de sacrificar a otros. Dejando a *salvo siempre en todo caso la proporción,* porque si entre el interés que un sujeto trata de tutelar y aquel que viene en efecto sacrificado existe una evidente desproporción la justificación ya no vale.

¿Pero quién es el que determina la relación de proporción entre dos bienes jurídicos en conflicto? La pregunta se plantea acuciante porque un criterio debe existir. Por supuesto que un criterio exclusivamente mecánico-cuantitativo no puede ser tomado en consideración, porque las soluciones jurídicas son soluciones de calidad, si bien aquél —dentro de ciertos límites— puede ser invocado. Ni será un puro criterio hedonista el que dicte la solución; en verdad, el Derecho penal defensor de los máximos valores morales, no puede resolver con ellos quizás el más delicado de sus problemas hermenéuticos y de aplicación, porque tanto valdría entonces como remitir todo a la fórmula mágica de BENTHAM, que reputa moral aquello que produce la felicidad del mayor número. Pero la minoría, que más que cualquiera otra tiene necesidad de protección, saldría aplastada con esta concepción utilitarista del Derecho penal. En tal momento el problema se convierte en *ético-político,* porque el criterio de valoración de la proporción entre los bienes en conflicto tendrá que ser deducido de las *normas de cultura* que están en la base del sistema. En una democracia personalista que ve en la persona humana el más alto de los valores, serán la autonomía, la dignidad, y la libertad de la persona humana, con todos los derechos y prerrogativas que gravitan en su entorno, las que constituyan los criterios de solución de tantas situaciones concretas. Nada existe más elevado que la persona humana en sus condiciones biológicas, psicológicas, morales y sociales de existencia. Solo la necesidad que justifica el sacrificio de un inocente representa una trágica excepción en el ámbito de un sistema enteramente tendente a salvaguardar los derechos de la persona.

5. EL PRINCIPIO DE LA CONEXIÓN PSICOLÓGICA DEL HECHO AL AUTOR. —¿Qué cosa se entiende por el principio de la conexión psicológica del hecho a su autor? Se entiende que para poderse afirmar una responsabilidad penal es necesario probar

que entre la *mens auctoris* y el hecho delictivo subsiste un nexo de causalidad psicológica en los límites del dolo o de la culpa, y, según algunos, de la preterintencionalidad como forma psicológica autónoma. La necesidad de un ligamen psicológico es una de las mayores conquistas del pensamiento y de la civilización humana en el campo del Derecho penal. En tiempos lejanos, no de modo absoluto y en el ámbito de planteamientos culturales legislativos primitivos, la responsabilidad penal radicaba en la fijación de un simple nexo de causalidad material entre la acción de un hombre y el resultado lesivo. Ya hemos dicho a propósito de los principios constitucionales referentes a las orientaciones penales que la responsabilidad penal tiene carácter *personal,* entendiendo que con tal expresión el Constituyente ha querido no solo excluir toda forma de responsabilidad por el hecho ajeno (en materia penal se responde solo por las propias acciones), sino también indicar *cómo* la responsabilidad penal deba expresarse respecto al hecho propio. Se trata de una típica y clásica forma de responsabilidad humana, y el actuar en tanto es humano en cuanto esté animado por la previsión de las consecuencias del operar e iluminado y dirigido por la voluntad. Cuando se dice que la responsabilidad penal es personal se entiende precisamente exigir que la misma radique sobre una plataforma psicológica, de modo que el hecho pueda cobrar sentido en la *suidad* del autor, por usar una expresión de ANTOLISEI. Bajo este aspecto, toda forma y todo caso de responsabilidad objetiva debería considerarse en oposición con la Constitución y *atípica* respecto a las exigencias del Derecho penal entendido en términos humanos. En el ámbito de nuestro ordenamiento jurídico las formas y los casos de responsabilidad objetiva subsisten, aunque esporádicamente. Basta pensar en las circunstancias agravantes que se imputan independientemente del conocimiento que de ellas haya tenido el autor, en la responsabilidad por el resultado más grave en las hipótesis de delitos agravados por el resultado, en la responsabilidad del partícipe por el delito distinto y más grave perpetrado por el autor principal. No existe esfuerzo lógico o hermenéutico que pueda superar el escollo de la existencia en el Código de hipótesis de responsabilidad objetiva. Desgraciadamente, sin embargo, el Tribunal Constitucional no ha querido pronunciarse sobre el tema en términos claros con una decisión de inconstitucionalidad, aun declarándose en cierto aspecto favorable a una eliminación de los mismos casos del Código penal. Y, de otra parte, también el proyecto de reforma, al que nos referíamos anteriormente, deja todavía subsistentes algunos casos de responsabilidad objetiva.

De cualquier modo, la regla fundamental del Código es que la forma típica y normal de responsabilidad penal bajo el aspecto del nexo psicológico es la responsabilidad dolosa. ¿Pero qué cosa es el dolo? No hay duda que el mismo sea una forma que asume el ligamen psicológico entre la *mens auctoris* y el hecho delictivo. Se dice bajo este aspecto que el dolo es una combinación de actividad intelectiva y de actividad volitiva: es la *previsión* y la *voluntariedad* de la acción y del resultado constitutivo de un delito. Cuando un sujeto obra con una clara visión de las consecuencias del actuar y quiere esas mismas consecuencias incurre en dolo. Dice el Código (art. 43) que «el delito es doloso, o *intencional,* cuando el resultado dañoso o peligroso, que es el resultado de la acción o de la omisión y del cual la Ley hace depender la existencia del delito, es *previsto* y *querido* por el agente como consecuencia de su propia acción u omisión». Se trata, con otras palabras, de aplicar al dolo el esquema psicológico al cual puede ser referida toda forma normal de comportamiento humano. Previsión y voluntariedad son, pues, los componentes psicológicos necesarios y suficientes para que un hecho, en cuanto hecho humano, pueda venir considerado hecho doloso. Y es un hecho cierto que sobre tal definición psicológica y tal combinación se ha desarrollado la teoría del dolo cual la define el Código y cual la reputa, en términos que podemos decir dogmáticos, el Tribunal de Casación.

Sin embargo, es evidente que una solución del problema del dolo en pura clave psicológica es una solución naturalista, lo que significa que la misma se puede encontrar en oposición con las *exigencias de valor* hoy dominantes en el ámbito de la dogmática penal. Ya por alguno había sido observado que, incidiendo el resultado del delito sobre un dato de desvalor jurídico cual indudablemente es la lesión de un bien jurídico, a la noción del dolo no puede ser extraña la conciencia de este desvalor, o, lo que es lo mismo, la conciencia que el hecho querido y previsto es hecho lesivo de intereses tutelados. Así lo estima GALLO, y no hay duda que de tal modo viene a ser superada una plataforma puramente psicológica-descriptiva. La conciencia del desvalor del hecho quiebra la estrechez tradicional de una definición académica *ancien régime*. Y es sobre esta exigencia, aunque no propiamente en esta vía, donde se mueven todas aquellas opiniones para las que la noción del dolo no se agota en la sola indicación de los dos momentos psicológicos (previsión y voluntariedad del hecho) sino que comprende también la conciencia del desvalor moral o social del hecho (es decir, su antagonismo con las normas fundamentales de cultura), no pudiéndose —en términos del Derecho positivo italiano— postular la conciencia de la antijuridicidad específica del hecho, en cuanto que según el art. 5 del Código penal, «nadie puede invocar como excusa propia la ignorancia de la Ley penal». Por ello hemos definido de este modo el dolo como «conciencia y voluntariedad del hecho constitutivo de un delito con la consciencia de su sustancial ilicitud». Solo quien obra en estos términos obra dolosamente. Quien obra de buena fe, es decir con el convencimiento de obrar de cualquier modo *extra moenia iuris poenalis* (hecha excepción para el estricto error de Derecho ex art. 5 del Código penal), no incurre, a nuestro parecer, en dolo. La más reciente psicología vinculada a una concepción de «valor» del hombre —a diferencia de cuanto creía una psicología puramente descriptiva que resolvía toda actividad de la psique con la fórmula de los procesos mecánico-asociativos—, considera la acción voluntaria como una *acción comprometida*. El hombre en su individualidad no es un puro ser mecánico que actúe a resultas de sus instintos o según determinados cuadros estadísticos de previsión, sino que es una realidad pensante, vidente y operante en un mundo estructurado en términos de valor, que el hombre debe conocer si quiere realizar los fines adecuados a su naturaleza moral. El hombre es pues un ser *comprometido* a actuar en un determinado sentido a fin de que no sean traicionadas las expectativas que en él ha puesto una sociedad libre. La acción del hombre es, por tanto, la expresión de precisos *convencimientos* que él tiene en términos de valor acerca de todo lo que lo rodea. Solo tal convencimiento eleva a acción dolosa una acción que de otro modo permanece vinculada a una interpretación formal y descriptiva, aunque siempre dentro de los límites del dolo, pero sin contenido sustancial de vida.

El nexo «psicológico» entre hecho y autor puede tomar también la forma de la culpa, aunque en los casos expresamente previstos por la Ley penal. Según el art. 43 el delito «*es* culposo, o *no intencional,* cuando el resultado, aunque previsto, no es querido por el agente y se verifica a causa de negligencia o imprudencia o impericia, o bien por inobservancia de las leyes, reglamentos, órdenes u otras reglas». El esquema, sobre la base de una acepción puramente literal de la norma, es psicológicamente simple: la culpa consiste en la voluntariedad de una acción de la que deriva un resultado no querido. Pero precisamente esta simplicidad revela el simplismo de la disposición. Es verdad que la Ley califica la acción como contraria a una norma genérica o específica de prudencia; pero existe un momento esencial que en esta definición no puede venir olvidado, es decir, el ligamen psicológico que debe siempre vincular a la acción imprudente el resultado lesivo. De otro modo se termina con resolver los casos de delito culposo en otros tantos casos de responsabilidad objetiva, lo que no puede ser porque la responsabilidad objetiva en el art. 42 se contrapone a la culposa y es afirmada como del todo excepcional. En la responsabilidad por culpa debe siempre subsistir un nexo psicológico entre la acción imprudente y el resultado lesivo: este viene dado por la *previsión* o cuanto menos por la *previsibilidad* del resultado. *Previsión* cuando el resultado ha sido previsto por el sujeto agente, que ha actuado confiando que el resultado no se produciría, y por tanto, sin aceptar el riesgo del mismo resultado (a diferencia del dolo eventual donde el agente permanece indiferente acerca de la verificación del resultado o acepta su riesgo); *previsibilidad* cuando el autor, aún sin haber efectivamente previsto, se encontraba en la posibilidad de prever las consecuencias del actuar en las condiciones histórico-ambientales en las que realizó la arriesgada acción. La previsibilidad es el momento más típicamente humano del obrar culposo, porque solo con referencia a la posibilidad de prever las consecuencias lesivas del propio actuar puede ser un comportamiento calificado de culposo o imprudente.

En efecto, también en la culpa, más allá de un planteamiento puramente psicológico, existe un momento de valor: es decir, la consciencia de asumir un riesgo no consentido por la Ley con el peligro de determinar una lesión jurídica que, si bien no querida, podía ser evitada con un mayor esfuerzo de atención. Por demasiado tiempo se ha insistido en el tema de la culpa solo sobre las lagunas representativas, por usar una expresión de PETTOELLO, mientras que estas son un indicio o un límite de la culpa, pero no la esencia de la culpa. También la culpa es una renuncia consciente a un compromiso de responsabilidad del individuo hacia la sociedad. La vida social supone exigencias, esfuerzos, deberes. Cada uno en su actuar debe ser consciente de un preciso compromiso que lo obliga, con las debidas cautelas y con la debida prudencia, a no superar ciertos límites para no ocasionar un daño al prójimo.

Tanto el dolo como la culpa son pues ligámenes psicológicos entre hecho y autor; pero más allá de tal plataforma nos topamos con una exigencia de valor, es decir, con la *violación de un compromiso,* en una abdicación de la conciencia humana respecto a los deberes que surgen de la convivencia misma que, antes que otra cosa, es convivencia éticamente justificable. No se trata, en el dolo o en la culpa, de resolver todo en descripciones psicológicas de carácter formal, sino que se trata de individualizar aquel momento que las transforma en entidades dignas de consideración penal bajo el aspecto del desvalor. Dolo y culpa no se contraponen de este modo entre sí como si el dolo fuese la expresión de la acción humana en la plenitud de su contenido psicológico (teoría WELZEL que identifica la acción final con la acción dolosa) y la culpa una acción raquítica que no encuentra, por carencia del momento final, su plena expansión (así también MARINUCCI). Ambas formas que puede asumir el nexo psicológico entre hecho y autor son reconducibles a un común denominador en términos de valor: si la acción humana es siempre *acción comprometida,* este momento del compromiso en el dolo viene dado por el convencimiento de obrar *in re illicita,* y por tanto, de la *asunción* de una responsabilidad; en la culpa por no atender a un deber, y por tanto, por la *renuncia* a una responsabilidad para no ocasionar un hecho lesivo del orden social.

Acerca de la *preterintencionalidad* hay poco que decir: el resultado más grave de aquel querido (muerte en vez de lesiones) viene atribuido al agente no ya a título de responsabilidad objetiva —como querría ZUCCALA— sino a título de culpa en cuanto el resultado más grave era en efecto previsible. Más allá del dolo, de la culpa, y de la preterintencionalidad, existe la forma excepcional de la responsabilidad objetiva que, según cuando ya hemos dicho varias veces, debería ser eliminada de un Código inspirado en una ideología personalista.

6. EL PRINCIPIO DE CULPABILIDAD Y LA LIBERTAD DEL QUERER. — La presencia de un nexo psicológico entre la *mens auctoris* y el hecho ocasionado, en los límites respectivos del dolo, de la culpa y de la preterintencionalidad, no resuelve todavía el problema más grave y más importante para el Derecho penal: se trata del problema relativo a la *culpabilidad* del sujeto agente. Prever y querer un hecho no significa aún ser culpable del hecho mismo. Ello supone la posibilidad de expresar un juicio de reproche que importa la adquisición de otros dos momentos junto al del nexo psicológico. Se trata de la capacidad para el Derecho penal, o imputabilidad, de un lado, y de la ausencia de causas que vayan en concreto a incidir sobre la libre motivación del acto de voluntad, del otro.

El hombre debe haber actuado *libremente.* He aquí el problema de fondo del Derecho penal sobre el cual están basados tanto el juicio de culpabilidad, como, y consecuentemente, la institución de la pena retributiva. Donde no hay libertad no hay culpabilidad; donde no hay culpabilidad no hay posibilidad de pena-castigo que es pena retributiva. Si esta idea básica no pudiese encontrar una plausible explicación, está claro que no podríamos continuar más refiriéndonos a conceptos tradicionales. No se puede permanecer indiferentes respecto a los problemas del determinismo o del indeterminismo del acto de voluntad. La libertad es un valor fundamental, de modo que afirmándola el Derecho penal toma una determinada orientación, y negándola se mueve en el camino opuesto. Ya hemos visto al respecto la contraposición entre clasicismo y positivismo que se enfrentan, según lo observado, sobre la idea de la libertad de la acción humana. El Código no aclara expresamente el problema de la libertad, sino que cuando parte de la imputabilidad sanciona (art. 85) que «es imputable quien tiene la capacidad de entender y de querer», y el art. 42 afirma que nadie puede ser castigado por un hecho sino lo ha cometido «con conciencia y voluntad». Se habla, pues, de conciencia y voluntad en ambas disposiciones legales, pero no se habla nunca de «voluntad libre». ¿Viene ella sobreentendida y resuelta en términos positivos en el ámbito del sistema? ¿O no se la nombra porque se ha llegado a negarla, cuanto menos bajo un aspecto normativo, para no vincular la elección legislativa a la concepción filosófica del libre arbitrio?

El momento *sistemático* tiene su valor porque de cómo todo problema del hombre imputable y en consecuencia culpable venga resuelto, se pueden extraer indicios importantes en orden al criterio a que se haya atenido el legislador. Ahora bien, no hay duda que el problema de la imputabilidad como sinónimo de capacidad de entender y de querer viene limitado de forma realista por toda una serie de normas que contemplan situaciones en las que se debe excluir que un sujeto pueda libremente querer un determinado hecho delictivo. Así, en la minoría de edad: el menor de catorce años es un presunto incapaz de entender y querer dada su inmadurez biopsicológica. Se piensa que antes de este límite, prorrogable hasta dieciocho, no se puede hablar de una personalidad formada de modo tal que se pueda reputar que el acto de voluntad pueda manifestarse en términos de espontaneidad, y por tanto, de libertad. Pero incluso cuando *ratione aetatis* se podría hablar de una responsabilidad formada y en consecuencia en grado de obrar responsablemente, la Ley prevé toda una serie de situaciones patológicas dadas las cuales se niega la imputabilidad, porque la situación misma es tal que altera el proceso normal de formación del acto de voluntad bien porque se pierde la conciencia o porque se altera el mecanismo de la voluntad. Así sucede con la enfermedad mental, con la embriaguez causada por fuerza mayor o por caso fortuito, con la intoxicación crónica por alcohol o por estupefacientes, con la sordomudez. Y junto a tales causas de plena y total exclusión de la imputabilidad, encontramos aquellas otras que inciden solo parcialmente sobre la capacidad de entender y de querer disminuyéndola grandemente aunque no excluyéndola, como la enajenación mental parcial, etc. El hecho que se establezca una indicación legislativa tan detallada respecto a las causas de total o parcial inimputabilidad, y que, además, sea indicada en conexión con los datos empíricos extraídos de las ciencias experimentales —por lo que en los casos indicados el acto de voluntad no puede decirse acto libre, sino acto realizado en situación de necesidad—, nos conduce, pues, a esta conclusión: que el legislador, cuando habla de capacidad de entender y de querer, quiere justamente referirse a la libertad precisa como término que califica el acto de voluntad responsable que está en la raíz del delito. La libertad de la voluntad está, entonces, sobreentendida cuando el Código habla de capacidad de querer, la cual no puede ser un *quid* deducido mecánicamente de la presencia de determinados antecedentes típicos de la acción (los motivos), sino que, por el contrario, va entendida como una verdadera y propia capacidad de la voluntad; en virtud de tal capacidad la voluntad misma —aun en el ámbito de los motivos— puede escoger un camino y, es decir, querer o no querer en una determinada dirección alguna cosa.

Se trata, según el pensamiento del legislador, todavía de algo empírico que no se debe transferir *sic et simpliciter* al plano filosófico para no quedar «empantanados» en las concepciones metafísicas del libre arbitrio reputadas inútiles para explicar los problemas del Derecho penal. Convencidos, sin embargo, como estamos, que el Derecho penal sin la filosofía permanece un enigma insoluble, porque no es ya una ciencia de la naturaleza sino una ciencia de la cultura, y por tanto, del espíritu inserta en el mundo de los valores, debemos concluir que la libertad del querer no es un puro hecho que pueda quedar circunscrito en el mundo de las investigaciones naturales, sino un *valor* susceptible de ser plenamente entendido solo a nivel filosófico-cultural. En la solución de este problema está en juego la misma naturaleza del hombre, y en consecuencia, el «tipo» de hombre que el legislador debe siempre escoger para sus normas en materia de responsabilidad. El Derecho penal no es un puro conglomerado de normas sin hilo conductor o sin fin, sino un conjunto de valoraciones que hacen eje sobre datos y nociones claras y precisas. Las experiencias de la antropología y psicología criminal en el tema de la libertad del hombre no han podido negar o destruir un dato de hecho seguro: el hombre, con tal que no esté tarado, tiene siempre la posibilidad de actuar de modo diverso de cómo actúa o de cómo ha actuado. No es en absoluto cierto que en el pasado no existiese libertad: que el acto ahora querido sea un fragmento de la naturaleza solo descifrable de forma determinista, en el ámbito de todos sus componentes y de todos sus antecedentes. Debemos referirnos al momento en el que el sujeto ha obrado, para indagar si en aquel momento —en el conjunto de todos los datos que han precedido o acompañado a la acción— el sujeto podía actuar *de modo diverso* de como actuó. Y esto es un dato empírico que, en el ámbito de una *antropología filosófica* que lleve a nivel especulativo los datos concretos y ciertos de la experiencia explicándolos en términos de síntesis cultural, deviene un momento o un aspecto indefectible del hombre *responsable,* y por tanto, *libre,* que es el fundamento del Derecho penal en un determinado tipo de sociedad política. A nuestro parecer, este es el «tipo» de hombre del cual se sirve nuestro legislador para los fines de la culpabilidad y de la pena retributiva. No se trata de un hombre en estado de necesidad, casi un fragmento de la naturaleza, que obra según las leyes del instinto o del ambiente, sino de una *persona* que, estando abierta a lo universal y a los valores (capacidad de entender y de querer), opera libremente cuando sobre ella no incidan causas patológicas, orgánicas o ambientales.

Alguno ha afirmado —como Baratta— que tal concepción es siempre fideísta, en el sentido que viene deducida de un *a priori* cual la idea de la libertad, postulada por exigencias prácticas de carácter social o de naturaleza política. Si una concepción filosófica de la libertad del querer es una concepción apriorística, «cueste lo que cueste», Baratta podría incluso tener razón, pero es precisamente lo que no es. La fisolofía del hombre no parte de preconceptos o de una concepción astral del hombre, no desciende de arriba hacia abajo, no ilumina con ideas innatas la realidad empírica que tiene delante, sino que parte de esta para tratar de interpretarla en términos racionales, y por tanto, universales, con el fin de explicar el fenómeno más elevado e importante del universo.

No es que la libertad pueda entenderse en términos «dialécticos», para los que solo el actuar con pleno conocimiento de todos los momentos de la realidad histórica sería un actuar libre. El conocimiento de todos los momentos históricos que acompañan a la acción humana no nos dice aún nada sobre la libertad de su motivación. Estamos en un plano puramente intelectual que podrá enriquecer la consciencia del actuar, pero que no toca todavía al momento verdaderamente decisivo y único: la *autodeterminación*. Lo que no quiere decir precisamente que la voluntad se forme sin una causa, o sea, sin un motivo, como si la voluntad actuara, al margen de los motivos, en el vacío, como sucedía en la lógica de la doctrina del libre arbitrio inmotivado. La voluntad cuando actúa opera por razones específicas en un determinado ambiente histórico. Repetimos que el hombre no es un ser astral o irreal: es un ser formado por momentos bio-psicológicos que opera en un determinado ambiente históricamente caracterizado. De todo este conjunto de elementos o de momentos derivan los *motivos* de la conducta, respecto a los cuales el hombre no se mueve como el animal a impulso del motivo más fuerte, sino que elige el motivo más conveniente, el cual deviene así el más fuerte y lo conducirá a la acción. Pero lo conducirá solo porque él así lo ha querido, no porque haya sido sojuzgado por el propio motivo. Ya en la biología del hombre hay un camino hacia la libertad, porque los impulsos y los instintos que de la naturaleza orgánica del hombre se presentan a su conciencia, son meditados y valorados por el hombre. El hombre se examina a sí mismo, en relación a su naturaleza moral, sea o no conveniente seguirlos; el hombre es, de este modo, el único ser creado que puede obrar de manera diversa al estímulo o al impulso de los instintos.

La libertad de la autodeterminación sobre la base de un motivo que la voluntad elige entre la serie de motivos antagónicos es la libertad que necesita el Derecho penal para fijar el concepto de culpabilidad. La libertad, por tanto, no se entiende como ausencia de motivos, por tanto, como un *quid* que no tenga causa. Nadie más que nosotros está convencido que en todo fenómeno de la realidad humana debe encontrarse siempre una causa porque las «cosas» no vienen al mundo por generación espontánea. El acto de voluntad humano está siempre históricamente condicionado en cuanto que el hombre opera en una situación que él encuentra preexistente a toda intervención suya y en esta se inserta deviniendo a su vez inicio de otras series causales. Se puede, incluso se debe hablar de determinismo, en el sentido que un fenómeno se une a otro en una relación de sucesión y en una serie de nexos recíprocos; pero no se trata de un determinismo mecánico-psicológico como si la voluntad fuese dominada por el conjunto de los antecedentes en su manifestación concreta o por uno de los mismos. Existe en el hombre la capacidad de poder obrar, aún en lo concreto de situaciones históricas que él encuentra, de forma que pueda saber aprovechar los elementos de tal situación para orientarlos conscientemente hacia un determinado fin que es *suyo* porque está previsto y realizado a sabiendas por él. En ello está el momento *indeterminado* del actuar: no en la ausencia de una causalidad, sino en la presencia de una finalidad que la supera y la trasciende o la utiliza para sus fines. El hombre se posesiona así de la situación histórica, la domina y la orienta hacia un fin plausible. El mérito de la doctrina de la acción final, de la que hemos hablado, está precisamente en el haber subrayado el momento «vidente» del actuar del hombre que lo hace dueño de los fines de su obrar, incluso si en la raíz de la acción el hombre encuentra una situación que no es suya sino que lo vincula bajo el aspecto causal a todo el mundo del ayer. Determinismo y antideterminismo se enlazan de este modo para explicar la acción humana, de la que el sujeto lleva la responsabilidad porque deviene *suya* en cuanto puede dominarla con arreglo a un fin e impulsarla hacia determinados resultados. Y todo ello, que es válido ya en un plano experimental psicológico y moral, viene filosóficamente valorado mediante la afirmación que el hombre es un ser responsable, porque es un ser libre, porque es un ser dotado de «libre arbitrio» en el sentido que solo él deviene árbitro de las grandes decisiones en las situaciones concretas que la historia le presenta.

Esta libertad es una realidad y no es cierto que mediante la filosofía del «como si» el Derecho penal puede encontrar un sólido fundamento. Según esta concepción, puesto que no se podría en el plano especulativo demostrar la existencia de una libertad de la voluntad, la cual por otra parte sería siempre necesaria para explicar en el actual momento histórico el Derecho penal y sus cometidos, el legislador debería poner en la base de sus normas la libertad del querer como un postulado práctico, «como si» esa libertad fuese un dato positivamente logrado. Sin embargo, el rechazo de tal solución es obvio después de cuanto anteriormente ha sido dicho. Añadiendo, que hablar o referirse a una «ficción jurídica» cuando están en juego los destinos del hombre no puede ser reputado procedimiento serio bajo el aspecto científico. Mejor es renunciar a la ficción y apuntar exclusivamente al criterio determinista que presenta siempre sólidas bases científicas, si bien en la síntesis no sean en absoluto convincentes.

Cuando el Código habla de la «capacidad de entender y de querer» se refiere a la idea de la libertad en los términos hace poco indicados. Y dado que la voluntad no es ciega, haciendo preceder la capacidad de entender a la del querer se pretende poner en evidencia la capacidad del hombre de percibir, individualizar, comprender las consecuencias del propio obrar en el significado ético-social que ellas mismas presentan en la situación histórica sobre la cual van a incidir. Son, en otros términos, la consciencia del fin, la valoración del motivo, la congruencia de la acción, lo que se subraya. *Nihil volitum quin praecognitum.* La voluntad libre se sostiene por la consciencia del fin de la acción. Esta consciencia de los fines da al hombre el sentido de la libertad de sus propias acciones que lo acompaña en todas las vicisitudes de la vida, ya sea con referencia a la libertad de elección, ya sea respecto a las consecuencias de la acción libremente realizada. El sentido del remordimiento, la posibilidad del arrepentimiento, la liberación psicológica del complejo de culpa, demuestran que tal complejo está en relación directa con la libertad de elegir entre dos términos (bien y mal) antes de la realización de la acción. El yo está siempre presente en sí mismo, hasta tanto que no operen anomalías orgánicas y funcionales, y es en esta presencia donde radica el sentido vivo de la propia responsabilidad. En estos términos el hombre es «persona», es decir, ser capaz de valoraciones morales respecto a las acciones que realiza, sin que un artificioso desdoblamiento de la personalidad vaya a referir «lo bueno» al «yo» de los estratos neolíticos de la conciencia humana, «lo malo» al «él» de los estratos paleolíticos, sobre la base de un psicoanálisis que pretende quitar al individuo el sentido de la propia responsabilidad con una interpretación rigurosamente naturalista de la vida. Bajo tal aspecto, entre el positivismo burdo de los primeros tiempos y el sutil planteamiento psicoanalítico de hoy subsiste solo una diferencia de grado y no de sustancia: el momento ético de la responsabilidad por las propias acciones se niega en ambas concepciones y la «desviación social» se imputa a factores extraños al yo o cuanto menos se reconocen a momentos o situaciones que el yo superior no está en grado de controlar. Con ello no se quiere decir que toda investigación psicoanalítica tenga que ser rechazada: el sentido de la concreción de la responsabilidad por las propias acciones requiere a menudo un examen profundo con referencia a los momentos o a la raíz psíquica del obrar humano. No se puede negar que también la conciencia humana pueda presentarse estratificada y que las últimas razones de una acción puedan radicarse en un estrato «paleolítico» de la misma conciencia. Pero ello no significa todavía que la libertad del hombre, y por tanto, de la acción tenga que negarse, porque no ha sido en absoluto demostrado que ciertas inclinaciones, fruto incluso de leyes hereditarias, no puedan venir afrontadas o rechazadas responsablemente. El hombre no obra tras las huellas de los instintos primarios como el animal. Con tal que no se trate de un sujeto enfermo, todo hombre tiene en la mano un timón, es decir, la voluntad, con el cual puede orientarse incluso contra el momento naturalista de su yo y sus presuntas leyes vinculantes. Además, los fenómenos psíquicos se diferencian de los fenómenos biológicos o físicos. Lo que parecía todavía un dogma en el tema de la causalidad fue críticamente afrontado por MEZGER para quien no está en absoluto demostrado *la inexistencia de soluciones de continuidad en el mundo de los fenómenos psíquicos,* si bien bajo un aspecto especulativo vinculado a una física naturalista la hipótesis determinista puede aparecer fundada. Lo cual quiere decir, con otras palabras, partir hipotéticamente de una premisa determinista, para la que a todo efecto debe corresponder una causa, interpretando, sin embargo, tal nexo causal para ciertas determinadas series de fenómenos en términos de pura *sucesión* no de causalidad determinante. La acción humana se desvincula así de todo el conjunto de los antecedentes para presentarse en términos de *espontaneidad final,* diversa por ello de todo otro fenómeno del mundo sensible.

Establecida de este modo la ley de la libertad por lo que se refiere a la acción humana, no se debe, sin embargo, creer que toda acción humana sea de por sí una acción libre. Ello sería un error grave fruto de una abstracción y de una generalización inadmisibles. Ya hemos apuntado como la acción humana debe ser vista en *su concreción histórica* y ello bajo un doble ángulo visual: ante todo en relación con la *personalidad* del sujeto agente y después con referencia al *ambiente histórico* en el marco del cual la acción se ha originado. Un individuo tarado, es decir, un individuo que presenta anomalías biopsicológicas de una cierta gravedad, no puede ciertamente reputarse libre en sus manifestaciones externas. Estamos frente a las enfermedades mentales verdaderas y propias o a otras enfermedades que tienen repercusiones sobre las actividades psíquicas del sujeto (por ejemplo, delirio febril). Una acción delictiva realizada en tales situaciones patológicas no es una acción libre. Ninguna legislación penal del mundo considera al demente o al furioso como sujetos capaces para el Derecho penal y en consecuencia con capacidad de acción. Lo mismo vale para los inmaduros, es decir, para aquellos que no han alcanzado un determinado límite de edad. Surge un problema para los llamados semienfermos mentales (enajenación mental parcial), categoría que el Código vigente conoce con el fin de una disminución de la pena cuando la enfermedad haya sido de tal naturaleza que haga mermar grandemente la capacidad de entender y de querer. Problema, que surge tanto con referencia a la validez científica de la categoría como con relación al tratamiento penal concreto reservado a los semienfermos mentales. Sobre la validez científica de la categoría las dudas deberían estar actualmente desvanecidas, especialmente frente a los resultados de las investigaciones médicas en torno a los neurópatas que desviados del tipo normal de psique, no están en posesión plena de las fuerzas de inhibición respecto a las ideas obsesivas que los dominan. Y por cuanto concierne al tratamiento penal de los mismos se está de acuerdo en creer que el sistema del Código, que aplica primero la pena y después la medida de seguridad o viceversa, es absurdo, dado que el conjunto o la unidad de la persona humana no puede consentir desdoblamientos en el tratamiento penal: se reputa oportuna la aplicación de una resolución unitaria que sea conjuntamente pena y medida, es decir, una pena medicinal o correctiva. El problema es en todo caso agudo porque tal resolución por naturaleza sería indeterminada en el tiempo, así como lo son las medidas de seguridad, lo que no es consentido por el principio de legalidad, fundamento de nuestro sistema.

Pero la libertad de la acción puede faltar también por causas ambientales, en cuanto que la voluntad es susceptible de ser influenciada en un determinado sentido por una anomalía del ambiente histórico en el que el acto de voluntad ha llegado a madurar. Este no se forma *sub vitro* en un ambiente depurado y esterilizado, sino que surge, se madura y se manifiesta, sobre el terreno de una situación ambiental que puede ser incluso tal que vulnere gravemente o haga imposible un juicio de reproche, y por tanto, de culpabilidad: en efecto, no se puede exigir que *alguien tenga un comportamiento conforme al Derecho* cuando las condiciones del actuar no consienten una normal motivación. La anormalidad de las condiciones históricas del ambiente hace de este modo anormal el proceso de formación del querer: la posibilidad de un reproche falta y el delito no surge y no se manifiesta.

Tal principio está científicamente todavía *sub iudice,* porque la doctrina italiana es reacia en reconocer que más allá de las causas que inciden sobre la culpabilidad específicamente determinadas por el legislador pueda existir un principio de carácter general al que se pueda hacer referencia para explicar fenómenos que siempre el Derecho reconoce. Por ejemplo, la no punibilidad del falso testimonio cometido en favor de parientes puede ser explicada solo recurriendo al criterio de la no exigibilidad y no ya por una causa específica que prevea una hipótesis de ausencia de culpabilidad. Y los ejemplos podrían ser numerosos. Tal exigencia básica surgió en Alemania a propósito del estado de necesidad supralegal, al no tener el Código alemán una norma sobre el Estado de necesidad análoga a la nuestra del art. 54. Y fue la magistratura alemana la que abrió la primera brecha en los cerrados muros de una sistemática penal formal, especialmente con relación al caso del aborto terapéutico, con el fin de declarar exento de pena a quien, para salvar la vida de una parturienta que no sea «pariente próxima», le facilite el aborto. Pero, fuera de este caso, se han abierto nuevos horizontes a la ciencia penal y las polémicas están todavía muy enconadas. Hay quien afirma que tal «desgarramiento» del Derecho penal es inconcebible, conduciéndolo a la anarquía y eliminando todo criterio de certeza jurídica; y, en todo caso, —se agrega— la exigencia política que está en la raíz de semejante formulación es «democrática» de la peor especie, en cuanto que es consecuencia de concepciones que vendrían a quitar al Derecho penal toda eficacia y toda estabilidad. Finalmente, se ha observado que la doctrina de la no exigibilidad de un acto conforme a Derecho cuando la anormalidad de las condiciones históricas ha sido tal que no consienta una motivación normal de la voluntad, comporta un proceso de verdadero y propio «reblandecimiento» del Derecho penal.

Estamos de acuerdo respecto al hecho que la doctrina de la no exigibilidad ha sido propagada por concepciones políticas socialistas; pero no por esto hay que rechazarla. Ello estaría en oposición con el sentido de responsabilidad del saber científico, que debe rechazar todo lo que no tiene una razón suficiente para existir, pero que debe acoger lo que tal razón presenta si no quiere ser acusado, justamente, de unilateralidad o de sectario. Cuando el sujeto opera en una situación objetiva anormal, cuando se encuentre en un determinado momento expuesto a peligros para su vida y su integridad, o cuando su voluntad está expuesta a presiones que él no puede soportar más, ¿cómo se puede exigir un comportamiento heroico por parte de un sujeto, dado que la actitud heroica es del todo excepcional y supone un estilo de vida no propio de todos? Pero no es que mediante la alusión a la no exigibilidad se quiera hacer referencia solo a la fuerza o *vis cui resisti non potest*, porque tal hipótesis es un caso en la que la no exigibilidad viene *primo ictu oculi* en consideración; se debe pensar en toda situación excepcional en la que un individuo puede llegarse a encontrar y en la que un acto en armonía con las exigencias del ordenamiento jurídico positivo no es ya posible esperarlo de él. ¿Se hace con ello referencia a una norma de Derecho natural, «existencialmente» entendida que permite alejar de sí la amarga copa del Derecho positivo? No excluimos que se pueda también perfilar en tal sentido una solución, pero si la «necesidad» es la fuente última de toda norma jurídica positiva no es necesario salir de los esquemas generales del Derecho positivo para dar una explicación a la teoría de la no exigibilidad, que representa la razón última de todas las causas de exclusión de la culpabilidad no deducible de estados patológicos o anormales del sujeto agente. También en este sector operan principios generales de libertad; el Derecho penal no se presenta como una torre cerrada al mundo de la libertad. La acción socialmente adecuada niega la tipicidad del hecho; la regla de la ponderación de los intereses domina las causas de justificación; la no exigibilidad es criterio básico para las circunstancias de exclusión de la culpabilidad. En síntesis, estos son los problemas que interesan en el capítulo de la culpabilidad.

Bajo el aspecto político la culpabilidad es un fenómeno esencial para la libertad del ciudadano. Bien podemos afirmar que subsiste una íntima correlación entre el principio de legalidad y el de culpabilidad. Si solo se puede ser castigado por la comisión de un hecho expresamente previsto por la Ley como delito, este hecho delictivo debe ser referido en términos «personales» al sujeto agente. Lo hemos ya observado cuando hemos hablado del principio constitucional por el que «la responsabilidad penal es personal»; entendiéndose con tal fórmula no solo una deducción negativa como admisible, es decir la exclusión de una responsabilidad penal por hecho no propio, sino imponiéndose una deducción *positiva* lo que lleva a decir una imputación que sea acorde con la naturaleza de la persona humana, es decir, que sea *culpable*. Al margen de un juicio de culpabilidad que es juicio de reproche no se da responsabilidad penal, más que en los casos excepcionales de la responsabilidad objetiva, triste recuerdo de oscuros tiempos que pasaron. En los Derechos penales de las «ciudades abiertas», o democráticas-liberales, la responsabilidad penal ha estado siempre vinculada al principio del *hecho culpable*. Se está llamado a responder solo por lo que se ha hecho en términos tales que legitimen un juicio de culpabilidad. También esta es garantía de libertad. Allí donde no ya el hecho o la acción, sino un *modo de ser* de la persona viene a ser considerado como criterio decisivo de elección para una resolución de carácter penal, sea represiva o preventiva, toda garantía de libertad desaparece, como siempre sucede en los sistemas políticos totalitarios o iliberales. Y en verdad, desaparece el principio de legalidad, cuando no se requiere ya un juicio de culpabilidad para el fin de una sanción penal, porque es el individuo según su *modo de ser* al que se le toma entonces en consideración por el Derecho penal.

Ya los positivistas, que tienen orígenes políticos no liberales, nos dijeron que el hombre en tanto interesa al Derecho penal en cuanto sea «socialmente peligroso»; y es sobre tal idea de la peligrosidad cuando se ha delineado principalmente, como veremos enseguida, la doctrina de las *tipologías de autor* que han tratado de sustituir a la doctrina de la *tipología del hecho*. Es el autor peligroso lo que cuenta, no el hombre culpable por un hecho delictivo perpetrado en términos de culpabilidad. El naufragio de toda garantía de libertad aparece evidente a los ojos de todos. Y es por esta razón por la que, en efecto, se explica y se justifica la más arbitraria intervención estatal que los regímenes antidemocráticos o iliberales han seguido en cierto aspecto a lo largo de un camino que los alejaba gradualmente pero de modo seguro de un pilar y valor cierto de libertad: la idea de la culpabilidad, patrimonio común de todas las legislaciones abiertas y civiles.

7. EL PRINCIPIO RETRIBUTIVO: LA PENA. —Cuando hemos aludido a la idea de la pena, ya hemos dicho que la misma debe ser entendida como reacción del orden jurídico perturbado o lesionado por la acción del delincuente. Bajo este aspecto la pena es

reacción. Pero el concepto de «reacción» es un concepto demasiado amplio para poder ser explicado y usado en un sector tan delicado cual es el del sufrimiento infligido al culpable de un hecho delictivo. Dicho concepto nos viene del mundo de las ciencias experimentales, y se usa solo en términos de analogía en el campo de las ciencias morales. Basta recordar el concepto de acción y de reacción que es típico de la física experimental, mientras que el Derecho no es ni una física experimental ni una física social, aunque existan tentativas de resolver los problemas del Derecho penal con el recurso a encuadramientos naturalistas. Todo ello está ligado a un error de fondo, es decir a la falta de comprensión de aquellas que son las exigencias típicas de las ciencias morales a las que pertenece el Derecho penal. Pero aunque se quisiere usar el término reacción para explicar o intentar de explicar el concepto de pena, sería siempre un concepto demasiado amplio porque no toda reacción a un determinado ilícito es una pena. También la venganza es una reacción, pero no se puede en absoluto afirmar que la pena retributiva es hija o pariente de la venganza. Cuando todavía hoy se afirma que la pena es una *«publica vindicta»* se quiere solo subrayar que la aplicación de la pena se remite exclusivamente a las manos de una autoridad pública, es decir, del Estado, y no decir que la pena encierre en sí la naturaleza y las características de la venganza. Varias veces hemos observado cómo la pena comienza precisamente cuando terminan la venganza y los impulsos que dan razón a la venganza. La venganza es fruto de un impulso, y por tanto, de una emoción no controlada por la razón, y es a menudo desproporcionada respecto a la entidad del mal o del daño causado. La pena, por el contrario, si quiere en verdad ser y permanecer como tal, es fruto de una reflexión. Es un acto de la razón que determina una «reacción» proporcionada a la entidad o gravedad del delito perpetrado.

Incluso en sus orígenes históricos la pena no ha sido nunca venganza. Puede acontecer que un motivo emocional se pueda hallar siempre en la pena; se trata, sin embargo, de un motivo subordinado y todo lo más concurrente con el verdadero y propio motivo que hace de la pena una expresión de la razón y en consecuencia la manifestación de una exigencia absoluta, es decir, de un *imperativo categórico.* ¡La pena encuentra en sí misma su razón de ser porque es uno de los valores morales cardinales de un mundo vinculado al reconocimiento de la dignidad, de la autonomía, y de la libertad del hombre! Pensar que se debe subordinar la pena a determinados criterios de utilidad, ya generales ya particulares, es —a nuestro entender— un peligroso absurdo, que abre fatalmente el camino al arbitrio. Y arbitrio puede ser tanto un acto de querida crueldad cuanto uno de misericordia innecesario o no pedido. La razón de la pena está pues filosóficamente apoyada y ligada a la idea de la *justicia* que es una virtud moral cardinal en la que debe inspirarse no solo la acción del individuo, sino también y sobre todo la acción del Estado en el aspecto legislativo y en el de la jurisdicción, es decir, de la aplicación concreta de la Ley al caso particular. Entre la llamada teoría absoluta que encuentra el fundamento de la pena en una exigencia de justicia *(punitur quia peccatum)* y las teorías relativas que ponen la justificación de la pena en una particular finalidad que mediante aquélla debe ser alcanzada *(punitur ne peccetur),* la elección no presenta dificultad. Se castiga porque ello es requerido por una exigencia de justicia; aunque, por medio de una pena justa, puedan ser alcanzadas determinadas finalidades, como las típicos de la *prevención general* de los delitos o de la de la recuperación social o moral del reo *(prevención especial)*. Pero ello es cuestión de hecho, no razón del instituto de la pena. KANT tiene razón cuando dice que incluso si un solo ser viviente quedase en el mundo debería, si está en la cárcel, continuar expiando su pena porque esta no está subordinada a necesidades sociales y responde solo a un *imperativo categórico*. Y precisamente en el actual momento histórico, en el que la idea social o sociológica invade toda rama del saber y subyuga toda idea (incluso la más alta y la más pura) a la exigencia de la colectividad o de las expectativas o necesidades públicas, es tanto más preciso desear o retomar a una noción *retributiva* de la pena que prescinde en su razón última de toda referencia vinculante a razones sociológicas o a las exigencias del grupo o de la clase dominante.

La idea retributiva no está, pues, solo enraizada en profundas razones filosóficas o de orientación, sino que también se presenta políticamente como la única idea que puede satisfacer aquellas exigencias de *democracia personalista* que la cultura política preconiza y que en nuestra Constitución han encontrado amplio y preciso reconocimiento en el art. 2, donde se habla de *derechos inviolables* de la persona humana como último criterio de elección en caso de autonomías o de interpretaciones divergentes. Es, pues, el hombre en la plenitud de su personalidad moral, y por tanto, en sus fundamentales exigencias de autonomía al que la pena debe tener en cuenta. Y todas las veces en las que debiésemos, en la elección o en la aplicación de la pena, tener presentes criterios de *relaciones*, es decir, ver al hombre en función de la sociedad y de las exigencias de la misma, llegaríamos a atacar y a herir la autonomía y la dignidad de la persona humana que la Constitución pone en el vértice de todos los valores. Filosofía, de un lado, y política, de otro, nos llevan a la conclusión que la pena es un valor que encuentra en sí mismo su justificación, sin necesidad de ir a la búsqueda de cualquier utilidad que mediante la pena pueda venir alcanzada.

Se dice: pero la pena sirve con la amenaza para disuadir del delito a aquellos que vacilan (el famoso contra-estímulo al estímulo-delictivo) y de tal modo se realizan exigencias de *prevención general*. El que de hecho ello pueda suceder no hay que negarlo, pero en ningún caso tal exigencia puede ser tomada como la razón misma de la pena. No son los terceros los que deben sufrir un rechazo por la amenaza de la pena, sino que es el culpable el que debe ser llamado a expiar su falta con una pena proporcionada a la gravedad de su propia falta. Una consideración que se dirija exclusiva o prevalentemente a los efectos externos de la pena, es decir, respecto a los terceros, puede conducir fácilmente a la carencia de una proporción y por ello a un verdadero y propio *terrorismo penal*. Y no es por casualidad que los regímenes totalitarios han hecho siempre de la pena, en nombre del criterio de la *prevención general*, un instrumento de prevaricación vinculado a la razón de Estado. Ni tampoco cambia la situación solo porque se quiera, en vez de que se dirija a los terceros, volver la mirada exclusivamente al reo, en el sentido de considerar la pena un medio para su recuperación social. Es el famoso criterio de la *prevención especial*, que viene hoy en tantas partes reconocido como soberana panacea de todos los males. En realidad, bajo la insignia de la recuperación social se pueden realizar tantas injusticias, porque tal exigencia puede conducir, como ha conducido en el plano histórico, a un proceso de *reblandecimiento* del Derecho penal y de la ejecución de la pena, que no es menos grave que el terrorismo. Es en todo caso la justicia la que viene ofendida, aunque lo sea en dirección contraria a la indicada con anterioridad: un desequilibrio social viene de este modo a producirse igualmente.

Pero si las exigencias de una *prevención general* o de una *prevención especial* quedan marginadas y referidas solo a los momentos fácticos que una pena siempre determina (efectos de hecho de una pena que es por su naturaleza retributiva), podemos con claridad, en materia penal, llegar a algunas fundamentales precisiones, absolutamente necesarias para evitar caer en situaciones de peligro.

La retribución es una fundamental exigencia ética que está también como fundamento del mundo jurídico: ella postula que a un bien siga un bien *(Derecho premial)* y que al mal siga el mal *(Derecho penal)*. Se trata de una exigencia de la razón que ahonda sus raíces también en la zona del sentimiento, puesto que se trata de un *quid* que es advertido por la colectividad como un valor necesario para salvaguardar un orden de moralidad sobre el que reposa también la sociabilidad. Bajo tal aspecto la pena es el *malum passionis propter malum actionis:* donde, sin embargo, el término «malum» no se entiende como un *no* deber ser moral, sino, al contrario, como una exigencia ética, tratándose de un mal solo bajo el aspecto físico o natural del sufrimiento infligido como castigo al autor de un delito que venga llamado a la expiación.

El criterio retributivo comporta, de este modo, que la pena sea un sufrimiento en sí y que tenga que ser sentido como tal por el condenado. Pero es un sufrimiento *proporcionado.* Esta es una exigencia suprema de la pena retributiva. En el ámbito de las posibilidades humanas es necesario que el juez, en la elección de la clase y de la gravedad de la pena, respete el criterio de la proporción estableciendo una relación ordenada entre la entidad del mal cometido y la gravedad de la pena infringida. Lo que conduce a una ulterior consecuencia: que, de esta manera, la pena tenga que ser una *pena cierta y determinada* en el tiempo.

Hoy se habla mucho de la necesidad de introducir una *pena indeterminada,* cual sería la fijada en el mínimo y dejada indeterminada en lo máximo ya que la libertad vendría a ser recobrada por el condenado al expirar el término mínimo solo si este se ha rehabilitado efectivamente o ha sido recuperado socialmente. Cualquiera, sin embargo, ve cómo esta tesis, aunque se presenta a menudo en términos sugestivos, vulnera los principios fundamentales de un Estado de derecho, para el que toda limitación de la libertad individual debe ser precisa y determinada en el tiempo con el fin de que sean evitadas las arbitrariedades de carácter político. Es sobre todo bajo este punto de vista como la introducción de la pena indeterminada debe ser valorada, al resolverse la misma en un acto de verdadero y propio arbitrio dada la elasticidad de los presupuestos en el juicio de recuperación social del reo. En el plano de una tradición liberal fijada en la idea del Estado de derecho y en firmes encuadramientos ideológicos, la pena indeterminada debe ser desterrada porque es peligrosa. Y la nueva prueba de cuanto afirmamos la encontramos en el hecho que la misma se manifiesta en concreto o allí donde falta una concepción filosófica de los problemas penales y se procede sobre la base de inciertos sincretismos o pragmatismos, como en los países anglosajones, o bien donde han sido abandonados conscientemente los principios de un Derecho penal retributivo para orientarse hacia la idea de la defensa social, ya se entienda en términos burdos como en los tiempos en que estaba en auge la escuela positiva, o ya se presente en términos más refinados como hoy sucede en el marco de la escuela conocida por «nouvelle défense sociale»; verdadero y propio «carre-four» de tendencias, de orientaciones y de ideas, que terminan, sin embargo, por venir pulverizadas por las exigencias de una concepción naturalista-preventiva del Derecho penal orientado en términos antiindividuales.

La idea retributiva conduce, pues, a la pena *cierta, determinada,* y por tanto, *prevista* por el legislador antes de la perpetración del hecho delictivo. Es una pena *legal,* la cual se inserta coherentemente en un clima de legalidad que es el propio de todo sistema legislativo penal. Pena determinada y pena legal son sinónimos o aspectos de la pena íntimamente conexos entre sí. Todo arbitrio es en cierto modo eliminado, aunque se reconozca siempre al juez un cierto margen de discrecionalidad: tanto en la elección de la *especie* de penas cuando por un hecho estén previstas dos penas de modo alternativo entre sí, como en el *quantum* de pena, cuando se trata en concreto de fijar la pena entre un máximo y un mínimo previstos de modo abstracto. Pero incluso en esta hipótesis, en el ámbito de nuestro ordenamiento penal, el legislador no deja al juez abandonado a su suerte. El artículo 133 del Código penal es al respecto muy importante porque sanciona que, en el ejercicio del poder discrecional dirigido a aplicar en concreto la pena, el juez debe tener en cuenta dos momentos: uno *objetivo,* que se refiere al hecho («naturaleza, especie, medios, objeto, tiempo, lugar, otras modalidades de la acción; gravedad del daño o del peligro ocasionado al sujeto pasivo del delito; intensidad del dolo y grado de la culpa») y uno *subjetivo o personal,* deducido de la capacidad para delinquir del culpable («motivos para delinquir y carácter del reo; antecedentes penales y judiciales, conducta de la vida del reo anterior al delito; conducta contemporánea y subsiguiente al delito; condiciones de vida individual, familiar y social del reo»). Tal artículo confirma dos cosas: en primer lugar, que nuestro Derecho penal está fundamentalmente orientado en términos objetivos porque la pena retributiva debe fijarse *ante todo* por la gravedad objetiva del hecho (retribución = proporción entre pena y hecho delictivo); en segundo lugar, que la retribución se valora *en concreto* en el cuadro de la personalidad del sujeto agente, porque es el hombre por lo concreto de sus acciones el que va a ser juzgado y el que va a expiar el mal perpetrado. Exigencia, esta, que el mundo moderno ha propagado y que era desconocida en el mundo de los clásicos genuinos de la escuela penal.

Con una concepción política de libertad, en una «ciudad abierta», el Derecho penal no tiene más remedio que ser retributivo porque este es el solo criterio que garantiza *al máximo* la libertad del hombre. Y es a la luz de tal criterio retributivo como son valoradas y examinadas las diversas penas que nuestro sistema prevé.

a) *La pena de muerte.* —Tras ser introducida por el Código penal de 1931, ha sido en línea general abolida al entrar en vigor la nueva Constitución en 1948, para la que continúa siendo una institución vigente solo en el Derecho penal militar de guerra. ¿Qué se puede decir bajo el aspecto político-filosófico de la pena de muerte? En Italia siempre ha tenido encarnizados adversarios; lo cual es prueba de una particular sensibilidad del pueblo italiano que ha visto en la pena de muerte un instrumento de opresión y de prevaricación del poder, especialmente en el campo de los delitos llamados políticos. Pero se equivocaría quien creyese que ello fue debido a la obra y a la influencia de CESARE BECCARIA. Pues, si bien psicológicamente su obra tuvo un gran influjo en toda Europa con el fin de abrogar la pena de muerte, bajo el aspecto teórico no puede decirse que BECCARIA pueda reputarse un abolicionista. En efecto, él la cree legítima cuando sea necesaria para el mantenimiento de la seguridad pública. Esto supone un *vulnus* irremediable a todo su sistema. ¡Decir que la pena de muerte es *legítima* cuando es *necesaria,* significa suministrar un motivo determinante de justificación para todo sistema político totalitario o policíaco. La pena de muerte nunca es necesaria, porque el Estado tiene siempre a la mano otras posibilidades para reaccionar contra el delito que ha sido perpetrado. Y si no las posee, quiere decir que el Estado es un organismo en descomposición, y como tal digno de desaparecer de la escena de la historia. Con el recurso a la necesidad está ausente también toda diferencia entre la *pena* de muerte y la muerte causada por exigencia de *pura seguridad* policial (eliminación física de los sujetos peligrosos). Lo que no es pura teoría, en cuanto que la eliminación física de sujetos reputados peligrosos o socialmente inadaptados fue la praxis constante del nazismo desde 1933 a 1945. Si la pena de muerte pretende encontrar una justificación racional (político-filosófica), tal justificación puede encontrarse solo en el ámbito del criterio retributivo que para determinada gravedad de hechos reclama una particular gravedad en la pena. Es solo en este ámbito de justicia donde puede encontrarse una justificación racional para la pena de muerte, sin que ello quiera todavía decir que la pena de muerte deba ser necesariamente reconocida. Más que a una específica tesis política (individualismo, liberalismo), es a una forma de civilización a la que debe hacerse referencia, en el sentido que para los fines del reconocimiento de la pena de muerte en el ámbito de un determinado ordenamiento jurídico será preciso ver si ese extremo suplicio es aún sentido como castigo proporcionado y digno o si no sea por el contrario caso de considerarlo superado y desproporcionado, con la consecuencia de reputar suficiente la pena privativa de la libertad a perpetuidad, es decir, la reclusión perpetua. Ello es lo que ha sucedido en el ámbito de nuestro ordenamiento: y está bien que haya sucedido de este modo.

b) *La reclusión perpetua.* —En tiempo de paz es la pena más grave prevista por nuestras leyes, la única que priva para siempre al condenado de la libertad individual. Naturalmente pueden variar los sistemas en función a la agravación de dicha pena. Existen sistemas que prevén el perpetuo aislamiento nocturno y diurno; otros en los que a un período de aislamiento nocturno y diurno hacen seguir solo el nocturno; otros también que han abolido toda forma de aislamiento admitiendo incluso pronto el trabajo abierto para el condenado a cadena perpetua. En general, la tendencia está en función de una progresiva mitigación de la ejecución penal de la reclusión perpetua, y en nuestro sistema la segregación celular está admitida solo de modo excepcional cuando se trata de acumulación de la pena de reclusión perpetua con otras penas por otros delitos concurrentes. Recientes reformas consienten también para la pena de la reclusión perpetua la libertad condicional tras 28 años de reclusión, cuando sea constatado el arrepentimiento del reo que haya tenido buena conducta. En todo caso, el derecho de gracia del Jefe del Estado puede intervenir como resolución excepcional para conceder la libertad.

Bajo el aspecto político-constitucional se ha planteado recientemente un problema relativo a la constitucionalidad de la pena de reclusión perpetua. Si las penas —como afirma la Constitución— *«deben tender a la reeducación del condenado»*, ¿qué sentido puede tener la pena de reclusión perpetua cuando producida la reeducación no se consiente dar aquel respiro social sin el que la reeducación queda como letra muerta? La objeción tiene su fundamento aunque el Tribunal Constitucional haya rechazado la excepción de inconstitucionalidad de la norma que prevé la reclusión perpetua. Pero tiene un fundamento solo en el presupuesto que la reeducación sea entendida en términos puramente sociales o sociológicos como sinónimo de resocialización del condenado, es decir, de su reinserción en la sociedad. Si por el contrario, damos a la expresión «reeducación» un significado ético cual repliegue del hombre sobre su propia conciencia y sobre los valores morales que ella expresa en la plena consciencia de su categoricidad, la reeducación tiene un significado también dentro de los muros de una cárcel: donde siempre subsiste, especialmente tras las reformas penitenciarias, un momento efectivo si bien limitado, de sociabilidad, y por tanto, de comunicabilidad entre hombre y hombre. Ya hemos tenido ocasión de recordar como la pena de reclusión perpetua resulta abolida en la reforma de la parte general del Código actualmente en discusión.

c) *La pena privativa de libertad* (reclusión para los delitos, arresto para las contravenciones). —Ella se ha afirmado con las graduales limitaciones de la pena de muerte y con la desaparición de las penas infamantes y corporales (apaleamiento, mutilación, etc.), reputándose suficiente para los fines aflictivo-retributivos la limitación temporal de la libertad personal que puede ser, para la reclusión, de quince días a veinticuatro años (salvo en caso de acumulación de pena, que permite alcanzar los treinta años), y, para el arresto, de cinco días a tres años (a seis años en caso de acumulación de pena como consecuencia de concurso de delitos). Los problemas que pueden surgir en concreto se refieren a las modalidades de la ejecución penal, tratándose, como modernamente se dice de *individualizar* los criterios de ejecución penal en relación ya a la naturaleza de los delitos, ya a las características de los condenados. Existe toda una tipología ejecutiva que el Código prevé, en razón de la cual están establecidas distintas modalidades ejecutivas para que la pena en su ejecución tenga que ser «humana».

d) *La pena pecuniaria* (multa para los delitos y multa leve para las contravenciones). —Es una pena conocida por todas las legislaciones en general y no se confunde con el resarcimiento del daño. Se trata de una pena verdadera y propia que pretende conservar su carácter personal, aflictivo y proporcionado. Y ello bajo dos puntos de vista; ante todo, en los delitos determinados por motivos de lucro o cuando por las condiciones económicas del reo la pena sería ineficaz (en cuanto no sentida por el culpable), ella puede ser aumentada hasta el triplo. En segundo lugar, si el culpable no está en situación de pagar, la pena pecuniaria se transforma en pena privativa de libertad sobre la base del principio que *«qui non habet in aere luat in corpore»*. Sobre tal conmutación se han levantado dudas bajo el aspecto de la legitimidad constitucional porque de tal modo se vendría a establecer una diferencia entre condenado pudiente y no pudiente. Este último estaría expuesto a la posibilidad de una pena de detención, mientras que el primero estaría exento teniendo disponibilidades financieras. El aspecto no es infundado y debería formar objeto de particular meditación por parte del Tribunal Constitucional. No responde a una exigencia de justicia social que quien carece de medios corra el riesgo de sufrir una pena y en concreto más aflictiva —como es la pena de privación de libertad respecto a la pecuniaria— de aquella que incidiría sobre quien posee medios económicos.

Fuera de las penas que hemos recordado no existen otras en nuestra actual legislación. La Constitución en el tema de la pena afirma dos principios. Primeramente, el de que las penas «no pueden consistir en tratamientos contrarios al sentido de humanidad». Y ello concierne a la naturaleza o a la sustancia de la pena, por lo cual una pena de mutilación (corte de la mano a los ladrones) o una pena infamante (la picota en plaza pública) estarían en oposición con la voluntad y el dictado Constitucional que se orienta decididamente hacia la humanización de la pena en cuanto tal y sobre su finalidad reeducativa: «y deben tender a la reeducación del condenado...». Acerca de este momento teleológico se ha desencadenado una disputa que aún hoy no puede decirse apaciguada y cuya solución es rica en consecuencias prácticas de grandísimo relieve. En efecto, si fuese verdad que la pena por su naturaleza debe tender a la reeducación del condenado, se impondría un corolario: realizada la reeducación, la pena debería cesar incluso antes que transcurra el término establecido en la sentencia; mientras que, si la reeducación se demorase, la ejecución penal debería ser prorrogada en espera de que madure dicha reeducación. Lo que conduce a una consecuencia que está en neta oposición con los principios de todo el sistema, para los que la pena debe ser cierta y determinada. El resultado sería aquel de la pena *indeterminada,* del que ya hemos dicho como destruye en sus cimientos al Estado de derecho.

Según la dicción de la Constitución solo una consecuencia puede reputarse admisible: no ya la que impone a la noción, y por tanto, a la esencia de la pena, una finalidad reeducativa, sino la que, en nombre de una exigencia propia a un Estado de derecho que no sea puramente formal y abstracto sino también concreto y *social* establece una ejecución de la pena de tal modo que se pueda obtener la reeducación de los condenados; sin que, por otra parte, el logro o no de este fin tenga que influir sobre la noción o esencia de la pena, de forma que la transforme de pena determinada en pena indeterminada. Si ello no fuese así la pena vendría a ser sacrificada a una exigencia preventiva o final; prácticamente cesaría toda diferencia entre pena y medida de seguridad, medida de seguridad que constituye ciertamente un momento importante de la lucha contra el delito, pero, en todo caso, un momento ontológicamente distinto de la pena.

En síntesis, del tenor conjunto de los textos constitucionales y del Código penal, debemos extraer la conclusión que la pena es una reacción contra el delito: pero una reacción *personal,* inspirada en un criterio *ético retributivo, proporcionada* a la gravedad del delito cometido, *determinada* en el tiempo y *ejecutada* de modo tal que se pueda alcanzar la reeducación del condenado, finalidad que concerniendo, sin embargo, a la ejecución penal, está desvinculada de la ontología misma de la pena.

8. EL PRINCIPIO PREVENTIVO: LAS MEDIDAS DE SEGURIDAD. —Cuando hablamos del principio preventivo como de un principio fundamental de nuestro sistema penal, no pretendemos referirnos exclusivamente a la pena. Es bien cierto que ya Rocco afirmaba que la pena es una resolución represiva para fines preventivos, es decir, que evita el delito. Pero ello es solo un momento de hecho, por nadie nunca negado, y no ya un momento esencial a la naturaleza de la pena. Cuando hablamos de principio preventivo pretendemos hacer referencia a un *quid* esencialmente diverso. No podemos olvidar que la pena represiva y retributiva se ha consolidado en el ámbito de planteamientos políticos liberales, los cuales han creado el Estado de derecho siempre orientado en cada uno de sus sectores hacia la salvaguardia de los derechos de la libertad del individuo. La pena retributiva no tiene más remedio que ser una pena represiva de carácter netamente individualista, como es individualista toda concepción liberal del Estado. Y la retribución represiva es la única garantía básica de libertad que todavía queda en un mundo cultural arruinado por demasiados mitos y por demasiadas esperas milagrosas.

Pero no existe duda que en el plano histórico la situación se ha ido modificando. A una concepción del Estado formal y abstencionista la ha reemplazado una concepción, también en el mismo mundo liberal, más sustancial e intervencionista, en el sentido que el Estado se impone cometidos positivos a realizar para el bien y el progreso social. Y bajo tal influencia también el tipo de Estado de derecho sufre transformaciones. Si él no pierde todavía en todo o en parte sus fundamentales características de Estado al servicio de la libertad del hombre, como lo fue el estado de derecho de la época clásica, debe estar en concreto siempre orientado hacia la actuación de tareas que deberían encuadrarse en un constante y gradual desarrollo del bien público. Incluso la finalidad práctica que la Constitución reconoce a la pena hay que encuadrarla en este clima social que caracteriza al actual Estado de derecho. El «mito» de la reeducación, que es prevención de futuros delitos, domina sin oposición toda la materia penal, pero la domina en el campo más específico de una actividad preventiva ligada a la idea de la defensa social y orientada de este modo hacia los criterios y conceptos de la peligrosidad social y de la medida de seguridad. Es conocido al lector como la idea de la defensa social, bajo el influjo de concepciones políticas no liberales, entró en el mundo de la ciencia penal mediante los esfuerzos realizados por la escuela positiva; es también conocido como aquélla se introdujo incluso en el Código penal de 1931, representando así una de las ideas madres o cardinales de la legislación penal junto a la idea retributiva y a la pena castigo. Junto a las penas existen y operan también las medidas de seguridad, por lo que a tal sistema se le llama ingeniosamente de la *doble vía.*

El Código penal vigente, pues, ha recibido también la idea preventiva, que deriva de un planteamiento de defensa social y que lleva a las medidas de seguridad con vista a una lucha contra el delito que tenga que desarrollarse en términos de prevención. La colectividad políticamente organizada no debe solo castigar, sino debe también mediante todo un sistema de medios preventivos, oponerse frente a quien es socialmente peligroso, poniéndolo en condición de no poder dañar más a la sociedad mediante una segregación (o no) pero siempre efectuada con toda una serie de procedimientos ejecutivos tendentes a la readaptación social o a la reeducación moral.

La primera idea básica es la *peligrosidad.* Uno se defiende frente a un inminente peligro, y cuando este se personaliza la defensa se orienta hacia la *persona socialmente peligrosa.* ¿Pero quién es una persona socialmente peligrosa? La escuela positiva en toda su evolución nos ha enseñado siempre que la peligrosidad de una persona es un aspecto de su *anormalidad.* El hombre socialmente peligroso es un hombre anormal que es impelido necesariamente al delito por una anomalía biológica o psicológica, e incluso ambiental cuando sea de tal naturaleza que se refleje sobre su personalidad. A este respecto, sin embargo, se advierte presto un contraste entre el planteamiento de la peligrosidad dado por la escuela positiva y el acogido por el Código. El Código no identifica peligrosidad con anormalidad. Para el Código un sujeto es socialmente peligroso cuando sea probable que *después de haber cometido un delito* pueda cometer otros ulteriores. Todo ello podrá también ser encuadrado en una realidad anormal bajo el aspecto biopsicológico personal (basta pensar en los enfermos mentales, en los menores, en los intoxicados crónicos), aunque no lo es necesariamente. La Ley incluso ha *indicado,* más que individualizado, una tipología de reos socialmente peligrosos y, sin embargo, capaces de entender y de querer: individuos que vienen castigados, y a veces más gravemente castigados en cuanto reincidentes, vienen sometidos también a una medida de seguridad. Tales son el *delincuente habitual,* el *delincuente profesional* y el *delincuente por tendencia* que el Código analíticamente describe. Sin embargo, sería un grave error creer que esta tipología de delincuencia corresponda a un dato ontológico, es decir, que refleja una realidad que existe en la naturaleza. Estamos por el contrario frente a tipos que se refieren a la praxis, es decir, a una tipología de delincuencia que el legislador ha indicado para predisponer contra sujetos particularmente proclives a delinquir una resolución preventiva cual es la medida de seguridad, bajo el presupuesto que la pena sola es insuficiente. No estamos frente a delincuentes natos o constreñidos al crimen, se trata más bien de formas particularmente graves de rebelión individual al imperativo de la Ley.

En todo caso, dos son las categorías de delincuentes a los que viene, en razón de su peligrosidad, aplicada una medida de seguridad: individuos no imputables, por ser menores o enfermos o semi-enfermos mentales, e individuos plenamente imputables, cuáles son los que pertenecen a la categoría tipológica antes recordada. Los mayores problemas surgen en relación a esta última categoría, como pronto veremos. Hemos dicho que la medida de seguridad viene siempre aplicada con ocasión de la perpetración de un delito, y con ello la misma se distingue accidentalmente de las *medidas de policía* de la que, sin embargo, histórica y ontológicamente deriva, siendo una resolución de carácter preventivo dirigida no ya a reprimir, sino a impedir que delitos futuros puedan verificarse. En el Código, sin embargo, tenemos también casos en los que una medida se aplica sin que un delito se haya perpetrado, siendo suficiente la presencia de una situación de hecho que puede llamarse *casi delito*. Así en la hipótesis del delito imposible (art. 49, Código penal) y en la del acuerdo para realizar un delito cuando este no haya sido cometido (art. 115, Código penal). Se aplica en tales hipótesis la libertad vigilada en razón de la peligrosidad social del sujeto.

Según el art. 203: «a los efectos de la ley penal, es socialmente peligrosa la persona, incluso si no es imputable o no punible, que haya cometido alguno de los hechos indicados en el art. anterior (delitos o casi delitos) *cuando es probable que cometa nuevos hechos previstos por la Ley como delitos*». El art. agrega que «la cualidad de persona socialmente peligrosa se deduce de las circunstancias indicadas en el art. 133». Como se recordará, tal artículo indica los criterios a los que el juez debe hacer referencia para aplicar en concreto discrecionalmente la pena. En tal artículo se habla de *capacidad para delinquir*, y toda la corriente positivista o cripto-positivista, por el hecho que la peligrosidad social y la capacidad para delinquir vienen deducidos de los mismos indicios o de las mismas circunstancias, afirma que ambos conceptos se identifican entre sí, por lo que la pena y la medida tendrían un mismo presupuesto constituido por la peligrosidad. Con ello habría sido encontrado un momento básico común que faltamente debería conducir a una identificación o confluencia de la pena con la medida; o, cuando menos interlocutoriamente, la pena estaría condicionada en el momento de su aplicación por la peligrosidad. A nadie se le escapa como semejante interpretación venga indudablemente a subvertir todo un sistema y todas las razones de dicho sistema: la culpabilidad no sería ya el criterio informativo de la pena, sino una capacidad para delinquir que se identifica con la peligrosidad social. En el Código vigente tendríamos ya todo aquello que es necesario para una interpretación positivista de sus disposiciones. El clasicismo habría de este modo sufrido un golpe mortal y el futuro del Derecho penal quedaría vinculado al desarrollo de la idea preventiva y al criterio de la peligrosidad, más o menos enmascarado y, no obstante, siempre presente en cada situación de elección.

A nuestro parecer, sin embargo, toda esta interpretación es infundada. Es verdad que la *capacidad para delinquir* de un lado y la *peligrosidad* del otro, parten de las mismas circunstancias («motivos para delinquir, carácter del reo, conducta de la vida anterior, concomitante o subsiguiente al delito, etc.»), pero ello no significa que se trate de dos conceptos que deban identificarse entre sí. No estamos frente a circunstancias *monovalentes*, es decir, que sirvan en una sola dirección, más bien se trata de circunstancias *polivalentes*, de las que se pueden extraer conclusiones entre sí heterogéneas o en oposición. Ha sido uno de los méritos de PETROCELLI el haber esclarecido tal naturaleza polivalente de las circunstancias a que se refiere el art. 133, Código penal. De este modo el carácter de una persona podrá ser indicio o razón de particular peligrosidad, si se ha probado que nos encontramos frente a un carácter ligado a momentos personales patológicos que el sujeto ha sufrido sin poderlo impedir; mientras que podrá ser motivo para una condición de mayor culpabilidad, si se ha probado que la formación de un carácter particularmente obstinado y rebelde no ha sido impedido por la voluntad de un sujeto normal y por ello capaz de resistir a los estímulos criminales. Y lo mismo vale para cualquier otro momento indicado por el art. 133, Código penal, por lo que nos es posible y obligado distinguir la capacidad para delinquir como sinónimo de personalidad moral del sujeto y como criterio de medición de la culpabilidad, de la peligrosidad social como sinónimo de personalidad referida al carácter o criminológica, y por tanto, como criterio de medición de la peligrosidad. La pena debe ser referida y medida no ya por la peligrosidad del reo (criterio que mira al futuro), sino después de haberla relacionado con la gravedad del hecho, debe ser referida a la capacidad para delinquir del sujeto agente que expresa el grado de culpabilidad manifestado en el delito (criterio que mira al pasado). Y peligrosidad y capacidad para delinquir no son entre sí sustituibles, aunque sí pueden coexistir con referencia a un mismo sujeto: lo que da lugar a grandes polémicas y a grandes problemas, especialmente cuando se trata de semi-enfermos mentales que deban ser primero castigados y después curados mediante la medida de seguridad.

El Código distingue las medidas de seguridad en *personales* (art. 215) y *patrimoniales* (art. 236). Las personales se distinguen en *privativas de libertad* y *no privativas de libertad*. Son privativas de libertad: 1) la asignación a una colonia agrícola o a una casa de trabajo; 2) el internamiento en una casa de cura y de custodia; 3) el internamiento en un manicomio judicial; 4) el internamiento en un reformatorio judicial. Son medidas no privativas de libertad: 1) la libertad vigilada; 2) la prohibición de residencia en uno o más Municipios, o en una o más Provincias; 3) la prohibición de frecuentar tabernas o establecimientos públicos de bebidas alcohólicas; 4) la expulsión del extranjero del Estado. Las medidas patrimoniales son: 1) la caución de buena conducta; 2) el comiso.

Hemos ya indicado como las medidas de seguridad sean *resoluciones de tiempo indeterminado,* en el sentido que ellas «no pueden ser revocadas si las personas a ellas sometidas no han cesado de ser socialmente peligrosas. La revocación no puede ser ordenada si no ha transcurrido el tiempo correspondiente a la duración mínima establecida por la Ley para cada medida de seguridad» (art. 207). Es una norma, esta, de importancia capital para comprender lo que son las medidas y su irreductibilidad a la noción y al esquema de la sanción al que la pena pertenece. Las medidas son resoluciones administrativas —aunque garantizadas por la presencia del Magistrado en su aplicación— que duran cuanto dura el estado de peligro que procede de un determinado sujeto calificado como peligroso. Y también bajo este aspecto surgen graves problemas de encuadrar la medida de seguridad en el marco de un Estado de derecho, problemas que debemos ahora recordar porque no está bien que la medida de seguridad venga aceptada como la más importante conquista del Derecho penal moderno.

Para tener claridad de ideas debemos distinguir dos hipótesis fundamentales: aquella en que la medida de seguridad viene aplicada respecto a personas peligrosas no imputables, y aquélla en que viene aplicada con relación a sujetos imputables. Pensamos que para los sujetos no imputables no existe problema sobre la legalidad constitucional de la aplicación de la medida de seguridad y sobre su encuadramiento en un Estado de derecho. Es deber del Estado intervenir para eliminar todo obstáculo que se interponga al completo perfeccionamiento de la personalidad humana. Tratándose de sujeto peligroso anormal, es decir, de un fragmento de naturaleza tarada, está bien que un Estado moderno tenga que intervenir para tratar de recuperar al hombre bajo el aspecto biológico, psicológico y moral. Lo que tendrá también un efecto social; pero es sobre todo en el interés de la persona humana individual por la que se toma y actúa la resolución. La idea de la defensa social, por el contrario, está bastante lejana de semejante planteamiento; y diría que no puede ni siquiera ser tomada en consideración cuando se sirve de los intereses de la colectividad solo indirectamente mientras de lo que se trata es de volver a levantar a la persona humana de la situación patológica en la que ella se encuentra. Es un deber ético del Estado el activarse para cuidar a los enfermos, recuperar a los tarados, educar a los menores descarriados o delincuentes. Estamos frente a una serie de intervenciones estatales que hoy requiere toda política en el ámbito de aquellas actividades que un Estado reputa obligadas para poner remedio a tantos desequilibrios sociales. La defensa social, impregnada de un espíritu utilitarista y tendente por entero a tutelar los intereses colectivos, no tiene nada que decir al respecto. Si bien los positivistas pueden haber apuntado el problema, no han indicado un criterio válido de explicación; este hay que buscarlo en otra parte, en el marco de una indicación ética y sociológica.

Problemas mucho más complejos surgen a propósito de las medidas de seguridad que encuentran aplicación respecto a sujetos imputables reputados peligrosos. A parte del problema filosófico que a menudo viene planteado en los términos de una compatibilidad entre la imputabilidad, que es libertad, y la peligrosidad, que es determinismo, las cuestiones que surgen son de carácter político-constitucional en relación a la posibilidad de encuadrar la medida de seguridad en el marco de un Estado de derecho. Se afirma que el Estado de derecho hoy es Estado social y que la medida se inserta en él porque ella tiene como fin la resocialización del individuo peligroso: meta, esta, que no puede dejar de interesar a la comunidad políticamente organizada y preocupada en resolver y superar tantas plagas sociales. Ahora bien, ello será sin duda verdad, pero no puede llevar a un desconocimiento de los principios de un Estado de derecho, aun cuando se pretenda tacharlo de formalismo. Es siempre en este ámbito como la libertad individual debe ser garantizada. Y si ello no sucede, está claro que estamos frente a una situación que no cumple su función social, constitucional, jurídica, y que nos lleva a amargas conclusiones. Tales son, en verdad, las conclusiones que se imponen para las medidas de seguridad aplicable frente a los sujetos imputables, los cuales ven así comprometidos sus derechos de libertad en nombre de una presunta necesidad social que existe solo en la fantasía del positivismo criminológico.

El peligro se hace sobre todo grave en razón a los presupuestos, es decir, en aquellas situaciones que NUVOLONE llama «tipos de peligrosidad» que deben ser constatadas para los fines de la aplicación de la medida. Si es verdad que el principio de legalidad afecta a la Constitución y al Código, también atañe a las medidas de seguridad bajo el aspecto formal de su previsión legislativa («nadie puede ser sometido a medidas de seguridad que no estén expresamente establecidas por la Ley y fuera de los casos por la misma Ley previstos»). Pero es en relación a los «casos» donde la polémica es ardiente. Aquí actúa un *quid* en choque con las exigencias formales y sustanciales de legalidad: *formales* cuando la Ley prácticamente remite a la discrecionalidad del juez la fijación de la peligrosidad, ex art. 133, Código penal; *sustanciales* cuando la Ley presume una peligrosidad social (delincuentes habituales, profesionales, etc.) sin permitir al juez indagar si la peligrosidad verdaderamente subsista. Y la situación deviene incluso dramática cuando la Ley reputa que la medida tenga que ser por tiempo *indeterminado*, y que transcurrido el mínimo establecido por la norma para cada singular medida deba tener lugar el *reexamen de la peligrosidad del interesado:* con la consecuencia de una prolongación de la misma medida hasta que la peligrosidad no haya desaparecido. Hay que concluir que las medidas de seguridad para los delincuentes imputables representan una violación de fundamentales garantías de libertad por lo que es de auspiciar su desaparición de un Código penal «civil».

PARTE SEGUNDA

CAPÍTULO PRIMERO

Nociones sobre el proceso penal italiano

1. PROCESO PENAL Y CULTURA. —También el Código procesal penal, llamado Código Rocco por ser el ministro Guardasellos de la época, entró en vigor el 1.° de julio de 1931. Y ello acaeció tras algunos años de ardientes discusiones en torno a un proyecto que implicaba notables transformaciones en el sistema procesal penal del Código Finocchiaro de abril de 1913, que había recibido una gran impronta política y científica de la obra de ALESSANDRO STOPPATO, eminente jurista de la escuela liberal. Sin entrar por el momento a examinar las características del Código procesal penal vigente (ampliamente reformado en estos veinticinco años tras la entrada en vigor de la Constitución republicana), podemos decir que el mismo en parte se presenta como un cuerpo legislativo influenciado, por cuanto se refiere a las relaciones entre Estado e individuo, por ideologías políticas opuestas a las concepciones de fondo liberal que habían influenciado las legislaciones penales y procesales penales en Italia durante el siglo XIX y los primeros decenios del presente siglo. *Liberalismo* de un lado y *autoritarismo* de otro constituyen las ideologías inspiradoras de cuerpos legislativos contrapuestos, sin querer con ello afirmar una coherencia lógica absoluta interna de las mismas legislaciones sobre la base de la elección efectuada. En verdad, muy a menudo la realidad histórica y el peso de una tradición fuerzan la mano al legislador, el cual debe atemperar en la fórmula legislativa la irrupción de una posición política para satisfacer exigencias diversas. Aquellos que creen que una legislación puede siempre presentarse como un conjunto ordenado de principios que derivan de reglas precisas y entre sí coherentes, o de unívocas directrices político-culturales, están fuera de la realidad histórica. Tal realidad podrá ser dominada o caracterizada por una determinada *tendencia,* pero aquélla es bastante más rica en elementos de cuanto pueda ser pensado de modo abstracto. En la historia de un pueblo concluyen las más diferentes tradiciones ideológico-culturales, están presentes estratificaciones legislativas incluso en colisión entre sí, y apremian exigencias y necesidades siempre nuevas y diversas. Añádase a tales consideraciones el hecho que hoy en las asambleas legislativas y constituyentes la mayoría llamada a aprobar las leyes no es siempre una mayoría *homogénea,* por lo que el resultado legislativo final es frecuentemente fruto de compromisos y transacciones en las que no siempre se reflejan tendencias y orientaciones semejantes o afines entre sí. Y es de esta manera, por ejemplo, como la idea liberal de los unos debe ceder a la instancia social de los otros o incluso a una exigencia solidaria de otros. Quien confía al

Estado tareas de prevención en la lucha contra la delincuencia se enfrenta con aquellos que reputan la prevención como una idea extremadamente peligrosa para la libertad del ciudadano y pretender valorar por el contrario solo el criterio represivo para los fines de una segura garantía personal. Y estos dos diversos tipos de proceso que derivan de cada visión, cuando no se llegue a una elección unilateral, podrán *coexistir* en un único cuerpo legislativo y en un tipo mixto, pero solo sobre la base de recíprocas concesiones con la consecuencia de renunciar a la idea de una visión rigurosamente unitaria del proceso penal y de su doctrina.

Hoy es en esencia *la opinión pública* la que mediante el Parlamento hace la Ley, y por tanto, influye sobre el proceso. Se trata de un contacto extremadamente importante entre norma e historia (o vida) que sirve, de este modo, para dar a la norma un contenido sentido por la conciencia pública eliminándola del peligro de ser un puro producto de escuela o de lógica abstracta, pero que, al mismo tiempo, expone la legislación a los daños de compromisos parlamentarios o a los vaivenes de la mayoría y a las contradicciones internas: elementos todos, que pesarán después gravemente sobre el aspecto funcional de la norma y sobre la vida de los institutos creados por dichas normas. Cuando la voluntad del «príncipe» era la única determinante, muchos inconvenientes se evitaban, y, sin embargo, subsistía el inconveniente más grave, el de una legislación desarraigada de la conciencia popular. La norma o el sistema podían ser perfectos desde el punto de vista formal, sino fuera porque no eran sentidos como realidad viva por los ciudadanos. El proceso de *democratización* del proceso penal, que hoy está indudablemente en curso en la vida del pueblo italiano, por el contrario, lleva la voluntad popular a la formación de las leyes, y la introduce en el delicado momento de la interpretación y en el de la aplicación del Derecho. Todo ello es indudablemente una ventaja: con tal de asumir, sin embargo, el riesgo de sacrificar en ciertas situaciones la lógica formal a exigencias de lógica concreta o finalista, y a condición de que no se ponga mala cara a las frecuentes reformas legislativas, rehusando un respeto absoluto a categorías mentales tenidas en una época como condicionantes de toda la experiencia procesalista.

En este momento histórico, en Italia y fuera de ella, la legislación procesal está en directo contacto con la opinión pública y sufre sus contragolpes. Basta pensar en el gran número de proyectos de Ley de iniciativa parlamentaria que afectan a materias del proceso penal. Ellos son la verdadera expresión de esta *simbiosis entre proceso y opinión pública* que caracteriza el fenómeno de la democratización del proceso penal y de su legislación. Pero a pesar de esta mayor mutabilidad de un proceso penal «democrático» nosotros creemos que, en sustancia, tal visión conduce a una revalorización de un contenido de valor esencial a todo proceso penal que quiera ser considerado digno de un pueblo civilizado y moderno. Si, en efecto, la democracia es un sistema político-cultural que hace eje y revaloriza la *persona humana individual* como la piedra angular del sistema, en oposición con toda otra doctrina que haga del Estado el *prius* lógico, ético-político y jurídico, también el proceso penal (legislación y praxis) se resentirá inmediatamente de tal planteamiento, e incluso en la salvaguardia de los intereses de la colectividad lesionada por el delito, estará todo orientado hacia la tutela de la *libertad* sustancial y procesal del imputado y de su *dignidad* de persona; libertad y dignidad devienen de este modo aquellos *valores* —a nuestro parecer universales— indispensables para entender un proceso penal moderno. Si un significado tiene la democracia es precisamente el de revalorizar la persona humana en toda la complicada red de las instituciones procesales que solo tienen un significado si se entienden por su naturaleza y por su finalidad política y jurídica de garantía de aquel supremo valor que no puede nunca venir sacrificado por razones de utilidad: el hombre.

De cuanto hemos dicho, debemos extraer presto una conclusión: ser el proceso penal una de las expresiones más típicas del grado de cultura alcanzado por un pueblo en el curso de su historia. Aquél es un efecto de la cultura o civilización y puede venir plena y rectamente entendido solo en directo contacto con los valores que influyen en un determinado tipo de vida civil. *Cultura y proceso son términos correlativos.* Como más adelante veremos, los diversos tipos de proceso penal (acusatorio e inquisitorio) están en directa relación con un determinado tipo de civilización, y por tanto, con las estructuras de una determinada sociedad política: acerca de ello BELLAVISTA ha escrito persuasivas páginas. Experiencias políticas recientes han mostrado como en nombre del totalitarismo la regla *in dubio pro reo* debía ser abandonada en favor del principio antitético *in dubio pro civitate:* la preeminencia ontológica del grupo no podía ciertamente consentir el favorecer al individuo en una situación que hacía persistir en la mente del juez incertezas sobre la fundamentación de los hechos constitutivos o sobre la inexistencia de hechos impeditivos de la pretensión punitiva. También la prohibición de la *reformatio in peius* de las sentencias de primera instancia por parte del juez de apelación tiene una razón exclusivamente política porque desde el punto de vista lógico-jurídico aquélla —como demostró DELITALA— no tiene fundamento. Del mismo modo toda la disciplina de la coerción procesal (detención policial, arresto sin mandamiento, arresto con mandamiento), está en función de una elección política hecha por el legislador entre la «razón de Estado» y la «razón individual». No hay apenas institución del proceso penal que no revele su intrínseca naturaleza política y no sea, por tanto, la expresión de una idea que supera la realidad referida a la praxis y la explique en términos de orientación cultural. El hecho que después en la Constitución, como a continuación veremos, estén previstas numerosas disposiciones de inmediata actuación en el campo procesal penal, si de un lado demuestra la vigilancia del Constituyente en un sector tan delicado de las relaciones entre Estado y ciudadano, de otro lado indica la naturaleza constitucional —y por tanto, política— de algunas reglas fundamentales del proceso. La Constitución es la más típica expresión de la orientación política y en consecuencia de la cultura de un pueblo; de suerte que, por esta vía, una vez más se demuestra el inescindible nexo entre proceso y política, entre proceso y cultura, y lo vano de todo esfuerzo que pretenda estudiar el proceso penal sobre la base de rígidos postulados lógico-formales en el marco de imprevisibles deducciones. El conceptualismo es la tumba de la ciencia procesal.

2. PROCESO PENAL Y FILOSOFÍA. —La escuela clásica del Derecho y del proceso penal, partiendo de posiciones «iluministas», creía que el estudio del proceso penal no podía ser basado en el Derecho positivo. CARRARA —máximo exponente de esta

orientación incluso en el proceso penal— pensaba que del juicio penal la ciencia criminal debía ocuparse única y exclusivamente bajo un punto de vista abstracto, es decir, independientemente de los procedimientos en vigor en los diversos pueblos. Estamos frente a una llamada al *racionalismo,* que ha caracterizado —como es bien sabido— todo aquel movimiento de ideas que corrió bajo el nombre de clasicismo y que tuvo una enorme importancia para el desarrollo de nuestras disciplinas criminales. CARRARA, en verdad, creía que la enseñanza *positiva* del proceso penal no era otra cosa que el árido comentario del Código procesal vigente en el país de que se tratase; mientras que la enseñanza filosófica, ocupándose de las supremas razones del ser del procedimiento penal, desarrollaría una serie de *principios absolutos* y una doctrina idéntica entre todas las gentes, y necesaria: «1.º al jurista, para meditar sobre las mejores formas de los juicios penales y sugerir sus progresos; 2.º al legislador, para conocer cuáles sean las reglas que él pueda o no pueda, deba o no deba dictar en materia de procedimiento penal; 3.º al crítico, para juzgar comparativamente cuáles sean los méritos y cuáles los defectos de las instituciones judiciales adoptadas por las diversas naciones; 4.º al práctico, para interpretar y aplicar según su razón las instituciones dictadas para su país en la materia del conocimiento de los delitos, y del rito destinado para lograrlo». Se trata, pues, de *principios de la razón absoluta,* que deben ser colocados en la base del saber científico en los procesos penales y que, en cuanto tales, consideran la experiencia no ya como la esencia del saber sino como un dato que debe ser iluminado por la luz de la razón que elabora las categorías supremas.

Sin anticipar todavía problemas o cuestiones de la dogmática jurídica procesal, bien podemos decir que el planteamiento de CARRARA está en las antípodas respecto a algunas dogmáticas procesales modernas que preconizan una teoría general del proceso fruto de una elaboración conceptualista sobre datos de la experiencia jurídica positiva. En CARRARA, por el contrario, domina la exigencia opuesta; pero si bien sus planteamientos pueden parecer de contenido «platónico» en cuanto orientados hacia la búsqueda de la perfección procesal absoluta en la determinación de reglas universalmente válidas, este platonismo racionalista no es, sin embargo, fin en sí mismo, porque debe servir como modelo para un gradual y constante perfeccionamiento de los concretos procedimientos. Si el modelo faltase no sería posible el progreso de una realidad procesal; y esta en los tiempos de CARRARA dejaba aún mucho que desear, en la forma y en la sustancia, por el peso de tradiciones ligadas a una falta de reconocimiento de los derechos de la persona humana. En sustancia, lo que, en el proceso, CARRARA llama principios de la razón absoluta no es sino un llamamiento a una exigencia superior de la naturaleza entendida en términos racionalistas. Es una apelación al *Derecho natural* que solo puede dar fuerza moral y fuerza de convencimiento: de un Derecho natural, sin embargo, que es y puede ser solo modelo de perfección o punto de referencia crítico de un Derecho procesal en vigor, más bien que realidad viviente en la historia al servicio de una idea concreta de libertad y de justicia.

En efecto, una enseñanza aun válida deriva de la doctrina de CARRARA: el que no se pueda entender el Derecho positivo vigente sin un adecuado recurso a la filosofía que explica la naturaleza y la función de las cosas y, de este modo, la naturaleza y la función del proceso penal tendente a la salvaguardia de determinados *valores*. Y, en verdad, el Derecho natural —como ya hemos afirmado— no es otra cosa que la elaboración y valoración crítica del Derecho positivo con referencia a un criterio de justicia objetivo y universalmente válido. Si aquí debiésemos aceptar la idea que del Derecho natural tienen aquellos que lo creen solo el momento crítico del Derecho positivo, incurriríamos verdaderamente en un desconcertante esquematismo y subjetivismo aquel mismo que llevó a MANZINI a negar a la filosofía toda utilidad en el sector de las ciencias procesales. Pero si el momento crítico está regido por un criterio objetivo de valoración, condición indispensable para toda crítica constructiva, derivante de la naturaleza misma de las cosas, y por tanto, en el campo del Derecho, de la idea de justicia, la filosofía deviene momento esencial para la comprensión del proceso, ya bajo el aspecto de las fuentes sustanciales de la norma, ya bajo el de la interpretación de la misma y de la reforma de las instituciones. ¿Y qué otra cosa fue el proceso de renovación de los procedimientos penales en los albores del siglo pasado, sino la consecuencia de un trabajo filosófico que trató de poner en primer plano las razones del individuo para que estas no viniesen ya sacrificadas a la utilidad colectiva camuflada como razón de Estado? ¿Y qué otra cosa es el actual proceso de involución de los procedimientos, allí donde, en nombre de un nuevo colectivismo de raza o de clase, la persona singular viene sacrificada sobre el ara de una nueva adoración al Estado?

Las corrientes filosóficas de pensamiento impregnan de esta manera la atmósfera de los procesos penales y es vano pensar el poder aislar los procesos del influjo de dichas corrientes. Si filosofar es darse cuenta de las razones últimas de una cosa o de un acaecimiento, ¿qué otro campo más oportuno para filosofar que el del proceso penal, donde un hombre juzga a otro hombre sobre la base de una acusación y de una defensa vinculada a la credibilidad de una determinada prueba? ¿Cómo se puede entender plenamente la figura del imputado si se prescinde de la concepción del hombre, de sus deberes y de sus fines, que ha animado en la obra del legislador? Se dirá que esta es cosa de la política, no de la filosofía; Pero, ¿qué cosa es la política sino uno de los momentos concretos que una orientación filosófica asume en una determinada situación? ¿Cómo se puede entender el principio del libre convencimiento del juez en la valoración de las pruebas sino en un régimen político, y por tanto, filosófico, de autonomía de la conciencia humana en la búsqueda de la verdad incluso procesal? Y la necesidad de una oportuna y adecuada notificación de la acusación, ¿no es acaso ella una manifestación del Derecho de defensa del imputado que no puede ser condenado sin haberse antes justificado? ¿Y no es quizás este Derecho de defensa la expresión procesal de una concepción filosófica de la libertad? El Derecho tiene sus reglas; por encima de ellas, sin embargo, está la «regla del Derecho» que tiene valor objetivo y universal, y por tanto, filosófico.

La filosofía como búsqueda de lo universal e interpretación de la realidad y de la vida tiene, por tanto, una importancia decisiva para el proceso penal, el conocimiento de su génesis, el espíritu de sus estructuras, las finalidades que quiere perseguir. No basta decir que aquélla tiene un significado y un campo de aplicación solo como *lógica*. De ello todos están perfectamente convencidos, si bien después la discusión vuelva a surgir en razón al tipo de lógica que se pretende seguir para penetrar en la vida de las normas jurídicas que regulan el proceso. Una lógica puramente deductiva es la expresión de un conceptualismo que puede terminar en una exasperante aridez de planteamientos y de conclusiones, mientras que una lógica-dialéctica puede llevar a aberrantes consecuencias, negando validez al principio por el que una cosa no puede ser y no ser al mismo tiempo. Si debiéramos —como por algunos se insiste— romper toda unidad en sus elementos contradictorios, nos faltaría todo punto fijo para establecer un concepto válido y operante. Y no se confunda la llamada dialéctica del proceso con la dialéctica del concepto procesal: la primera, es la contraposición de las razones de la acusación con las razones de la defensa, necesaria para separar lo que en ella hay de verdadero o de falso; la segunda es, por el contrario, la expresión de una capacidad del concepto para absorber en sí mismo elementos contradictorios, y con ello para autodestruirse, aunque sea en nombre de las exigencias de una interpretación «progresista». El problema de la lógica procesal es, por el contrario, un problema de *teleología* al igual que la lógica que debe animar la investigación penal. Aquélla tiene sus inmutables leyes internas, como el principio de identidad o de la razón suficiente, pero es, en efecto, instrumento para entender las cosas por sus finalidades. Si el Derecho tiene un fin, está claro que la lógica debe servir para esclarecer y para perseguir tal fin jurídico. Si nosotros admitimos que las normas procesales están ante todo establecidas para tutela del bien de la libertad del imputado, la interpretación de las mismas, como veremos a continuación, debe estar orientada hacia tal fin.

No es solo sobre la base de una concepción filosófica de la vida y de la historia como nosotros podemos, incluso para la ciencia del proceso penal, determinar la presencia, la naturaleza y el significado de aquellos valores en torno a los cuales gravita toda la disciplina. Toda ciencia jurídica es ciencia de *valores, es* decir, comprensión de fundamentales exigencias ético-sociales-políticas, en el marco de un orden sistemático que las pone en realce según su respectiva importancia; así la verdad procesal, la libertad del imputado, la notificación de la acusación, la posibilidad de las oportunas defensas. No se trata de creaciones del Derecho positivo, sino de exigencias que el legislador encuentra debiendo solo moldearlas en Derecho positivo. En su esencia son un *quid* que trasciende a la experiencia jurídica particular, si bien en la experiencia deberán encontrar las mejores modalidades de actuación y de tutela. Son exigencias racionales y por ello filosóficas que, confrontándose con el dato histórico, devendrán lo que ahora llamamos un «valor»: punto de confluencia de historia y de racionalidad, y por tanto, no un simple hecho naturalista fruto de la evolución «etnográfica» y tampoco un puro esquema destinado a operar en un mundo platónicamente abstracto. Bajo un aspecto presentan aquel momento absoluto que solo la racionalidad les puede dar, y bajo otro manifiestan los datos contingentes del que la historia los enriquece. Son pues los «momentos racionales de la historia», y por tanto, los *momentos racionales del proceso* que pueden ser explicados solo sobre la base de una indagación filosófica.

3. PROCESO PENAL Y ESTADO DE DERECHO. —El proceso penal aunque sea una consecuencia de la civilización y de la especulación filosófica es un fenómeno del mundo del Derecho. Ya CARRARA decía que la correlación entre proceso y Derecho es inescindible. El origen del proceso penal no está en la necesidad de la *defensa social,* sino en la necesidad de la *defensa del Derecho.* Y en tal contraposición radican dos concepciones opuestas del proceso, porque la defensa de la sociedad podría en ciertos casos llevar «a legitimar incluso la violación del Derecho individual albergando el peligroso enunciado *salus publica suprema lex esto;* lo que en el Derecho penal no puede concederse, porque sustituyéndose el dominio de la utilidad, al dominio (que es el solo legítimo) de la justicia, conduce las leyes a la violencia: mientras que, por el contrario, la fórmula *defensa del Derecho* no admite posible esto». Bajo tal aspecto el proceso penal puede, por tanto, entenderse como instrumento de tutela de los valores éticos (justicia) sobre los que el Derecho reposa. Quitados de en medios estos valores éticos el proceso puede terminar en el arbitrio y en el terror.

Pero cuando se habla de correlación entre proceso y Derecho se pretende decir que hoy el proceso es un típico fenómeno que surge, se desarrolla y se agota en el mundo de la fenomenología jurídica. Es el Derecho positivo el que lo regula y lo disciplina, y por tanto, aquél no es concebible fuera del Estado que es la fuente del Derecho positivo. Es siempre un juez en cuanto órgano del Estado el que aplica, mediante el proceso penal, una pena al culpable de un delito. Bien podemos afirmar con GOLDSCHMIDT que el proceso penal no representa únicamente una construcción técnica artificial destinada a proteger los individuos contra un abuso del poder estatal, porque la aplicación de la pena ha requerido siempre un juez no solo en los tiempos en que surgió el Estado de Derecho, sino desde cuando nació la misma idea de la pena. Juez y pena se encuentran siempre unidos. Hasta en los casos en los que se abusó de la pena estatal con fines políticos, para imponer la pena misma, prescindiendo de pocas excepciones, han sido siempre observadas las formas procesales. La verdad es que la pena se aplica mediante un proceso porque aquélla es una manifestación de la justicia y porque el proceso es el camino de la misma. La presencia del juez —en consecuencia— es un momento esencial para entender el proceso como instrumento de justicia. La reacción individual que suplante al proceso penal, es venganza de la persona ofendida o de quien actúe por ella, pero en ningún caso y bajo ningún aspecto puede ser considerada como institución jurídica, ni incluso de naturaleza primitiva. Estamos fuera del ámbito del Derecho penal y del proceso penal. Una referencia a la venganza como origen o fuente del Derecho y del proceso penal puede tener un mero interés extrínseco a la naturaleza de las instituciones; desde el punto de vista lógico y ontológico, sin embargo, la venganza no tiene nada que ver con el proceso penal. Varias veces hemos advertido como el Derecho penal surge precisamente cuando la venganza desaparece; el proceso penal no puede ser, por tanto, el camino para realizar una *vindicta,* aunque sea *pública,* sino el de hacer operante una exigencia de justicia. Venganza y justicia son términos en contradicción lógica, ontológica y deontológica. La venganza —como hemos dicho muchas veces— es pasión, la justicia es razón; una está vinculada a un momento emocional y subjetivo, la otra a un criterio objetivo de medida; la primera crea de modo fatal un nuevo desorden social, la segunda es fautora de orden. Un proceso penal vengativo es una contradicción en los términos, una verdadera y propia aberración política, moral y jurídica.

La aplicación de una pena, pues, postula como insustituible la presencia de un juez cual órgano de una colectividad organizada por el Estado. Pero si es verdad que un sujeto, para ser juez, debe encontrarse *por encima de las partes* surge a tal respecto un delicado problema porque el delito que debe ser castigado es también siempre ofensa a una de las condiciones de existencia, conservación, y desarrollo del organismo estatal representado por el juez. En la actualidad es pacífico que el delito debe ser entendido en tales términos: él supone ciertamente un desconocimiento de un valor del que el Estado es portador y garante. Deriva de ello que el Estado es sujeto pasivo constante de todo delito, por lo que el juez penal acaba por aparecer como juez en causa propia, con el sacrificio de las exigencias de objetividad y de imparcialidad que deberían estar en la base del actuar del magistrado. Aquí está, en verdad, el *enigma* del proceso penal: ¿Cómo conciliar la imparcialidad del órgano que juzga con la consideración que el Estado es lesionado por el delito? ¿No estamos quizá frente a términos entre sí inconciliables? ¿No subsiste de este modo en la raíz del proceso penal una contradicción? ¿Puede esta venir sanada?

Históricamente el problema no tiene razón de ser planteado por el simple hecho que el proceso penal ha seguido las normas del civil, en el sentido que el juez se ponía en la posición de árbitro que debe conocer y juzgar un litigio absolutamente extraño a él: el existente entre ofensor y ofendido considerados como partes verdaderas y propias. La idea que el Estado deba ser calificado como sujeto pasivo constante de todo delito es una idea reciente: ella representa el fruto de una *construcción dogmática moderna* que se ha esforzado en dar al Derecho penal sólidas bases publicistas. Lo cual no podía ser entendido cuando las exigencias de una dogmática moderna no se habían todavía sentido, porque el Estado puede ser considerado sujeto pasivo constante de un delito solo en cuanto se le pueda considerar la persona jurídica por excelencia, centro de referencia de relaciones jurídicas. Lo que no ocurre con los sujetos meramente eventuales como son los entes colectivos sin personalidad jurídica. En efecto, sin embargo, la idea de que el Estado sea sujeto pasivo constante de todo delito, si no es propiamente una ficción, es algo que peca de artificio: una construcción técnica que aleja de la realidad inmediata. En el litigio entre ofensor y ofendido el juez podía con razón ser considerado como un sujeto imparcial y la pena, más que a la idea de una justicia retributiva, podía responder, en el ámbito de tal concepción, a las exigencias de una justicia conmutativa. Por el contrario, al irrumpir las doctrinas jurídicas modernas la situación ha cambiado: el Estado apareció como sujeto pasivo constante de todo delito por el que se aplica al culpable una pena por parte de un órgano del mismo Estado, el *juez.* Este no está ya por encima de las partes, sino que aparece como parte en la causa. El Estado es, por tanto, considerado bajo dos puntos de vista diversos: como ofendido y como juez; bajo dos puntos de vista que deberían excluirse recíprocamente. Sin embargo, esta antinomia ha sido superada. La superación de la antinomia ha acontecido con la aparición y la consolidación de la idea del *Estado de derecho* cual expresión jurídica de la doctrina política de la *división de poderes* que anima al Estado constitucional moderno ligado también al reconocimiento de los derechos públicos subjetivos del ciudadano. No se comprende, en consecuencia, el proceso penal moderno, o cuanto menos no se pueden entender las exigencias o los valores de la objetividad y de la imparcialidad que constituyen las supremas razones del proceso penal, si no se parte de la premisa de la división de los poderes. Ahora bien, es verdad que el Estado es sujeto pasivo constante de todo delito; es cierto —como sostiene MORO— que la subjetivación de la norma penal sucede solo en favor del Estado (aunque sea —digámoslo nosotros— sobre la base de una cuasi ficción); pero es también verdad que ello se verifica con referencia al Estado-administración (el Estado como garante de aquellas exigencias públicas sin las cuales la vida social deviene inconcebible), no ya con referencia al Estado-legislador o al Estado-juez.

La dicotomía es decisiva. El delito ofende al Estado en cuanto portador de aquellos intereses sociales que él debe garantizar y favorecer para que sea posible una vida civil y para que tal posibilidad de vida sea mantenida. Y, de este modo, al sobrevenir la lesión de estos intereses no tiene más remedio que ser juez el propio Estado, mediante un órgano que es la expresión de aquél poder a cuyo juicio vienen atribuidas características tales que lo sustraigan a toda posibilidad de duda por cuanto concierne a su objetividad y a su imparcialidad. Se trata del *poder judicial* expresado y estructurado de modo tal que ninguna consideración de oportunidad por parte de los órganos del poder ejecutivo pueda desviar el recto procedimiento a través del cual la justicia encuentra su aplicación. La antinomia que habíamos apuntado encuentra su solución en el cuadro de la concepción del *Estado de derecho* cual deriva del principio de la división de poderes y cuyo principio informador nosotros lo hallamos en el convencimiento que el Derecho antecede al Estado. La regla del Derecho no es una creación de la voluntad del Estado, como si se tratase de una voluntad incondicionada, absoluta, arbitraria; la voluntad del Estado encuentra su límite en la Ley natural o de la razón. Solo de este modo el Estado de derecho, que explica el proceso penal moderno, encuentra un fundamento seguro, mientras que la teoría positivista de la autolimitación realza un dato demasiado débil e inseguro para que un proceso penal pueda encontrar en él todas aquellas garantías indispensables para liberar la justicia del arbitrio y de la pasión.

4. PROCESO PENAL Y TIPOLOGÍAS PROCESALES. —El Estado de derecho, ligado al principio de la división de poderes e inspirado en la ideología iusnaturalista, ha garantizado la independencia de la magistratura, cosa de extrema importancia especialmente en una situación de inquietud política como esta en la que nosotros vivimos. Solo una real independencia de los órganos del poder ejecutivo y una subordinación de la conciencia a la Ley son los elementos que dan confianza para una magistratura que consolide con su obra el sentido de la seguridad y del orden en las realidades sociales de la vida colectiva. *Iustitia est fundamentum rei publicae*, y este fundamento quiebra cuando quien juzga no está en condiciones de manifestar un libre convencimiento. Semejante libre convencimiento está en directa relación con determinadas y concretas situaciones jurídicas y políticas. Pero sobre todo *políticas:* porque, si es verdad que todo proceso penal tiende a realizar una exigencia

de justicia, es igualmente verdad que los resultados pueden ser diversos según el ángulo visual en el que el legislador se pone bajo el influjo de una orientación política, por lo que puede suceder que lo que debería ser justicia es solo la utilidad de una clase o de una categoría. Y no es verdad que la utilidad de hoy será la justicia de mañana, porque lo que es intrínsecamente injusto no puede por virtud dialéctica transformarse en un bien moral, a menos que no se abandone todo el substrato de una cultura greco-cristiana. Lo que desgraciadamente ha sucedido, bajo el influjo del totalitarismo político, en los últimos decenios en Europa, cuando se ha querido construir el proceso penal atribuyendo una preeminencia absoluta e indiscutida a los intereses del Estado, en menoscabo de la libertad del particular: el proceso penal venía así «politizado» en el sentido peor de la palabra, de modo que hacía perder al individuo en el plano del debate procesal aquella posición de igualdad, si no de preeminencia, sobre el órgano de la acusación, que había asumido bajo la influencia del liberalismo político y jurídico. Y también en nuestro país la politización del proceso había asumido formas desconcertantes incluso después del hundimiento del régimen fascista, y ello precisamente en nombre de la libertad (por desgracia mal entendida): la instauración de los jueces populares en las *Corti d'Assise* (tribunales del jurado) extraordinarios elegidas con criterios políticos.

Es también cierto que las formas externas del proceso penal pueden también permanecer las mismas aun cuando ellas se sometan a orientaciones iliberales; pero lo que cambia es la *esencia de las cosas*, el espíritu, en cuanto que hay un cambio radical de acento en la relación «Estado e individuo». Así GALLAS bien ha podido decir que la reforma del proceso penal alemán en el clima político creado por el nacional-socialismo mostraba una coincidencia con los elementos estructurales esenciales del proceso tradicional (principio de legalidad, subjetivación procesal del imputado, etc.), pero que en sustancia aquél se traducía en la exigencia de no deber considerar ya el proceso como un sistema de garantías para las libertades individuales y en la de ver actuado rigurosamente el principio de autoridad en oposición al de democracia. Entonces, es evidente que el problema «político» del proceso penal radica todo aquí: o se trata de un instrumento autoritario (vulgarmente una «purga») para utilizarse con un fin de «desinfección social» mediante la eliminación de los elementos antisociales (o su «recuperación»), sobre la base de un criterio informador de defensa social ya denunciado por CARRARA; O bien se trata de un medio del que el Estado se sirve, en obsequio a un criterio de justicia retributiva, para determinar la culpabilidad de un imputado, y por tanto, para garantizar, al margen de la establecida culpabilidad, la libertad individual. A tal respecto se reflejan en el proceso penal las diversas concepciones que se tengan sobre el Derecho penal y sobre sus cometidos: un Derecho penal de carácter «defensivo» cuál es el elaborado por los positivistas, no tendrá más remedio que sugerir un proceso penal «autoritario o totalitario», en el ámbito del cual el individuo es en efecto un puro objeto de la actividad procesal que se realiza en el solo interés de la colectividad estatalmente organizada; un Derecho penal «retributivo» sugerirá, por el contrario, un proceso «democrático» con vista a la tutela y salvaguardia de los derechos, de los intereses, de las facultades del individuo considerado valor primigenio en la relación «Estado y persona», por lo que solo si el hecho y la culpabilidad han sido libremente *et coram populo* debatidos y establecidos el imputado podrá ser condenado y castigado. Es suficiente, por otra parte, observar al proceso en el que entran en consideración medidas de seguridad, para convencerse como la idea de la peligrosidad y la de la defensa social vienen a debilitar la posición del sujeto peligroso respecto a la del imputado que no lo sea. Y es de este modo como el verdadero punto de sutura entre el Derecho penal y el proceso penal se vuelve a encontrar en el terreno de la política criminal. Estamos frente a fenómenos de indudable origen político.

Piénsese en los dos tipos fundamentales de proceso penal que se han sucedido en el curso de la historia: el *acusatorio* y el *inquisitorio.* Acusatorio, en sustancia, es el proceso en el cual se distingue la función de la acusación (privada o pública) de la del juez y se coloca al imputado sobre un pie de igualdad con la misma acusación, mientras que el procedimiento está dominado por las reglas de la oralidad y de la publicidad en un régimen de prueba libre. Inquisitorio es el proceso en el cual la función de la acusación y la función de enjuiciar se encuentran reunidas en una sola persona frente a la cual el individuo está en una posición de inferioridad, mientras que el procedimiento sigue las reglas del secreto (al menos en una primera fase) y de la escritura, siendo las más de las veces la prueba vinculante. Aunque también es cierto —como escribe MANZINI— que las notas mencionadas deben reputarse esquemáticas, y si está también probado que en la realidad histórica de los hechos los procesos penales han mostrado individualidades propias irreducibles a tipos abstractos, no se puede negar que en el curso de la historia todo proceso singular se ha aproximado a uno u a otro de los tipos anteriores según prevaleciera una concepción política de libertad o autoritaria. Basta pensar en el proceso penal de los siglos XVII y XVIII, cuando dominaban concepciones políticas absolutistas en la lógica de las cuales la anti-libertad era la tesis prevalente: el proceso penal tenía carácter inquisitorio, el imputado no podía defenderse adecuadamente, la prueba era vinculante, el juicio secreto. Y fue contra tal tipo de proceso con el que BECCARIA tuvo que combatir en Italia, sosteniendo que: «sean públicos los juicios y públicas las pruebas del delito, para que la opinión, que es quizás el solo fundamento de la sociedad, imponga un freno a la fuerza y a las pasiones, para que el pueblo diga: nosotros no somos esclavos y estamos defendidos; sentimiento que inspira coraje y que equivale a un tributo para el soberano que entiende sus verdaderos intereses». Y fue prácticamente contra la prueba legal o vinculada cuando los iluministas adelantaron sus reservas para hacer triunfar el *principio del libre convencimiento,* y por tanto, el libre uso de las reglas de la experiencia, sin que el juez debiese sufrir las reglas rígidamente codificadas por el legislador. Y fue así cuando comenzó también para la confesión —entonces forzada incluso con la tortura— el proceso de disminución de prueba privilegiada a simple —si bien importante— indicio.

El proceso acusatorio responde, además —a nuestro parecer— a una concepción política en el ámbito de la cual los valores de la individualidad humana encuentran mayor reconocimiento y tutela, porque la libre y abierta contradicción entre la acusación y la defensa ante un juez no vinculado en la formación de su convencimiento, consiente al imputado hacer valer sus derechos de libertad y ser «presunto» inocente hasta la pronunciación de la sentencia pasada en cosa juzgada. También BECCARIA decía que «un hombre no puede llamarse reo antes de la sentencia del juez, ni la sociedad puede quitarle la protección, sino cuando se haya decidido que él ha violado los pactos por los cuales le fue otorgada». Aparte del fondo «contractualista» de tal afirmación, que por otra parte no es ciertamente decisiva para los fines de la admisibilidad de una *presunción de inocencia,* esta (si bien técnicamente impropia) se resiente indudablemente de un planteamiento político del proceso que contempla ante todo el significado ético de la personalidad humana. Si es verdad que el proceso tiende a la condena del culpable, es también verdad que contemporáneamente mira a la tutela del inocente, y no hay razón para no considerar incluso siempre inocente a quien no ha sido reconocido culpable con sentencia pasada en cosa juzgada. MANZINI, a propósito de la «presunción de inocencia», hablaba de una idea «neciamente paradójica e irracional» y escribía que «el hombre, animal de costumbres, generalmente prefiere renunciar a aparecer incluso inteligente, antes que dejarse extirpar algunos quistes psíquicos como son las ideas tradicionales». Según MANZINI nuestro Derecho procesal penal tutela el interés relativo a la libertad individual del imputado sin presunción o ficción alguna: el imputado —antes de la sentencia definitiva— debe tratarse como «justiciable», es decir, como una persona sujeta a indicios, ciertamente, pero cuya responsabilidad no ha sido aún establecida. En efecto, nosotros podemos conceder que en el proceso penal no opere una presunción de inocencia entendida en *estrictos términos técnicos,* porque un proceso penal puede ser iniciado en cuanto subsistan indicios a cargo del imputado; sin embargo, ello no excluye que la idea expresada por la presunción de inocencia deba considerarse como una idea motriz de un proceso que no esté al servicio de una tiranía política. Se trata de uno de aquellos postulados políticos del proceso que explican y justifican el proceso penal moderno como una conquista del principio de libertad contra la opresión. Es verdad que para comenzar un proceso penal son necesarios «indicios» a cargo del imputado, pero una presunción de culpabilidad requeriría siempre la prueba de los mismos indicios *in limine,* mientras que tal prueba puede ser suministrada —si acaso— solo mediante el proceso. En sustancia, no existe propiamente ni una presunción de inocencia ni una presunción de culpabilidad a favor o a cargo del imputado, pero ello no quita que el criterio de libertad —cual expresión de la idea de inocencia— anime todo el proceso penal. Quien niega la «presunción» de inocencia se demuestra vinculado mentalmente a una visión política de la realidad que no es la más idónea para hacer triunfar o prevalecer lo que hay de más sagrado en el hombre: la inviolabilidad de su *libertad personal* que es característica del proceso acusatorio, respecto al cual con CARRARA podemos decir que «presenta en grado máximo las garantías de la libertad civil de los acusados: pero deja en grave peligro la tutela del Derecho de los asociados, y ello no es posible en un pueblo eminentemente educado en las virtudes ciudadanas». Por esto, en casi todos los pueblos modernos no ha sido admitido de modo absoluto ni el tipo inquisitorio ni el acusatorio del proceso penal, sino un tipo *mixto* que, según la atmósfera política general, se ha resentido del uno o del otro.

5. PROCESO PENAL Y DOGMÁTICA JURÍDICA. —En estos últimos tiempos el problema de la naturaleza de la dogmática jurídica ha sido muy discutido, quizás incluso demasiado discutido, y no siempre con resultados satisfactorios. Dadas las finalidades del presente trabajo no creemos necesarias disquisiciones demasiado analíticas y detalladas. No obstante, para proceder con claridad, debemos partir de la constatación que no se concibe una ciencia del proceso penal sin recurrir a criterios lógicos. La lógica fija en verdad las leyes del pensamiento humano. El hombre «en cuanto ser pensante» sigue determinados criterios en su razonamiento, el cual se manifiesta mediante toda una serie de *juicios* basados a su vez sobre *conceptos*. No existe pensamiento humano que no sea un pensamiento conceptual, y por tanto, abierto a lo «universal». La Ley es por excelencia un conjunto de conceptos y el proceso penal de este modo —en cuanto creado por la Ley procesal penal— debe reflejarse en una serie de conceptos jurídicos generales y particulares.

El problema aludido considera de modo particular dos momentos: el de la *interpretación* de la Ley procesal y el de la *construcción* de los institutos procesales. Pero los dos momentos confluyen en el carácter que debe presentar la dogmática procesal penal en cuanto conjunto de principios que rigen el mundo del proceso. Los criterios para interpretar la Ley procesal penal no son divergentes de aquellos que usamos para la interpretación de la Ley penal: *criterios lógicos* y *criterios teleológicos* dirigidos a aprehender el fin de la norma individual, de grupos de normas, y del sistema entero. Escribe al respecto GRISPIGNI que «la ciencia del Derecho procesal penal, en sentido estricto, como toda otra dogmática jurídica, tiene por objeto única y exclusivamente normas jurídicas, es decir, proposiciones, cuyo contenido es un «deber ser», lo que equivale a decir la exigencia de que se tenga una determinada conducta y, por tanto, queda excluido del ámbito de tal disciplina todo lo que no sea la norma jurídica, y, particularmente, debe tenerse cuidado en no confundir el estudio de las normas «reguladoras» de determinadas categorías de hechos, actos o relaciones, con el estudio de estos mismos hechos, actos o relaciones regulados por el Derecho». Estas afirmaciones responden, sin embargo, a una concepción de la dogmática jurídica, en general, y de la procesal en particular, en oposición con nuestros firmes convencimientos. La neta separación entre la *norma,* de un lado, y el *hecho,* de otro, responde a una exigencia metodológica formal propia de la jurisprudencia de conceptos, la cual se limita a establecer las estructuras formales de las normas prescindiendo de la esencia de las mismas —hecho o fin— que aquélla tenga. Es cierto que la esencia del Derecho puede ser estudiada bajo ángulos visuales diversos: los presupuestos de las normas penales pueden justificar un estudio naturalista del delito (criminología), así como el substrato de las normas procesales penales puede dar lugar a una investigación histórica o sociológica. Pero ello no quita que la norma jurídica tenga un contenido, que debe ser tenido presente por el intérprete y por el dogmático. Si no fuese así, transformaríamos verdaderamente el Derecho en un sistema formal y esquemático de estructuras normativas fuera del tiempo y del espacio. La lógica cuando no esté corregida con un sentido histórico, puede llevar al intérprete fuera de la vida, mientras que el Derecho, en cuanto fenómeno social, es vida, movimiento, concreción y sentido del devenir. En verdad, si quisiésemos detenemos con GRISPIGNI en el examen de las normas jurídicas procesales consideradas como la *única realidad* a deber tomar en consideración, vendríamos a encerrar la realidad jurídica en una serie de esquemas vacíos. Nosotros no creemos que la jurisprudencia conceptual pueda ser la sola legitimada para las construcciones jurídicas procesales, tratándose —como para el Derecho penal— de una ciencia típicamente ligada a los valores. No obstante, es preciso preservarse del exceso opuesto, es decir, del de considerar determinantes para la dogmática procesal los hechos que son los presupuestos de las normas. Terminaríamos así en un realismo un tanto ingenuo y engañoso, como en el que cayó CARNELUTTI cuando escribía que «observando las normas nosotros vemos no solo *lo que ellas son* sino también *lo que ellas representan*, como mirando un espejo nosotros vemos solo un trozo de cristal brillante, pero también las cosas que allí se reflejan; no podemos leer, entre otros, los artículos del Código penal que tratan del hurto o del homicidio, ni los del Código procesal penal, que se refieren al imputado o al defensor, sin ver surgir ante nosotros figuras más o menos distintas, que corresponden, según nuestra experiencia, a un hombre que roba, que mata, que se defiende o que defiende». No es, ciertamente, en estos términos cómo el problema del realismo en el campo de la dogmática jurídica puede ser planteado: no son los «hechos» los que constituyen el contenido de las normas jurídicas sino los «valores». Los hechos son el presupuesto de la norma y todo lo que concierne al estudio de las mismas será historia, economía, sociología, pero no todavía Derecho. Las normas contemplan valores a los que DE MARSICO llama «ideas esenciales a la existencia de un orden moral», y por tanto (según nuestro parecer), jurídico, dada la naturaleza del Derecho que es la de ser una parte cristalizada de la moral. No es, por tanto, el hecho lo que cuenta, sino la posición del individuo respecto al hecho en un régimen de racionalidad: es decir, el orden que debe seguirse para la realización de un fin. El significado polémico de la *jurisprudencia de valores* respecto a la *de conceptos* ha sido el haber apelado a la lógica del intérprete en consideración a la «función» de los institutos, mientras que la superioridad de la misma sobre la *jurisprudencia de intereses* ha sido la de no haber encerrado la visión dogmática del Derecho en la lógica concreta del hecho en sí. Al imputado, por ejemplo, se le toma en consideración en cuanto en la dialéctica del proceso él desarrolla una actividad que sirve para garantizar algunos valores esenciales para una concepción moderna del proceso. En esta visión teleológica pueden ser formulados principios dogmáticos que salen del marco de una lógica formal y se liberan de las estrecheces de una causalidad mecánica y natural. Pero no se necesita creer que toda consideración que supera el momento formal esté ligada a los cánones de la jurisprudencia de intereses. Lo deja entrever también BELING cuando escribe que «las construcciones jurídicas» son necesarias para formular claramente y en forma determinada los problemas, añadiendo que «tales directrices lógico-formales no garantizan la positividad de una o de otra construcción en cuanto el contenido de las disposiciones normativas hay que encontrarlo más bien en las *representaciones empíricas del fin* por lo que deben considerarse Derecho vigente todos aquellos y solo aquellos contenidos normativos que corresponden mediata o inmediatamente a las representaciones finales de la clase dirigente de una determinada organización jurídica». Aunque BELING hable a tal respecto de una apelación a los cánones interpretativos de la jurisprudencia de intereses, nos parece, por el contrario, que la apelación a los objetivos de la clase dirigente (la que forma la opinión pública indispensable para una interpretación democrática del proceso) nos conduce al campo de la teleología o de la *jurisprudencia de valores,* dado que todo fin en un marco de racionalidad deviene un *valor.*

Las categorías dogmáticas del proceso penal deben buscarse, por tanto, en contacto con los valores que el proceso pretende tutelar o realizar. Todo planteamiento puramente lógico-deductivo, a menudo fruto de una inversión metodológica debe ser abandonado. Ello quiere significar que la verdadera realidad normativa se manifiesta por vía general en los conceptos procesales *individuales* o *particulares,* porque son precisamente estos los que son directamente expresados por una primera toma de contacto del intérprete con la vida y los fines del proceso penal. Y todo concepto individual debe tener naturaleza o carácter teleológico: venir lógicamente determinado y circunscrito en base a la consideración de un fin que la norma procesal pretende realizar. Lo mismo sucede a propósito de los conceptos de base del Derecho penal. Es evidente que de los *conceptos de base* del proceso penal se puede (incluso se debe) pasar a los *conceptos verticales* o de *carácter general,* con tal que también para tales conceptos sea, no obstante, respetada una exigencia de carácter final. Ellos deben ser extraídos del molde de la experiencia procesal y, por tanto, encontrarse en contacto con la realidad; no pueden ser fruto de arbitrarias generalizaciones o de puras deducciones lógico-sistemático-deductivas. También para el proceso penal vale la consideración que el sistema no tiene carácter constitutivo, sino que desarrolla una mera función de orden entre la gran masa de los conceptos individuales (los verdaderos conceptos jurídicos) para que estos no tengan que presentarse de modo disperso y caótico. Y es así, por ejemplo, cómo el concepto de *relación jurídica procesal* genéricamente entendido, con el cual se pretende calificar jurídicamente todo el proceso penal, no debe ser ampliado más allá de la que es su única y verdadera función: la de ligar *ab extrínseco* todos los singulares actos procesales de los que el proceso se compone, para poner orden entre los mismos y ofrecer una explicación unitaria de una serie compleja de fenómenos jurídicos. Solo la realidad normativa se refleja en el concepto de base, mientras que el resto es superestructura que puede devenir embarazosa y peligrosa cuando en aquélla se quiera encontrar una sustancia vital. Precisamente de la relación procesal ha sido dicho por CARNELUTTI que ella es el más importante descubrimiento en el campo de la ciencia procesal: es el proceso que para hacerse camino tiene necesidad del Derecho. Y es verdad, a condición, sin embargo, que no se termine después en un puro y vacío nominalismo, olvidando toda realidad de valor que da un contenido vital incluso al concepto del proceso como relación jurídica. Para evitar un estéril formalismo que no toca el fondo de las cosas es necesario, en el estudio del proceso penal como ciencia jurídica, guardarse bien de trasplantar al proceso penal conceptos, esquemas o instituciones elaboradas en el sector de la ciencia del proceso como ciencia unitaria válida tanto para el proceso civil como para el penal, porque los dos procesos —aparte de la terminología— tienen bien poco en común. Es verdad que la jurisdicción es una función esencialmente unitaria, consistiendo en la aplicación de la norma abstracta a un caso concreto con vista de una garantía de paz social *(ne cives ad arma veniant)*; pero es también verdad que, quitado tal concepto del vértice, todo el resto diverge profundamente porque la naturaleza y la función específica de los dos procesos son entre sí diversas, dada la naturaleza de los intereses o de los valores que toman en consideración. Basta solo pensar en el concepto de *acción:* indudablemente ella es una condición de la jurisdicción —como expresaba CHIOVENDA— pero ello refleja una concepción formal del instituto, el cual, visto bajo el aspecto civilista, es un Derecho potestativo, mientras que bajo el penal es más bien un acto debido porque es obligatorio en términos constitucionales.

Los ejemplos podrían todavía continuar, sin embargo, no son ahora ciertamente necesarios para convencer que es artificiosa toda concepción unitaria de los dos procesos: estos tienen en común una serie de nombres porque históricamente el proceso penal se ha presentado como un apéndice del civil, pero no hay duda que se distancian por los fines inmediatos y por la naturaleza de sus instituciones.

6. NOCIÓN DEL PROCESO PENAL. —La determinación del concepto del proceso penal está en directa relación con el problema de su «objeto», es decir, acerca del delito del que se discute en el curso de un procedimiento. Dejando aparte por el momento la cuestión de si existen acciones penales que no tienen por objeto un delito, no puede haber duda que normalmente *presupuesto del proceso penal es el delito,* en cuanto que el proceso está constituido por aquel conjunto de actividades dirigidas al establecimiento positivo o negativo, de un hecho delictivo con el fin de la aplicación de una sanción penal a su autor. Aunque la obligación de aplicar la pena derive de la norma penal, es decir, de una norma de carácter «sustancial», es igualmente verdad que las modalidades de su ejercicio no se encuentran en el Código penal, sino en el procesal penal, o sea, en una norma de carácter «formal». Es necesario, pues, distinguir bien el *delito* del *proceso,* es decir, el conjunto de las condiciones materiales que dan vida a una pretensión punitiva, del conjunto de medios predispuestos para la fijación positiva o negativa de dichas condiciones. Es una exigencia lógica que ha madurado históricamente bajo la urgencia de un criterio de justicia. Entre el Derecho penal y el Derecho procesal subsiste una separación lógica y cronológica, además de jurídica.

CARNELUTTI, sin embargo, creía lo contrario y afirmaba que no es el delito el presupuesto del proceso, sino que el *proceso es una condición del delito,* ya que la pena, elemento constitutivo del delito, no puede subsistir sino mediante el proceso. El eminente jurista desaparecido escribía que «cuando un artículo del Código penal dispone que a quien comete *tal hecho* se impone *tal pena,* esta es a la vez una norma material y procesal: material en cuanto prevé el hecho, procesal en cuanto prevé la pena; y no otra cosa que procesal puede ser en esta segunda parte, porque no es de otra forma sino mediante el proceso cómo el hecho puede ser castigado; no de otra norma, en efecto, sino de aquélla, al juez le viene la potestad de condenar». A diferencia de cuanto acontece para el *contrato,* el proceso es de este modo inherente a la naturaleza del delito. Todo delito postula una condena; al margen de la misma no existe delito. Todo el Derecho penal es, por tanto, Derecho procesal, o mejor, como

CARNELUTTI especifica ulteriormente, el *Derecho penal material* tiene como objeto el *delito;* el *Derecho penal procesal* tiene, por el contrario como objeto la *pena.* Uno y otro forman conjuntamente el Derecho penal.

A nosotros nos parece, sin embargo, que semejante tesis está ante todo al margen de la historia. Ciertamente en las épocas más primitivas, la *regola inris* «que marca el confín entre lo mío y lo tuyo, nueve veces de cada diez no preexistía al proceso», en cuanto que el Derecho, si no totalmente, al menos, en la mayor parte, era procesal. Pero esta historia está demasiado lejana de nosotros para que se pueda deducir de ella una regla válida todavía hoy. En todo caso en la evolución histórica el delito es anterior al proceso. El hecho que la reacción al delito haya sufrido en el curso del tiempo diversas formas y sucesivas modificaciones hasta las modernas estructuras del proceso, es una prueba que el delito, que permanece en sus manifestaciones típicas igual, apareció antes del proceso. Y la actual tentativa de encuadrarlo en el marco del proceso penal es solo fruto de una mentalidad desbordante de *panprocesalismo formalista* que ha deformado la visión de demasiadas realidades jurídicas. Es verdad que el juez extrae de la Ley penal, del imperativo jurídico «secundario», la potestad de condenar; es también verdad que el título de tal potestad le viene de la norma que prevé el delito y la sanción; se trata, sin embargo, solo del título de la potestad, y no ya de las *modalidades* y de los *límites* de su ejercicio: estos son establecidos por la Ley procesal penal o por otras leyes distintas de las de naturaleza sustancial. La posibilidad, en efecto, de aplicar una sanción está condicionada a la fijación de los hechos delictivos; estos últimos, por su parte, no tienen nada que ver con el mecanismo que debe ser puesto en movimiento para tal fin. Si el delito y el proceso fuesen *unum et idem,* ¿qué se debería decir en la hipótesis en que un delito no haya sido establecido mediante el proceso? ¿Quizá de ese modo, habiendo faltado el delito, ha faltado también el proceso? ¿Cómo llamar entonces a todo el conjunto de actividades desarrolladas por los diversos sujetos con gran dispendio de energías procesales? Y no se haga el parangón con el contrato el cual tendría su autonomía al margen del proceso. Si acaso hágase el parangón con el acto ilícito civil. También el ilícito civil necesita de un proceso para ser establecido con el fin de una condena al resarcimiento del daño por parte del incumplidor. ¿Se dirá por esto que el ilícito civil, contractual y extracontractual, está condicionado por el proceso? No vale la objeción que el proceso civil es, en cuanto a su objeto, disponible, porque en el proceso penal tenemos casos en relación con los cuales el ejercicio de la acción penal por parte del ministerio fiscal está condicionado a una manifestación de voluntad del ofendido (querella de parte, denuncia). En estos casos el delito debería subsistir también al margen del proceso.

A nosotros nos parece cierto que la tesis según la cual el proceso penal sería una condición del delito no tiene ningún fundamento serio. Una visión realista de los problemas inherentes a las relaciones entre el Derecho penal y el proceso penal conduce a distinguir netamente lo que pertenece al delito de lo que pertenece al proceso. Estamos en dos mundos *distintos,* aunque *complementarios:* el delito sin el proceso es estéril, el proceso sin el delito está vacío. Es necesario, por tanto, esclarecer lo que pertenece al mundo del delito y lo que pertenece al mundo del proceso. A pesar de la áspera polémica ideológica que se ha manifestado durante los últimos treinta años, se puede decir actualmente que prevalece la opinión según la cual del delito nace una *pretensión punitiva* a favor del Estado, que asume también el nombre de *Derecho subjetivo de castigar.* Esta idea del Derecho subjetivo de castigar, que se resuelve en sustancia en una (auto)-limitación del poder del Estado en el campo punitivo, además de estar en armonía con las exigencias de una concepción «técnica» del Derecho entendido como límite, se encuentra también en sintonía con las exigencias de una visión de política democrática que se coloca en la base del proceso contemporáneo. Y no es por nada por lo que la idea de la pretensión punitiva cual sinónimo de Derecho subjetivo de castigar había sido desterrada del ámbito de una dogmática jurídica de contenido político totalitario. Por ello todo lo que concierne a los *presupuestos,* a los *elementos constitutivos,* a las *condiciones,* y a las *consecuencias* del Derecho subjetivo de castigar pertenece al *Derecho penal sustancial* en términos autónomos y originales: el delito existe aunque en concreto una pena no venga aplicada, aunque el delito permanezca circunscrito a las personas del ofensor y del ofendido. Basta a tal fin que hay sido violado el imperativo de una norma provista de sanción penal. No hay expansión lógica o teleológica del concepto de «delito» que pueda abrazar el término del «proceso». Este es distinto del primero, si bien existe en función del primero. Histórica y lógicamente el delito puede subsistir incluso sin proceso, mientras que el proceso tiene necesidad para que surja, de la afirmación —aunque sea unilateral— de la presencia de un delito. Pero el Derecho penal sin el proceso sería un Derecho paralizado, o un instrumento que podría golpear incluso sin discernimiento en caso de que la represión de los delitos viniese encomendada exclusivamente a órganos administrativos o de policía.

Entre la pena prevista de modo abstracto y su aplicación concreta se coloca la sentencia definitiva como el acto final de un proceso dirigido y regido por un juez, es decir, por un órgano estatal que se inserta en un poder autónomo e independiente de cualquier otro. El proceso penal tiene de esta manera carácter *instrumental,* en cuanto que está predispuesto para la constatación de un delito y la aplicación de una sanción. Las normas del Derecho sustancial no se actúan espontáneamente: ellas regulan situaciones de conflictos de intereses que reclaman la presencia de un juez, el cual debe proceder con *silogismos* para constatar que una concreta y singular situación de hecho, determinada y establecida en cada uno de sus elementos, es tal que se deje subsumir bajo la idéntica situación tipificada por la norma penal *(nullum crimen sine lege)* y para aplicar en concreto la pena prevista por la misma norma como consecuencia jurídica *(nulla poena sine lege).* Nadie puede hacerse justicia por sí mismo. Ello vale tanto para el proceso civil como para el proceso penal. Las normas procesales tienen una naturaleza idéntica: estar predispuestas como reguladoras de aquella función estatal dirigida a resolver los conflictos de intereses (en sentido amplio) para que sea garantizada la paz social mediante la actuación del Derecho objetivo entendido de modo sustancial. Tales normas se ponen, pues, en una relación de *medio* respecto a un *fin.*

Si es verdad que el Derecho penal procesal tiene carácter secundario o instrumental respecto al Derecho penal, esto no significa, sin embargo, que aquél no tenga una autonomía propia y un fin propio. Frecuentemente se afirma que la naturaleza instrumental del proceso no tiene más remedio que traducirse en una concepción formal de la ciencia del proceso, la cual no tendría que tutelar intereses y exigencias propias sino que estaría subordinada a las exigencias y a los intereses de la ciencia del Derecho penal. Ello es falso. La naturaleza instrumental de la ciencia del proceso penal, se subordina a la ciencia del Derecho penal como el medio está en función del fin, lo que no excluye que el medio tenga también su autonomía en el cuadro de una serie de intereses autónomos y característicos. Cuando se afirma que un mal Derecho penal puede ser corregido por un buen proceso penal se confirma la opinión que, aun en el planteamiento de medio a fin, hay en el proceso penal tanta independencia que consiente valoraciones originales como consecuencia de un contenido propio. Aun cuando el proceso penal se exteriorice en una serie de formas, el único contenido de estas no viene dado en absoluto por la materia penal propiamente dicha. Hay un contenido de naturaleza procesal que se debe tener presente, es decir, toda aquella gama de intereses que las normas procesales tutelan aun antes de servir de actuación al Derecho penal sustancial. Basta pensar, por ejemplo, en las normas procesales referidas a la notificación de la acusación: dictadas principalmente en función de la tutela de los derechos y de los intereses «definitivos» del imputado, el cual no puede venir condenado sin haber tenido la posibilidad de promover sus propias excepciones respecto a una acusación oportunamente notificada en términos claros y precisos. De esta manera, el interés en absolver a un imputado en caso de duda acerca de la prueba de la subsistencia de los hechos constitutivos o impeditivos de la pretensión punitiva, es un interés de naturaleza procesal que es inherente al proceso considerado como instrumento al servicio de la libertad del hombre antes que de la defensa de la sociedad. Las formas del proceso tienen, por tanto, una razón de ser no solo respecto a los intereses de fondo de naturaleza sustancial, sino también frente a los intereses que el proceso debe inmediatamente tutelar si no quiere aparecer como instrumento de prevaricación. Incluso las disposiciones legales procesales que parecen las más vacías de contenido y mayormente ligadas a una interpretación formal, revelan su dependencia de toda una serie de intereses, que les dan en consecuencia un contenido y deben ser salvaguardadas si se quiere que la verdad —y con la verdad la libertad individual— pueda triunfar. El proceso penal es por ello *forma* de una *sustancia*. No se deben entender las limitaciones y las modalidades impuestas al actuar humano en el campo del proceso como vacías e insoportables superestructuras que impiden el libre curso de las cosas. Al contrario, se trata de límites racionales impuestos al obrar mismo para que sea evitado todo desbordamiento dañoso de la justicia. Toda forma y todo límite procesal tiene, por tanto, un fin y un contenido. El proceso es acto de reflexión; toda reflexión está iluminada y sostenida por la consideración de una meta que se debe realizar.

El proceso penal puede ser, por tanto, definido como aquel «conjunto de actos originados por varios sujetos (juez, ministerio fiscal, imputado) con el fin de la fijación de las condiciones de hecho de las cuales deriva el *ius puniendi* a favor del Estado y el deber de sujetarse a la pena por parte del reo». Esta es la definición típica y tradicional del proceso penal. Ello no quiere, sin embargo, decir que junto a tal cometido no existan otros, ya que, dado los cometidos nuevos de prevención que la legislación penal ha asumido, vendrán a formar parte del proceso penal también cuestiones de naturaleza no estrictamente penal, como el establecimiento de la peligrosidad del reo por parte del juez y la relativa aplicación de medidas de seguridad. E incluso problemas de naturaleza civil entran hoy en la economía del proceso penal, como lo relativo al resarcimiento del daño causado por un delito que sea también ilícito civil. Pero con ello estamos en el campo de objetos eventuales del proceso penal, y no de objetos necesarios.

7. PROCESO PENAL, PROCESO CIVIL, PROCESO DISCIPLINARIO. —Se impone ahora como necesaria una clarificación conceptual y funcional entre el proceso penal y el proceso civil; y esto no tanto porque se dé la eventualidad o la posibilidad de una ciencia procesal unitaria (problema ya examinado), como porque es preciso individualizar las notas comunes y las diferencias entre los dos procesos.

No es sobre el concepto de jurisdicción cuando una eventual demarcación pueda ser señalada, porque el poder jurisdiccional en su esencia es un poder unitario. Es en relación al objeto y a ciertas y determinadas reglas del proceso, por el contrario, cuando hay que buscarla e individualizarla. Se ha dicho, a veces, que tanto el proceso civil como el proceso penal tienen como objeto un litigio, es decir, un conflicto de intereses entre dos sujetos que el juez —en virtud del poder de que está investido está llamado a resolver. Pero, a tal respecto, es preciso proceder con mucha cautela, dada la necesidad de evitar graves confusiones, siempre posibles en esta materia. El concepto de litigio es un concepto típico del mundo del Derecho privado, mejor aún del Derecho de obligaciones allí donde hay, o ha habido, un incumplimiento contractual. Diría incluso que el concepto de litigio no conviene al ilícito extracontractual sino en términos impropios. Aquél es la expresión de una contraposición entre intereses de dos sujetos respecto a un bien apto para satisfacer una necesidad. Con ello el concepto revela también su límite *hedonista,* que no puede agotar toda la serie de problemas que pueden formar objeto de un proceso civil, en cuanto que hay cuestiones en las que tal contraste utilitarista no existe y, sin embargo, forman objeto del debate judicial. Basta pensar en un proceso civil de separación entre cónyuges por razones de infidelidad o de injurias graves. De todas formas, damos también por sentado que objeto típico de un proceso civil sea siempre un litigio entre particulares (incluso el Estado puede asumir carácter particular en un proceso civil). No obstante, es evidente cómo el interés público sea de todas formas extraño a la naturaleza del litigio. El Estado —como claramente ha sido dicho— tiene un interés en la composición del litigio *ne cives ad arma veniant,* no solo un interés interno en el litigio. Aquél es el titular del poder jurisdiccional que compone el litigio, no ya del bien o interés interno en una contienda con otro sujeto. Esta posición es propia solo del particular. Podemos, por tanto, afirmar que en el proceso civil los intereses que forman objeto de la decisión judicial son intereses que no pertenecen al Estado, sino que afectan a las esferas patrimoniales de aquellos que son sus titulares o portadores.

Diversa es la situación en el ámbito de un proceso penal. Aquí el Estado, en cuanto es portador de los supremos valores ético-político-jurídicos, no puede considerarse sujeto de un litigio con el imputado. Aquél está en una posición de absoluta preeminencia aunque en el ejercicio de las funciones procesales deba siempre tener en cuenta los derechos de libertad del imputado que representan el valor primigenio de todo el sistema social. El conflicto entre el *ius puniendi* y el *ius libertatis* no puede ser concebido del mismo modo que un litigio privado donde se discute sobre un bien económico; al contrario, es algo que afecta a las razones mismas y a la posibilidad de una convivencia social, si bien las respectivas posiciones del Estado y del ciudadano pueden venir estructuradas del mismo modo que el concepto de Derecho subjetivo (público). La libertad individual, que está en juego en el proceso penal, es un bien tan alto e importante que no se puede considerar objeto de un litigio. Estamos frente a un conflicto; pero no todo conflicto es un litigio. Este lo es propiamente —a nuestro entender— solo en una contienda entre posiciones opuestas de goce de dos sujetos respecto a un bien económicamente relevante. Un litigio —así— podrá existir entre el ladrón y la víctima; pero no entre el ladrón y el Estado porque aquí se trata de aplicar una pena tras haber establecido una culpa. El litigio entre el ladrón y la víctima podrá surgir también en el proceso penal en caso de constituirse en parte civil, pero no podrá ser elemento determinante para el proceso penal.

El Estado tiene en el proceso penal un interés interno en el conflicto con el imputado, en cuanto que el delito ofende y compromete una de las mismas condiciones de la vida social del cual aquél es garante. En el proceso penal el Estado tiene, de este modo, un interés externo y uno interno en la composición del grave conflicto que amenaza a la sociedad entera: el primero está en función de la titularidad del poder jurisdiccional, el segundo en relación a la circunstancia que el Estado-administración es portador y garante de aquellas supremas exigencias ético-sociales-políticas que hacen concebible y posible una ordenada vida de la *polis o* de la *civitas*. Pero —como cualquiera observa— estamos ciertamente en otro campo de aquel en que se mueve el problema del objeto del proceso civil, es decir, de un litigio. La pretensión punitiva del Estado supera el concepto de litigio no solo desde el punto de vista de la titularidad de los intereses, sino también en razón de la naturaleza y de la importancia y significado de los mismos.

Una primera consecuencia hay que fijar: sentada la naturaleza privada de los intereses que componen el litigio civil, el principio de la *autonomía de la voluntad* del interesado deberá obtener el máximo reconocimiento también en el marco del proceso civil dirigido a su composición. Si el litigio es un contraste de intereses privados y si estos son por naturaleza disponibles, también el litigio —objeto del proceso civil— habrá que reputarlo disponible. El proceso civil, por tanto, es *disponible* en cuanto a su objeto. Y también el derecho de acción (condición de la jurisdicción) es disponible tratándose, según la definición de CHIOVENDA, de un derecho potestativo. De esta manera en toda fase y grado del procedimiento civil la voluntad del interesado, si es una voluntad de renuncia producirá sus efectos jurídicos y el procedimiento terminaría. Por el contrario, todo esto no es concebible en el proceso penal. El objeto de este proceso, en cuanto materia que se refiere a las mismas condiciones de vida de la sociedad, no puede formar objeto de un acto dispositivo de las personas interesadas en el proceso. El derecho subjetivo de castigar es indisponible porque el interés que es su contenido supera a las posiciones particulares de las partes. Se trata de un interés público que no puede formar objeto de contratación o renuncia. La acción penal que condiciona el ejercicio de la jurisdicción, antes que ser un derecho del órgano de la acusación (admitido que lo sea), se traduce en el ejercicio de una función pública y como tal es obligatoria. Hablar de una disponibilidad del objeto del proceso penal o del mismo procedimiento es ir contra la misma naturaleza de las cosas. Todo el procedimiento penal está pues regido por el *principio de la indisponibilidad*. Tal característica cesa únicamente en materia de impugnación porque a la parte interesada (m.f. o imputado) se le deja libre en valorar los límites del propio vencimiento con el fin de delimitar mediante los motivos qué puntos de la sentencia se someten a un reexamen. Pero ello es admisible solo bajo el presupuesto que haya sido una sentencia que haya decidido sobre una cuestión penal en términos de obligatoriedad y de indisponibilidad, dejando así suponer, acerca de los puntos no impugnados, la perfecta correspondencia entre la decisión concreta y la voluntad abstracta de la Ley. En realidad, si en la fase de impugnación no fuese consentido a las partes delimitar el objeto de la contienda, deberíamos renunciar a los recursos o los haríamos prácticamente imposibles mediante una confusa devolución completa de los problemas, absolutamente inútil, e incluso dañosa si estos han sido ya rectamente resueltos.

Proceso penal y proceso civil se distinguen también entre sí en función de los sujetos procesales. El proceso civil está dominado por el concepto de parte, que es una expresión ulterior de la autonomía que lo caracteriza. La parte es, bajo el aspecto sustancial, el titular del interés en conflicto, mientras que, desde el punto de vista formal, es parte quien pide en nombre propio una determinada resolución al juez. Pero está claro que el concepto de parte puede ser plena y justamente entendido solo si viene planteado en términos sustanciales; lo que en el proceso penal es inconcebible, puesto que ningún sujeto que pida una resolución al juez es propiamente titular del interés del cual desea la tutela. También la libertad del imputado es vista *sub specie civitatis*, en cuanto es interés de la comunidad, aun antes que del ciudadano, el que la libertad individual tenga que ser tutelada en los términos más rigurosos. La naturaleza pública del proceso penal no consiente que se pueda dar respecto de la parte una explicación en sentido privatista, implicaría una insuperable contradicción sustancial. El término de «parte pública» con el cual el código califica al m.f. es del todo impropio, a menos que no se quiera considerar «parte pública» también al imputado (lógico contrario). Pero con ello es evidente que el término se desnaturaliza. Quien cumple una función pública (acusación o defensa) no puede ser calificado con términos de autonomía individual, ya sustancial o procesal.

Una diferencia entre el proceso penal y el proceso civil viene a menudo subrayada en el tema de la prueba. E indudablemente en este delicado sector existen diferenciaciones estructurales: de estas, sin embargo, no es lícito —a nuestro parecer— extraer conclusiones arbitrarias. Y me explico. Si el proceso —cualquiera que sea— debe ser instrumento de justicia, debe, en cuanto a los resultados, ser la expresión de una verdad constatada. El proceso al margen de la verdad no tiene sentido. Deviene un instrumento de desorden y no ya entonces de paz social. Decir que el proceso civil tiende a la verdad legal o formal, mientras que el penal se dirige decididamente y solo hacia la verdad sustancial, es afirmación privada de significación porque la verdad incluso procesal no puede ser sino una, es decir, *la verdad,* o sea, la perfecta correspondencia entre un juicio y la cosa o situación juzgada. Son solo los medios los que pueden variar con el fin de conseguir la verdad; y, en efecto, proceso penal y proceso civil tienen a su disposición medios frecuentemente diversos con vista a un único fin. El establecimiento de la verdad en el proceso civil puede ser, a veces, facilitado por reglas o limitaciones probatorias dispuestas por el legislador para evitar al juez determinadas molestias. Las presunciones, que frecuentemente abundan en el Derecho y en el proceso civil, cuando sean absolutas son de tal naturaleza que no consienten sustituir el convencimiento del legislador por el propio convencimiento personal acerca de la existencia del hecho que directamente no puede ser probado. Pero ello es querido porque el legislador conoce bien la regla de la experiencia que une entre sí el hecho conocido (indicio) y el hecho desconocido que es el término de la investigación procesal. Temiendo que el juez pueda equivocarse acerca de la interpretación y la aplicación de las reglas de la experiencia en situaciones de gran relieve social (por ejemplo, la presunción de paternidad), el legislador asume también el *riesgo* de un error judicial con tal que esas relaciones o esas situaciones sean disciplinadas de manera uniforme con el fin de la seguridad jurídica. Este riesgo, por el contrario, no puede ser asumido en el proceso penal, donde están en juego la vida y la libertad de un hombre. Aunque la presunción sea querida para facilitar al juez la búsqueda de la verdad, en el proceso penal el convencimiento del magistrado debe ser dejado completamente libre en razón de la credibilidad de la prueba. Si en un tiempo, incluso bajo el aspecto de la prueba privilegiada o legal, el proceso penal se modelaba sobre el proceso civil, hoy ello no es ya concebible, sobre todo en relación con el cambio de atmósfera cultural que no concibe un sacrificio de la persona donde su culpabilidad no resulte, sobre la base de pruebas libres, de un convencimiento seguro.

Pero es sobre todo bajo otros aspectos cuando, en el tema de la prueba, el proceso civil y el proceso penal se diferencian entre sí. En el proceso civil, en cuanto que el objeto es disponible por voluntad de las partes, aunque la prueba de los hechos de los que la pretensión deriva se deje a discreción de parte *iudex debet judicare secundum alligata et probata partium.* La autonomía de la voluntad privada se manifiesta soberana también en el campo de la prueba. El juez no puede utilizar una prueba que no haya sido indicada por las partes interesadas. Estas tienen al respecto la iniciativa y la exclusiva. Si el objeto es de ellas, también la prueba del objeto mismo se deja a su discrecionalidad. Si permanecen inactivas el juez civil debe sacar las oportunas conclusiones, rechazando la demanda del actor o la excepción del demandado. Él no se puede nunca sustituir a la inactividad de las partes. A estas incumbe la *carga de la prueba,* en el sentido que deben realizar un esfuerzo procesal si no quieren incurrir en una desventaja como consecuencia del rechazo de una de sus peticiones. En el proceso penal no sucede nada de esto. No solo el juez penal puede examinar y valorar todas las pruebas que estime en orden a la formación del propio convencimiento (no hay limitaciones o exclusiones de prueba, hecha excepción del caso previsto por el art. 308, Código penal), sino que se puede sustituir a la inactividad de los sujetos procesales en caso de inercia de ellos. No existe una carga de la prueba (al menos en sentido formal) en el proceso penal: el juez es el *dominus* de la prueba en el sentido más completo de la palabra. Si una duda —a pesar de todo esfuerzo— permaneciera aún en su mente deberá juzgar *pro reo et contra civitatem.* Y es para evitar esta conclusión cuando el m.f. tiene todo su gran interés en actuar en orden a la prueba para que ningún hecho constitutivo o modificativo o extintivo de la pretensión punitiva vaya a permanecer incierto. La decisión sobre el hecho incierto no tendrá más remedio que ser la más favorable para el imputado. Si es lícito sacar una conclusión, podemos ciertamente decir que el espíritu del proceso civil está en la disponibilidad del objeto dada la naturaleza privada de los intereses que gravitan a su alrededor, mientras que todo el proceso penal está basado en el criterio antitético de la indisponibilidad. El hecho que puedan existir excepciones al rigor de tal planteamiento por cuanto concierne a algunos tipos de proceso civil inquisitorio no quiebra sino más bien corrobora el principio afirmado.

El *proceso disciplinario,* a diferencia de los procesos penales y civiles, no tiene carácter jurisdiccional, sino administrativo. Está dominado por la presencia de un órgano que, no estando incardinado en el poder jurisdiccional, es la expresión del poder ejecutivo o administrativo. Es —en otras palabras— la administración pública quien es juez en causa propia. Ella es al mismo tiempo «parte», en cuanto ofendida por el comportamiento de un funcionario público, y «juez», en cuanto mediante órganos propios conoce y juzga del mismo comportamiento lesivo de sus intereses. Es ciertamente verdad que existen formas procesales que deben ser observadas también en el procedimiento disciplinario; no obstante, no es de las mismas como se deduce la naturaleza de la función realizada. Aquéllas son una garantía para el funcionario «imputado», pero no hacen cambiar de naturaleza a la actividad de la administración pública que procede.

El presupuesto del proceso disciplinario-administrativo consiste —como es bien sabido— en la violación de un deber específico de fidelidad a la administración pública, el cual nace de una particular relación de subordinación que une a un sujeto con la propia administración. Mientras que el delito viola un deber genérico de fidelidad y supone en consecuencia una relación genérica de subordinación, el ilícito disciplinario, en cuanto categoría de ilícito, no lesiona o compromete un bien o un interés de toda la *polis,* sino que compromete solo la eficiencia de los servicios administrativos y el prestigio del Estado o de otro ente público. El ilícito disciplinario, objeto del procedimiento disciplinario, no es un ilícito «típico», aunque existan formas tipificadas de tal ilícito. Toda alteración de la función administrativa como consecuencia de un comportamiento incorrecto del funcionario puede constituir ilícito disciplinario. De ello deriva el margen de discrecionalidad en este sector. También el proceso disciplinario tiene, por tanto, carácter discrecional, aunque no arbitrario, en el sentido que su instauración es fruto de una tutela de los intereses de la administración pública, punto central de referencia de toda actividad procesal-disciplinaria. Y es por esto que la resolución final puede —si es el caso— venir revocada; lo que, obviamente, es inconcebible para una sentencia penal.

CAPÍTULO II

Proceso penal y legislación vigente

1. EL CÓDIGO PROCESAL PENAL DE 1931. —El Código procesal penal de 1913 —precedente del Código vigente— puede ciertamente decirse que fue una de las más señaladas y típicas expresiones de la ideología política liberal en el campo de la legislación penal procesal. En el centro de toda consideración estaba el individuo portador de una esfera de autonomía y de libertad, para el que el proceso penal aparecía en efecto como un conjunto de garantías tendentes a una eficaz y orgánica tutela de la misma libertad. No se entiende el espíritu de un Código procesal liberal si no se pone bajo el ángulo visual que nos lleva a observar el fenómeno jurídico «proceso penal» como una suma de garantías para el individuo. La defensa de la sociedad es argumento del todo secundario, e incluso nocivo para una recta visión de los cometidos del proceso. Ya CARRARA nos había enseñado esto cuando individualizaba la tutela del Derecho, fin del proceso, en la tutela de las posiciones de preeminencia del individuo sobre el Estado. El liberalismo sobre todo tiende al concepto de *límite* a la acción del Estado. Las tareas positivas del Estado están reducidas a lo estrictamente necesario: garantizar las condiciones de vida y de seguridad jurídica mediante la tutela de las posiciones individuales. El proceso penal tiende, por tanto, a proteger la libertad del ciudadano honesto de toda arbitraria intervención del Estado-juez y a limitar la posición jurídica del ciudadano-culpable dentro de los estrictos confines legales expresamente trazados por el legislador.

Tal clima político-jurídico, en Italia, fue atacado por la irrupción de algunas corrientes que confiaban también al Estado liberal tareas sociales (liberalismo de izquierda), y que llevaban como consecuencia, también en el terreno penal y procesal, a una modificación de los criterios de la acción del Estado. A este se le atribuyeron cometidos de prevención con el fin de mejor defender los intereses y las posiciones sociales, y por ello se asignaron al proceso fines más extensos de aquéllos estrictamente tradicionales cuales eran el establecimiento del delito como puro «fragmento de la vida» del imputado y la aplicación de una pena de carácter retributivo.

Pero un golpe aún más rudo a la situación político-jurídica vino dado por la instauración de un régimen totalitario como fue el fascismo, que prácticamente invirtió los términos tradicionales, considerando al Estado como la expresión del Yo trascendental y como la creación o la consecuencia máxima de la Historia nacional con todos los valores en ella presentes. No es que el yo empírico viniese negado, sino que se lo entendía superado por el Todo. Este se colocaba como el artífice de la historia y de la vida, como la única gran realidad espiritual, como el centro de atracción y de activación de todos aquellos valores a los que el yo empírico (kantiano-liberal) había permanecido unido. La libertad individual tenía así todavía un significado solo si se resuelve dialécticamente en la libertad del Todo, y del mismo modo también toda otra aspiración o toda otra exigencia ética, social y política. Principio cardinal deviene, por tanto, la unidad espiritual: «el individuo-Estado». Todo el resto es materia privada de significado y de valor. GIOVANNI GENTILE escribirá que «para quien tenga familiaridad con los conceptos y esté por ello preparado para entender los caracteres diferenciales de una doctrina política, será útil advertir que esta unidad de Estado y de ciudadano no es un concepto arbitrario sino adecuado a la esencia del Estado; (...) que no fue nunca otra cosa que una semejante coincidencia del querer del particular, miembro de una sociedad política real, y del querer del Estado que a tal sociedad confiere actualidad». La diferencia entre individualismo liberal y fascismo la veía el teórico del movimiento en «tendencias opuestas de conceptos y consiguientes métodos y sistemas de conducta política: uno de los cuales orientado hacia el particular, tiende a socavar el Estado y destruir el centro vital del organismo social; el otro, orientado hacia lo universal y a la unidad, tendería a secar en la individualidad la fuente de la libre originalidad con la que se desarrolla la vida del espíritu, si no se atemperase, como en el fascismo enérgicamente se atempera, con la llamada constante y sistemática al hombre vivo, al ciudadano artífice de la fortuna, del bienestar, de la grandeza de la Patria y de la potencia del Estado».

De las líneas transcritas de un escrito del mayor teórico del fascismo, aparece cómo solo en virtud de una atemperación de la fuerza lógica expansiva de un pensamiento de contenido hegeliano, viniese reconocida al individuo una función a realizar (en el interés del Todo), y por tanto, una autonomía. Se trataba, sin embargo, de una autonomía refleja: de una concesión benigna y transitoria del Estado que podía en cada instante venir revocada. En todo caso, tal planteamiento filosófico del fascismo no podía sino tener su repercusión también en la legislación procesal penal. Es más, precisamente en esta aquélla estaba destinada a reflejarse mayormente, ya que es sobre todo en las estructuras del proceso penal cuando más de cerca se reflejan las concepciones político-filosóficas en la materia de las relaciones entre el Estado e individuo. Y es de este modo cómo el Código procesal, promulgado por el gobierno fascista en 1931, está principalmente orientado hacia el reconocimiento de una preeminencia de las posiciones del Estado sobre las del individuo como expresión de una potestad original y autónoma. Al individuo no se le sacrifica más allá de ciertos límites solo gracias a una querida atemperación entre opuestas exigencias, sustentadas por la mentalidad de juristas siempre vinculados al mundo liberal, y a causa de tradiciones civiles todavía presentes y en razón de cosas que a menudo se superponen a otras preocupaciones. Por ello, el Código de 1931 ha podido permanecer en vigor incluso tras la restauración de las libertades constitucionales, cuando, una vez mudado aquel motivo inspirador por las ya reconocidas posiciones de autonomía individual en la nueva realidad política democrática, alguna reforma parcial ha venido a eliminar al menos una parte de aquellas disposiciones que se resentían demasiado de una posición autoritaria de la *polis*.

De todas formas —prescindiendo del motivo político de inspiración— hay una nota nueva en el Código de 1931, que está en armonía con las transformaciones sufridas por el Código penal. Es sabido cómo el Código penal junto a la pena (medida represiva ligada a la culpabilidad) ha previsto e introducido también la medida de seguridad (resolución preventiva y ligada a la peligrosidad social), pero al mismo tiempo ha rehusado asignar a los órganos de la policía la tarea de aplicar la medida, exigiendo para la misma la presencia de una garantía jurisdiccional. Estamos frente a una atemperación entre la lógica de un Estado de policía, cual se presentaba en la historia, y la necesidad del Estado de derecho, siempre presente en la conciencia. De todos modos, mediante la necesidad de una garantía jurisdiccional, las medidas de seguridad venían absorbidas por la legislación procesal, ampliándose consiguientemente las tareas tradicionales del magistrado penal. ALOISI llegó a escribir que «el Código procesal penal es, bajo un cierto aspecto, la Ley orgánica de las relaciones entre el Estado y el ciudadano; y puesto que el eje de estas relaciones ha sido completamente desplazado por el fascismo al afirmar la prevalencia en todo caso de los intereses colectivos, impersonales del Estado, sobre aquellos eventualmente en contraste de los concretos individuales, es evidente que también la Ley procesal penal, aun cuando no todavía vieja, pero naturalmente orientada hacia opuestas directrices políticas, dominantes en el tiempo de su formación, debiese ceder el puesto a una legislación apoyada sobre otras bases e impregnada por el espíritu de los nuevos tiempos».

Una vez recordadas estas premisas, el Código de 1931 tenía que sentir las consecuencias también bajo un aspecto más estrictamente técnico. Al aumentar el prestigio de la autoridad del Estado debía seguirse en el ámbito del proceso un aumento de prestigio de los órganos del Estado: juez y ministerio fiscal. Solo de forma refleja se garantizaba al imputado, en cuanto «colaborador» del juez en la búsqueda de la verdad. Es verdad que en el pensamiento del legislador de 1931 operaba conscientemente la idea que el proceso penal fuese una relación jurídica, pero aquellas posiciones sustanciales de igualdad entre varios sujetos que la idea de la relación expresa (lucha con armas iguales entre acusación y defensa) fueron varias veces vulneradas en el concreto articulado de la legislación. Queremos recordar algunas. Es hoy principio fundamental del proceso que el ejercicio de la acción penal sea obligatorio. Cuando al ministerio fiscal llega un documento que contiene la *notitia criminis* y no se trata de delito punible por querella de parte, el m.f. tiene la obligación de proceder, sin dejarse desviar por consideraciones de oportunidad, porque si así no fuese las libertades públicas serían gravemente amenazadas. Pues bien, a este principio en líneas generales se había mantenido también fiel el Código; si no fuera que en la práctica se le reconoció al m.f. la posibilidad de ordenar *motu proprio* el archivo de las actuaciones cuando reputase que el documento con el cual la noticia del delito le había llegado fuese «manifiestamente» infundado. Pero si el juez de semejante falta de fundamento era el m.f., órgano del poder ejecutivo, es fácil comprender la posibilidad de abusos al respecto bajo una orden o indicación del propio poder ejecutivo. Es bien cierto que la orden de archivo podía, ex art. 74, párr. 2.°, venir emitida solo antes del ejercicio de la acción penal —por naturaleza irretractable— pero ello no quitaba que tal facultad significase la atribución al m.f. de un amplio poder discrecional sobre las condiciones de hecho, presentes las cuales la acción penal debía ser ejercitada. Con las reformas establecidas por el D.Lgt. de 14 de septiembre de 1944, art. 6, tal poder ha sido sustraído al m.f., por la razón apuntada y con el fin de evitar la posibilidad de abusos políticos, y ha sido, por el contrario, remitido al juez instructor, órgano jurisdiccional al que compete decidir, con toda garantía de independencia, si efectivamente se dan los presupuestos necesarios para la emisión de un orden de archivación.

Una segunda característica particular del Código, en nombre siempre de la posición de preeminencia de los órganos del Estado, se manifestaba en la disminuida posición defensiva del imputado sobre todo en la fase instructoria. Aquélla era escrita y secreta, como es típico de todo proceso de carácter inquisitorio, y el defensor tenía facultad de inspeccionar cualquier cosa, sacar copias de las actuaciones y de los documentos y de presentar instancias y memorias solo tras el depósito de las actuaciones y de los documentos en secretaría, y por tanto, después de la requisitoria del m.f. Pero, en el curso de la instrucción formal la defensa no tenía alguna posibilidad de intervenir y de hacer sentir su voz, porque ninguna garantía era reconocida al imputado en el curso de la instrucción sumaria que correspondía al ministerio fiscal. Además, en el juicio oral el desarrollo de la defensa, confiada como máximo a dos abogados defensores, debía adecuarse al ritmo que el presidente del tribunal quería imprimir al proceso.

Una característica ulterior de este combate con armas desiguales se encuentra en materia de impugnación, ya en relación a los plazos dentro de los cuales el m.f. puede interponer la impugnación (art. 199), ya en relación al instrumento de la apelación incidental —ahora declarado constitucionalmente ilegítima— que paralizaba la prohibición de la *reformatio in peius* de la sentencia impugnada cuando el apelante era solo el imputado. Y es muy significativo que la prohibición de la *reformatio in peius* haya sido incluso suprimida en el proyecto preliminar del Código.

No es ciertamente el caso de recordar otras características del Código, en parte ahora —sobre todo aquéllas más clamorosamente contrarias a la nueva situación política— anuladas por reformas parciales. Podemos, de la Relación al Rey, sintetizar los principios de la reforma del Código de 1931 en los siguientes términos: «obtener la máxima rapidez en los procedimientos haciéndola compatible con las exigencias de la justicia; eliminar todo lo superfluo; combatir las causas y las manifestaciones de las sutilezas; impedir la degeneración académica o teatral de las discusiones; acrecentar el prestigio y la seriedad de la defensa (!); reprimir los fraudes y la temeridad procesales; impedir las impugnaciones infundadas; aumentar la autoridad del juez; restituir al ministerio fiscal las funciones que le son propias; hacer que la justicia sustancial predomine siempre sobre la justicia meramente formal». Como cualquiera observa, nadie podría oponerse a los principios en los que se inspira el Código, si verdaderamente ellos se reflejaran plenamente en toda su estructura. Pero el hecho es que, bajo el nombre de la justicia sustancial ante la que todos nos inclinamos, en realidad habían sido introducidos subrepticiamente exigencias y concepciones políticas propias de una «razón de Estado» que descuidaba derechos, intereses y legítimas expectativas del imputado. Por ello, cerrado el paréntesis político de la dictadura fascista, también el Código debía sufrir una transformación, mediante una acción de «poda» de las disposiciones «políticamente» más drásticas.

2. LOS PRINCIPIOS PROCESALES DE LA CONSTITUCIÓN ITALIANA. —La Constitución italiana que entró en vigor el 1.° de enero de 1948 no podía dejar de tener en cuenta el hecho, teóricamente probado, que el proceso penal, de instrumento correctamente entendido al servicio de la libertad individual, había devenido un medio al servicio de la «razón de Estado» caracterizada en términos exasperadamente políticos. Una Constitución ligada a los valores y a los ideales de la democracia debía, por tanto —tras las tristes experiencias—, preocuparse de fijar claramente algunas normas, en cuyos criterios se puede verdaderamente decir que el Derecho procesal penal se enaltece en el Derecho constitucional. No hay incluso materia o sector jurídico que esté tan íntimamente ligado a las supremas exigencias constitucionales. Las relaciones entre el Derecho procesal penal y el Derecho constitucional son, bajo ciertos aspectos, relaciones de identidad por el hecho que está en juego la libertad individual que ambas ramas del ordenamiento jurídico contemporáneamente tutelan como respondiendo a una vocación común. Un Código procesal que no encuentre su fundamento racional, político, y jurídico, en el articulado de una Constitución que «reconoce y garantiza los derechos inviolables del hombre» (art. 2) se encuentra expuesto a todas las posibilidades de reformas vinculadas a mayorías político-parlamentarias ocasionales, con grave perjuicio de las libertades públicas y privadas. La Constitución es así una garantía y un límite insalvable hasta el momento de su reforma.

La característica de una Constitución ligada a una instancia democrática es la de estar basada sobre el principio de la *división de poderes* y sobre el principio del *reconocimiento de los derechos públicos subjetivos.* Son estas las dos esenciales y fundamentales garantías de libertad. Y a tal respecto la Constitución italiana se presenta rica en disposiciones, tanto bajo el aspecto relativo a la regulación constitucional del poder judicial (parte II, tít. IV, La Magistratura, Sec. I, Ordenamiento judicial; Sec. II, Normas sobre la jurisdicción), como bajo el de la especificación de los derechos civiles del individuo frente al Estado (parte I, tít. I. Relaciones Civiles). Está claro que en este lugar y en este momento nos limitaremos a recordar las disposiciones más características, para los fines de una concepción y comprensión «democrático-constitucional» del proceso penal italiano. Presto podemos decir que las normas sobre la democratización del proceso penal contenidas en la Constitución están en armonía con aquel clima político que nos ha dado la *Declaración de los derechos del hombre y del ciudadano,* votada por las Naciones Unidas, y con la análoga *Declaración* votada por la Asamblea del Consejo de Europa. Ello ha sido bien subrayado por ANDRIOLI y CONSO en obras recientes. Existe un estado de ánimo y una orientación de pensamiento semejante en todos los Estados herederos de una cultura común en un campo tan delicado. También la Comisión Internacional de Juristas en la declaración de Nueva Delhi de enero de 1959 ha fijado algunos principios en las relaciones entre proceso penal y principio de legalidad que son hoy patrimonio común de la civilización de los pueblos libres. Todo esto vuelve a confirmar cuanto ya tuvimos ocasión de decir sobre el hecho que el proceso penal es una expresión de la cultura y, por tanto, de la civilización de un pueblo.

La *libertad individual,* como expresión de un valor absoluto, en una Constitución democrática debe ser reputada inviolable. Se trata de garantizar a todos la libertad y no de negarla a algunos. La democracia es instrumento de unidad, mientras que —como eficazmente dice OPOCHER— la «verdad» del totalitarismo «es siempre instrumento de división entre los hombres, presupone siempre, como alternativa, una lucha aniquiladora contra alguien. Y la intolerancia que de ella deriva, lejos de constituir una consecuencia de la necesaria incompatibilidad intercurrente entre verdad y error, genera, mediante el arbitrio implícito en la generalización de lo relativo, los frutos venenosos del sectarismo».

Solo la autoridad judicial, con un fin de justicia, puede tomar iniciativas dirigidas a limitar la libertad individual. El poder ejecutivo (policía) no lo puede hacer sino *en casos excepcionales de necesidad y urgencia, indicados taxativamente por la Ley.* La Ley de 5 de diciembre de 1969, número 932, que ha sometido a revisión esta delicada materia, consiente la detención por parte de la autoridad de la policía judicial solo cuando se trate de delito para el que sea obligatorio el mandamiento de captura, que la persona aparezca «con graves indicios» y subsista una «fundada sospecha de fuga». En estos casos, no obstante, las resoluciones limitativas de la libertad deben tener carácter «provisional» y deben ser comunicadas dentro de las cuarenta y ocho horas a la autoridad judicial con el fin de que la confirme. Si esta no las confirma dentro de las cuarenta y ocho horas sucesivas, se entienden revocadas y quedan privadas de todo efecto (artículo 13, Constitución). Dentro de estos precisos y circunscritos límites la Constitución legitima la *detención policial,* resolución del todo excepcional dada la extrema peligrosidad que aquélla presenta en relación a posibles arbitrariedades. Es la primera vez que la detención policial viene rodeada de garantías constitucionales, mientras que antes su regulación jurídica era dejada a la voluntad del legislador común. Toda otra limitación de la libertad individual para un fin procesal no puede sino acontecer *por acto motivado de la autoridad judicial y en solo los casos y modos previstos por la Ley.* Ello vale para la detención, la inspección o el registro personal y para cualquier otra restricción de las libertades individuales. Estamos frente a una amplísima tutela de la libertad individual, que —como ha sido justamente observado por CARULLI— puede ser violada también por la autoridad judicial cuando la restricción venga dispuesta fuera de los casos y modos legales o caso de que no se funde en un acto motivado. El art. 13 «por tanto, se refiere no solo a las órdenes, mandamientos y otras resoluciones que parecen referirse más típicamente a la libertad personal, sino también a las sentencias, pudiendo estas últimas disponer sobre la libertad tanto en vía cautelar (por ejemplo, art. 375, Código procesal penal) como de modo definitivo».

Si la Constitución debía disciplinar la limitación de la libertad personal prescribiendo las relativas autoridades y modalidades, está claro que no podía desinteresarse de un problema íntimamente conexo cual el de su duración. La *prisión preventiva* es cuestión que no puede ser olvidada porque de nada vale determinar garantías y modalidades para limitar la libertad personal cuando nada se establece a cerca de los límites máximos temporales de su duración. Mas, puesto que esto —dada la dificultad de las situaciones concretas— no puede ser hecho en la Constitución misma, es a la Ley ordinaria a la que ha sido deferido el cometido.

También ulteriores limitaciones de los derechos de la personalidad humana están garantizados constitucionalmente, como la *libertad del domicilio* (art. 14) y la *libertad y secreto de la correspondencia* y de *cualquiera otra forma de comunicación* (art. 15). Inspecciones, registros, secuestros, son limitaciones que solo pueden acontecer por acto motivado de la autoridad judicial y en los casos y en los modos previstos por la Ley.

Garantía fundamental de la libertad es la presencia de un juez natural preconstituido, es decir, del *juez ordinario.* Es ciertamente inconcebible que una Constitución democrática pueda pensar en conciliar la tutela de la libertad individual con la posibilidad que para juzgar un hecho imputable a un individuo —tras la perpetración del hecho— pueda *ad hoc* ser creado el órgano jurisdiccional: en tal caso el juez no sería otra cosa sino el instrumento de una reacción política incontrolada. *Nadie puede ser separado del juez natural preconstituido por la Ley,* sanciona el art. 25, parte I, casi por solemne reacción a un reciente pasado que había conocido los *tribunales extraordinarios* creados *post factum* como instrumento de venganza política.

Si los jueces extraordinarios han sido desterrados ciertamente de la Constitución, esta ve también con extremado sentido de desconfianza los *jueces especiales, es* decir, aquellos tribunales que están investidos solo del conocimiento de algunas materias penales *ratione obiecti aut ratione personae o* por ambas razones conjuntamente. Así la Constitución en materia penal (art. 103, párr. 2.º) admite que en tiempo de paz los *tribunales militares* tienen jurisdicción solo para los *delitos militares* cometidos por los *pertenecientes a las Fuerzas Armadas.*

Límite objetivo el primero, subjetivo el segundo: ambos insuperables en el ámbito de la letra y del espíritu constitucional que parte del principio de la unidad de la jurisdicción la cual rechaza la idea del juez extraordinario y la del juez especial (art. 102, párr. 1.º). La aversión al juez especial no está, sin embargo, en función de un principio o convencimiento político, porque el juez especial es un juez preconstituido por ley y como tal investido *ex ante* también de poderes jurisdiccionales si bien limitados. El juez especial en el marco constitucional es rechazado en nombre de un principio de doctrina jurídica, más que en nombre de una exigencia política. Se quiere concentrar todo en las manos de los magistrados ordinarios para no asistir a un fraccionamiento de la magistratura que —se piensa— sería peligroso para la seguridad jurídica. No es este, sin embargo, el verdadero peligro de los tribunales especiales, los cuales, estando más que los ordinarios en contacto con las concretas realidades sociales (las «instituciones» en las que la sociedad se articula), mejor que aquellos que operan alejados de las realidades sociales, parecen idóneos para administrar una justicia sustancial. El peligro para las libertades del ciudadano consiste más bien en la circunstancia que los jueces especiales puedan ser (no lo son ontológicamente) jueces «parciales» en cuanto adoctrinados por la administración o por la institución lesionada en sus intereses por la acción del justiciable. Pero aquéllos, en determinadas situaciones y en determinadas materias, no se excluye que se revelen extremadamente útiles al fin de evitar que la decisión del magistrado esté siempre encuadrada en el «mito» de la unidad de la jurisdicción, que tiene naturaleza abstracta y formal. No está, en verdad, demostrado que el principio de la «unidad» de la jurisdicción sea más adecuado que el de la «multiplicidad» de la misma para las fundamentales exigencias de una concepción democrática de la vida pública. Diría que es verdad justo lo contrario: cuanto más el mandato concreto en el que la sentencia se manifiesta esté embebido del contenido vital de la situación particular que viene a resolver jurídicamente, tanto más puede ser el mismo manifestación de un criterio sustancial de justicia. Y si la democracia es en el plano jurisdiccional sinónimo de justicia, debe existir siempre una más íntima correspondencia entre hecho y decisión, entre verdad y justicia, para satisfacer más eficazmente las supremas exigencias vitales de una sociedad libre. Esta es la razón por la que debería desaparecer toda desconfianza hacia los jueces especiales preconstituidos: porque ellos están más cercanos al hecho social y a los valores de que son portadores que los jueces ordinarios. Por otra parte la *directa participación del pueblo en la administración de justicia* (art. 102, párr. 2.°) que la Constitución exige, y que ha sido actuada en las *Corti di Assise* (tribunales del jurado) de primera instancia y en los de apelación es no solo la manifestación de una democratización en sentido político respecto al órgano jurisdiccional, sino además la manifestación de una exigencia de democratización en el contenido de la decisión: la cual, lejos de ser solo el fruto de una bien conocida operación lógica, debe presentarse rica de momentos psicológicos-sociales para que sea garantizada una correlación entre la vida y la sentencia. Nos parece que existe una contradicción en las posiciones de aquellos que, de un lado, combaten contra las jurisdicciones especiales, y, de otro, exigen la presencia «popular» en el órgano juzgador ordinario; como si tal presencia no haga específico al órgano respecto a otros órganos jurisdiccionales y no dé a la decisión aquella nota de concreción que en general la sentencia de los jueces especiales poseen. El hecho de los límites materiales es del todo secundario respecto a la naturaleza de la decisión. Cuando se tenga en sede democrático-constitucional una concepción «institucional» del ordenamiento jurídico (la única, a mi parecer, válida), no se podrá dejar de desear que el orden judicial incluso tenga que adecuarse a tal realidad. De otro modo, la unidad de la jurisdicción aparece como una verdadera y propia ficción científico-doctrinal, que degrada la vivacidad de la realidad social en una mortificante conformidad, artificial, pálida e incolora.

En cuanto a la posición del imputado en el ámbito del proceso, la Constitución sanciona (art. 27, párr. 2.°) que *el imputado no es considerado culpable hasta la condena definitiva*. La norma es de gran significado porque expresa una exigencia que debe ser observada a través de todo el curso del proceso: la de la famosa *presunción de inocencia del imputado*. Es verdad que la formulación literal de la disposición tiene carácter negativo. No se dice que «la inocencia del imputado se presume hasta la condena definitiva». Se ha usado una expresión menos drástica y precisa para no crear problemas de técnica jurídica que habrían sido de grave y difícil solución en el caso que se hubiese utilizado una fórmula de presunción de inocencia técnicamente perfecta. Ya hemos dicho que no puede tratarse de una presunción jurídica en sentido estricto, y las expresiones usadas por la Constitución confirman, según lo apuntado, esta afirmación nuestra. Pero ello no quita que precisamente mediante esta disposición todo un aire nuevo entre en el proceso penal y lo vivifique. Aquel planteamiento político del proceso como defensa de los intereses de la colectividad viene invertido, en el sentido, guste o no guste, que el proceso penal es instrumento de tutela de las exigencias de libertad de la persona humana. Una duda sobre la culpabilidad que no se transforme en certeza en el momento de la sentencia de condena no puede en ningún caso legitimar una presunción de culpa para el imputado mientras dura el proceso. Se puede, incluso, convenir que técnicamente la posición del imputado durante el proceso es la de una persona de cuya culpabilidad se duda, pero ello no quita que el proceso deba principalmente servir a él y a la causa de su inocencia y libertad. El instrumento al respecto viene dado por la posibilidad de una adecuada defensa. La Constitución (art. 24, párr. 1.º) es explícita a tal propósito. Aquélla sanciona que *«la defensa es derecho inviolable en todo estado y grado del procedimiento»*. Y si todavía existieran limitaciones al derecho de defensa, ellas deberían cesar. En esta línea, por lo demás, se mueven las reformas parciales y las decisiones del Tribunal Constitucional, que han estimado aplicables también a la instrucción sumaria las garantías predispuestas para la instrucción formal. Cuando la Constitución habla de defensa, especifica que ella debe ser reconocida en todo *estado* y *grado* del procedimiento. La norma constitucional quiere sobre todo garantizar la defensa en el período instructorio, allí donde, sobre la base del Código de 1931 —como hemos recordado— su reconocimiento era de lo más limitado dado el carácter inquisitorio de la instrucción. Aquí han actuado las reformas recientes y la obra del Tribunal Constitucional, este último en polémica con el Tribunal de Casación. Pero si la defensa es inviolable, se extrae de ello, en términos constitucionales, que al imputado se le pone en condición de poderse defender adecuada y oportunamente mediante una *notificación de la acusación;* la cual debe ser clara y precisa en orden al hecho y a todo otro elemento que pueda agravar la posición defensiva del imputado. El principio de *contradicción* es así implícitamente un principio de orden constitucional. Es un gozne del proceso.

Respecto al ministerio fiscal la Constitución sanciona en el art. 112 que aquél *«tiene la obligación de ejercitar la acción penal»*. Esta norma tiene un significado preciso. En efecto, la quiso el Constituyente en relación y en oposición con el poder de archivación que el Código de 1931 le reconocía y acerca de cuyos peligros ya hemos llamado la atención del lector. Este *principio de obligatoriedad* del ejercicio de la acción penal se contrapone al de *discrecionalidad* o de *oportunidad,* que se presenta como la expresión de un poder de falta de autonomía del m.f. hasta el punto de considerar el proceso penal de carácter disponible. En un régimen de constitucionalidad democrática ello habría sido inconcebible por el sacrificio inevitable de las garantías públicas y privadas de la libertad. LEONE durante la discusión parlamentaria llegó a decir que en un Estado moderno «el ministerio fiscal no puede ejercitar una actividad discrecional acerca de la proposición de la acción penal. El m.f. cuando tiene conocimiento de la *notitia criminis,* no tiene un poder discrecional, sino que debe investir al órgano jurisdiccional del examen del contenido de la acción penal». Está claro que implícitamente la Constitución ha resuelto así también el problema relativo a la naturaleza *pública* de la acción penal. Tratándose de una obligación de oficio, y por tanto, de un acto debido, solo un órgano público puede ser el titular y el promotor de la acción penal. El particular queda excluido de ella.

Por cuanto concierne al juez y sus resoluciones (aparte de las normas constitucionales relativas a la organización del poder judicial) la Carta fundamental del ordenamiento jurídico italiano sanciona ante todo la *obligación de la motivación* para todas las resoluciones jurisdiccionales (art. 111, párrafo 1.º). Es sabido cómo la motivación de las sentencias ha sido en el curso de la evolución histórica del Derecho procesal penal una conquista de la libertad por parte y en favor del ciudadano. La publicidad y la motivación de las sentencias son sustanciales garantías de una seguridad jurídico-formal y sustancial. Si la sentencia no está motivada, es decir, si el juez no da las razones de la formación de su convencimiento, la misma sentencia pierde su naturaleza de resolución jurisdiccional, en suma se transforma en una orden administrativa. Y precisamente cuando el poder jurisdiccional pierde su autonomía y su libertad para devenir un instrumento al servicio del ejecutivo, también la exigencia de la motivación gradualmente desaparece. El ciudadano es sometido a un poder político, se encuentra en un estado de sujeción sin posibilidad de conocer las razones de la resolución que le afecta y sin poder en consecuencia impugnar el acto de la autoridad con plena conciencia de los motivos de hecho y de derecho. En el marco de un Estado de derecho la obligación de la motivación debía venir constitucionalizada. Aquélla se refiere a las «resoluciones jurisdiccionales», es decir, las sentencias y los autos. Los decretos, por el contrario, son resoluciones del juez de carácter administrativo y como tales su motivación se requiere solo según los términos de la Ley y en los casos previstos por la misma Ley.

Otra regla constitucional de carácter fundamental es la de la admisibilidad del *recurso de Casación por violación de Ley contra las sentencias y contra las resoluciones sobre la libertad personal, dictadas por los órganos jurisdiccionales ordinarios o especiales* (art. 111, párr. 1.º). Que el recurso contra la sentencia del juez ordinario sea comprensible está fuera de toda duda, pero lo que ha dado y da lugar a perplejidad es el recurso por *violación de Ley* contra la sentencia del *juez especial.* «La razón de ser de las jurisdicciones especiales está en el presupuesto que exista un juez más idóneo que el ordinario para interpretar la Ley reguladora de ciertas relaciones, la exigencia del respeto de este presupuesto lleva a excluir para todas las jurisdiccionales especiales —y no solo para algunas— el control por parte de la Casación.» Así se expresaba MORTATI en las discusiones de la Constituyente, por lo que el Autor concluía que «todas las veces que se esté en presencia de una jurisdicción especial el control de la Casación se debe limitar solo al exceso de poder judicial, es decir, a la falta o defecto absoluto de jurisdicción». Prevaleció, no obstante, la opinión contraria, con la consecuencia que las jurisdicciones penales especiales reconocidas (por ejemplo, los tribunales militares) vienen a encontrarse siempre en una relación de subordinación con el órgano supremo de la jurisdicción ordinaria (Casación), sin que en el ámbito de las mismas se pueda formar la cosa juzgada, que es la verdadera característica típica de la existencia de un órgano y de un poder jurisdiccional. Lo que se ha concedido, por un lado, por el otro se ha quitado. Y todavía hoy se discute respecto a la reforma del Tribunal Supremo militar que debería transformarse en un órgano de apelación contra las sentencias de los Tribunales militares, mientras que contra las sentencias del mismo estaría abierto el recurso de Casación no solo por defecto de jurisdicción (y la justificación está *in re ipsa*) sino por toda violación de Ley. De este modo precisamente allí donde en la interpretación misma de la Ley deberían reflejarse situaciones y exigencias de la «institución» Fuerzas Armadas, una sentencia, a menudo desdibujada procedente de un órgano supremo decide la causa en nombre de una unidad formal de la jurisdicción que ha sido, bajo el aspecto sustancial, el efecto de concepciones políticas centralizadoras, y bajo el aspecto formal nominalista. A nuestro parecer, es una solución en oposición con las exigencias de una auténtica democracia.

Otra exigencia expresada constitucionalmente es la de la posibilidad de un *recurso de casación contra las resoluciones sobre la libertad individual, es* decir, contra toda resolución incluso distinta de la sentencia con la que se decida respecto a la libertad personal. Reproducimos al respecto el pensamiento de LEONE expresado en la Constituyente: «en el Código procesal penal existen ciertamente normas que consienten el recurso de Casación en materia de libertad provisional... pero existen otros institutos en los que la influencia política del fascismo ha sido tan fuerte que suprimieron el derecho de impugnación. Resoluciones tales como la de emisión y de revocación del mandamiento de captura son impugnables en apelación solo por parte del ministerio fiscal (art. 263): todas las resoluciones sobre la puesta en libertad por falta de indicios (art. 269) son apelables solo por el ministerio fiscal y no por el imputado. Si nosotros queremos verdaderamente conservar en la Carta constitucional y potenciar aquel principio que ya hemos votado, es decir, que la libertad personal está garantizada también frente al poder judicial, el cual puede privar al ciudadano de la libertad personal solo con resolución motivada, una formulación correspondiente a esta nuestra exigencia política solo la podremos encontrar en esta sede. Si admitimos que la resolución motivada, que priva al ciudadano de la libertad personal, sea susceptible de recurso de Casación, ello constituirá si lo votáis una de las más grandes garantías conquistadas por un régimen democrático».

3. LAS REFORMAS PARCIALES AL CÓDIGO DE 1931. —La reanudación en Italia de la vida democrática, tras veinte años de dictadura ideológica y política, ha planteado indudablemente graves problemas en torno a la validez del conjunto de disposiciones legislativas que habían sido formuladas por el fascismo. El problema que se planteaba era el siguiente: admitido que los Códigos de Derecho penal y procesal penal se resienten del clima político y de la ideología de un sistema históricamente ya superado, ¿hay que reformarlos integralmente o solo retocarlos en aquellas disposiciones que más reflejan la ideología política totalitaria? Ha prevalecido —hasta ahora— la

segunda vía, es decir, la de las *revisiones parciales* por un doble orden de razones. La dificultad, ante todo, de encontrar una plataforma común entre partidos de inspiración diversa sobre la cual basar la reforma radical. Hay Países —como Alemania— en los que el problema de la reforma inquieta desde más de medio siglo sin que todavía se haya logrado encontrar una solución a pesar de que las dificultades sean menores que en Italia. En segundo lugar, el convencimiento de que el fascismo no hubiese actuado en profundidad, por lo que en su esencia las instituciones penales y procesales responderían todavía a las exigencias de una tradición de cultura respetuosa con los valores fundamentales cuales los valores de la persona humana. En general, se puede decir que los fautores de una reforma radical han estado siempre en minoría también en las asambleas legislativas. Pero en todo caso —incluso admitida la verdad de tal convencimiento— nadie podía negar que una reforma parcial fuese necesaria porque demasiadas disposiciones del Código procesal están en función de exigencias que la nueva conciencia democrática rechaza. Si el tronco de la legislación procesal penal es todavía un tronco sano, demasiadas son las ramas secas que debían ser eliminadas. Y, a veces, no solo secas, sino también peligrosas. Añádase después que la entrada en vigor de la Constitución planteaba problemas bastante delicados y urgentes en cuanto a la adecuación de muchas disposiciones concretas con las normas fundamentales de la Constitución. No era posible dejar con vida un contraste que podía comprometer gravemente, además de la lógica interna del ordenamiento jurídico la misma vida del Estado en el ejercicio de funciones vitales. Pero aun antes de la entrada en vigor de la Constitución apenas liberado parte del territorio nacional de la dictadura y del extranjero, con el art. 6 del Decreto Legislativo de 14 de septiembre de 1944, número 288, se *suprimió el poder de archivación,* que el Código procesal penal reconocía al m.f., cual sustancial derogación del principio de obligatoriedad del ejercicio de la acción penal, en caso de «manifiesta falta de fundamentación del documento que contiene la *notitia criminis*». El hecho de esta rápida reforma demuestra precisamente la naturaleza política de la archivación por parte del m.f. y, por tanto, su superioridad, como órgano del ejecutivo, sobre el poder judicial, superioridad típica de un período histórico ya superado. Con la reforma, cuanto menos, se ha restablecido una posición de igualdad entre los poderes del Estado y una garantía sustancial para los intereses que podían venir sacrificados *ad nutum* por el m.f. Este, en la actualidad, está deviniendo —como ha sido demostrado claramente por CONSO— más órgano de justicia que órgano de parte. Hoy la archivación se remite a un decreto del juez instructor a petición del m.f. En efecto, se trata de un verdadero y propio (aunque rudimentario) proceso de instrucción que termina con una resolución, la cual, en esencia, es una sentencia de absolución. Y la petición del m.f. puede ser considerada como un ejercicio de la acción penal. En esta solución estamos de acuerdo con LEONE.

Tras la entrada en vigor de la Constitución comenzó a madurar el proceso de revisión, parcial pero orgánico, del Código procesal penal con el nombramiento de comisiones de estudio y la publicación de proyectos de revisión. Se quiso, sin embargo, aún antes de arribar a puerto con esta obra, pensar en la *reordenación de los jueces de las Corti di Assise* (tribunales del jurado). De este modo la Ley de 10 de abril de 1951, núm. 287, destinada a actuar la (participación del pueblo en la administración de justicia), establece las condiciones de nombramiento de los jueces populares. Con tal ocasión vino también reconocida la posibilidad de impugnar en grado de apelación las sentencias pronunciadas por los tribunales de jurado de primera instancia. Los actuales jueces populares, sin embargo, no representan un retorno al antiguo jurado porque su competencia funcional es la misma que la de los jueces togados: son, en efecto, competentes para conocer la causa tanto en cuestiones de hecho como de derecho, mientras que en un tiempo el jurado se limitaba a responder a las cuestiones que, acerca de los elementos fácticos, le venían formuladas.

La más amplia reforma realizada en el Código procesal penal ha sido la de la Ley de 19 de junio de 1955, núm. 517, que cerró casi un decenio de trabajos y de discusiones particularmente agudas tras la entrada en vigor de la Constitución. Podemos referir con LEONE las reformas parciales llevadas a cabo en el Código en cuatro principios básicos: *a)* una más rigurosa garantía para la detención; *b)* una reducción de los casos de obligatoriedad del mandamiento de captura; *c)* una regulación de los límites de la prisión preventiva, y *d)* un aumento de la esfera de participación del defensor, y a veces de las partes, en los actos instructorios. Ya del simple enunciado de la línea directiva de la reforma se deduce que la preocupación del legislador fue la de adaptar las normas del Código a algunas exigencias fundamentales de carácter Constitucional: sobre todo se persiguió una tutela más eficaz de la libertad individual con la actuación de las garantías jurisdiccionales en orden a su eventual limitación, y a un potenciamiento del derecho de defensa en la fase instructoria del proceso. Determinante a tal respecto es el artículo 304 *bis* del Código, para el que «los defensores de las partes tienen derecho a asistir al interrogatorio del imputado, a las reconstrucciones judiciales de hechos, a la práctica de las pruebas periciales, a los registros domiciliarios y a los reconocimientos, salvo las excepciones expresamente establecidas por la Ley». Norma que hoy se aplica también a la instrucción sumaria, tras las polémicas entre el Tribunal de Casación y el Tribunal Constitucional que en esos últimos tiempos han puesto candente la atmósfera política y jurídica italiana y vulnerado el principio de la seguridad jurídica. La norma tiene indudablemente un carácter innovativo, si bien muchas peticiones dirigidas a obtener un más amplio reconocimiento de la defensa del imputado en la fase instructoria del proceso fueron acogidas con dificultad: así el defensor puede ahora estar presente en el interrogatorio del imputado, pero tuvo que dictarse una sentencia del Tribunal Constitucional para apremiar al legislador a admitir esta suprema garantía defensiva.

En su conjunto podemos hacer nuestra la opinión de CONSO, el cual escribe que «la reforma aparece preordenada a realizar la adecuación de nuestro proceso penal a los principios sancionados en la Constitución republicana, especialmente por cuanto respecta al reforzamiento de los derechos del imputado y de su defensa, derechos que el Código de 1931 había sacrificado gravemente. En cuanto a la valoración de los resultados alcanzados las opiniones hasta hoy formuladas han sido discordantes: para algunos la obra de adecuación habría sido demasiado escasa, para otros francamente excesiva, para los más bastante satisfactoria». Pero CONSO cree que ha sido completamente omitida, incluso comprometida, la otra exigencia de reforma más sentida, es decir, la simplificación y la modernización de la actividad jurisdiccional. Se debe reconocer que la reforma ha prolongado la vida del proceso penal con más extensas formalidades, más frecuentes interrupciones, y más intensas anulaciones. Pero —a nuestro parecer— no es preciso olvidar que este precio se debe inevitablemente pagar cuando se quiere tutelar, en cada fase o grado del procedimiento, junto con los intereses del imputado también los intereses de las partes privadas. Cuanto mayormente la consideración y la tutela de los intereses individuales rige en la escena del proceso penal, tanto más las formalidades de los actos y las relativas nulidades toman consistencia y significado, con un fatal perjuicio para la celeridad de los juicios. No obstante, no se olvide que, precisamente con razones de celeridad, se han hecho frecuentemente oír, y se oyen todavía, peticiones procesales que expresan una preeminencia de los intereses públicos sobre los individuales. Son las peticiones de concepciones políticas lejanas de una interpretación democrática de la vida pública. La rapidez de la decisión o de la resolución no está siempre en armonía con su sustancial justicia. Diría que es ciertamente lo contrario. En un determinado momento es necesario decidirse: quien quiere un procedimiento rápido debe asumir el riesgo más acentuado de un error judicial que, cubierto por la *actio iudicati,* podrá ser estimado conforme a una exigencia de seguridad jurídica pero no ciertamente a una exigencia de justicia. Con ello no se quiere decir que la sutileza formal que aminora el ritmo del proceso sea preferible en todo caso a una sana celeridad. Se trata más bien de atemperar dos fundamentales exigencias, dado que las formas no son nunca fin en sí mismas.

Mientras escribimos está en curso una amplia revisión del Código procesal penal. En el proyecto de Ley delegada ya aprobado por la Cámara de Diputados (22 mayo 1969), y, con modificaciones, por el Senado (4 diciembre 1970) durante la V Legislatura, se contienen setenta y ocho (¡demasiados!) criterios directivos a los que la revisión del Código por parte del Gobierno deberá atenerse en obsequio a los dictados constitucionales. Los principios de mayor interés son: máxima simplificación del proceso; participación de la acusación y de la defensa a base de igualdad en cada estado y grado del procedimiento; abolición de las fórmulas de sobreseimiento; delimitación temporal de la custodia preventiva, que no podrá nunca superar los dieciocho meses hasta la conclusión del juicio en primera instancia; unificación de la instrucción en manos del juez instructor, con fijación de un límite máximo de doce meses para la duración de la misma; examen directo del imputado, de los testigos, y de los peritos por parte del ministerio fiscal y de los defensores bajo la dirección y vigilancia del juez *(cross examination);* jurisdiccionalización de los procedimientos concernientes a la aplicación de las medidas de seguridad, con garantía de contradicción; ampliación de los casos de revisión; reparación de los errores judiciales[2].

2 Por la Ley de 3 de abril de 1974, núm. 108, ha sido aprobado por el Parlamento de la República la Ley delegada para la elaboración de un nuevo Código procesal penal. Dicha Ley enumera ochenta y cuatro principios o criterios a los que deberán adecuarse todas las instituciones procesales. *(N. del T.)*

CAPÍTULO III

Los principios fundamentales del derecho procesal penal vigente

1. EL PRINCIPIO DEL PROCESO PENAL COMO RELACIÓN JURÍDICA. —Afirmar que el proceso penal es una relación jurídica, o mejor, que aquél se desarrolla en una serie de particulares relaciones jurídicas entre diversos sujetos (ministerio fiscal, órgano de acusación; juez, órgano del poder jurisdiccional; imputado), con vista a un determinado resultado que será alcanzado en el momento en que el juez pronuncie la sentencia definitiva, puede parecer hoy una afirmación ciertamente evidente. Y, en efecto, todos sabemos como el proceso penal está regulado por el Derecho en cada uno de sus momentos concretos, aspectos y relaciones, especialmente respecto al imputado que no es objeto de investigaciones, sino sujeto de derechos.

Pero, en el curso de la historia, no han sido siempre estos el convencimiento y la realidad operante y determinante. La idea del proceso como relación jurídica es una idea relativamente reciente, cuyos orígenes hay que buscarlos en un nuevo planteamiento, en su desarrollo y estructuras. Este nuevo planteamiento vino determinado ante todo por la irrupción victoriosa de la idea del *Estado de derecho,* sobre la que ya tanto hemos insistido en el curso de la exposición, como idea básica, de la que toda situación o problema sale renovado y realzado; y, además, al afirmarse una exigencia metodológica por la cual todo concepto general y particular que incide en el marco del proceso debe ser definido y delimitado en términos jurídicos.

Una concepción del proceso penal de puro contenido sociológico-cultural ha sido durante mucho tiempo dominante; e incluso nosotros hemos subrayado muchas veces como sin filosofía, política, cultura, ética y sociología no se entiende el proceso penal, que es siempre expresión de la historia de un pueblo en la que confluyen toda una serie de momentos y de aspectos de valor. Con ello, no obstante, no hemos pretendido negar que el proceso penal deba ser estudiado y analizado *sub specie iuris* como fenómeno del mundo jurídico que debe construir sus propias nociones fundamentales no tanto sobre razones sistemático-formales, como *teleológicas.* Un planteamiento de carácter jurídico es indispensable. Cuando hablamos del proceso como de una relación jurídica pretendemos, según lo apuntado, salir del mundo de la política o de la sociología o de la psicología de las relaciones de fuerza para encerrar en una definición jurídica válida los términos del problema que tanto nos interesa. Es cierto que el proceso penal se articula y se manifiesta en una serie de relaciones sociales entre determinados sujetos; pero estas relaciones no se dejan a merced de la política, o sea, a valoraciones de fines, que cambian o pueden cambiar de hora en hora, sino que vienen a ser reguladas y disciplinadas por normas jurídicas de modo que todo arbitrio tenga que ser eliminado y todo poder discrecional circunscrito. Todo ello —como es ya conocido— ha sido una consecuencia de la aparición y de la consolidación de la idea del Estado de derecho como idea de garantía para las libertades del ciudadano y de limitación de la intervención estatal, bajo el presupuesto que el Estado debe reconocer los derechos inviolables de la persona.

Afirmar —como hace 40 años hacían GOLDSCHMIDT y SAUER, y antes aun, KOHLER— que el concepto de relación jurídico procesal es un concepto sin valor y del que se puede prescindir, es alarmante jurídica y políticamente. Tal planteamiento de carácter negativo sobre la idea de la relación procesal ha justificado y explicado después, la dura ofensiva desencadenada por los juristas vinculados al verbo totalitario nacional-socialista, los cuales han negado todo derecho de ciudadanía a la ecuación proceso = relación jurídica procesal, precisamente porque sería de origen iluminista, ligada a la división de poderes y al reconocimiento de esferas autónomas de libertad del imputado y a precisos e inderogables deberes del juez hacia el mismo imputado. La noción del proceso como relación jurídica ha sido, por tanto, rechazada por ser una noción individualista, liberal, corruptora de la idea orgánica y totalitaria del Estado, del cual se ha dicho, en armonía con todas aquellas ideologías que han caracterizado incluso en el campo jurídico al totalitarismo jurídico, que debe poderse mover sin trabas y limitaciones.

Nosotros creemos, por el contrario, que la idea del proceso como relación jurídica es una idea necesaria y llena de valor. Llena de valor porque subraya el contenido democrático-liberal de sus orígenes, en oposición con toda tendencia que quiera transformar el proceso penal en una simple intervención estatal con fines de «desinfección social» o de «defensa social»; necesaria, porque ella nos permite estructurar el proceso en una serie ordenada de particulares relaciones entre varios sujetos, a fin de que, uniendo posiciones «de derecho subjetivo» a posiciones de «deber jurídico-obligatorio», se pueda lograr el acto final (la sentencia) en un verdadero clima de legalidad. Es esta exigencia de legalidad, por tanto, la que ha dominado y domina la búsqueda y la conquista del concepto base de todo el proceso penal moderno: estamos frente a una relación jurídica *compleja y progresiva* (MANZINI) que explica en términos de estricta legalidad todo momento o aspecto del *iter* procesal. Compleja, en cuanto que aquél se manifiesta en la realidad en una serie múltiple de particulares relaciones entre varios sujetos; progresiva, porque no se agota en un momento particular sino que camina en el tiempo y en el espacio a través de *fases y grados* diversos hasta llegar a la decisión final, y puede precisamente revivir en la fase ejecutiva cuando surja un incidente en la ejecución.

La idea de la complejidad y de la progresividad nos permite, mediante el momento concreto que ellas postulan, ajustar el concepto unitario de la relación jurídica penal, como si ella fuese una e indivisible. Aquí ha actuado a la inversa una tendencia metodológica formal-sistemática que ha querido formular un concepto amplio, genérico, omnicomprensivo del proceso como relación jurídica, sin advertir que tal noción tiene un significado sistemático pero no ontológico, y por tanto formal, con todas las reservas que el formalismo lleva consigo. Ontológicamente hablando, por el contrario, tantas son las relaciones cuantas son las conexiones entre derecho y deber que se enlazan en la vida compleja y dinámica del proceso. Es necesario saber distinguir —con BELING— una relación jurídica en sentido amplio capaz de abrazar todas las manifestaciones intersubjetivas que se manifiestan en el proceso, y otra en sentido estricto, que se diseña cuando en concreto, a una petición específica de una de las partes, surge una obligación por parte del juez de dar una adecuada respuesta. Esta última es la verdadera y propia relación jurídica procesal penal que tiene una sustancia jurídica vital; la primera es un concepto referente a una categoría, que indica, sin embargo, una elección hecha por el legislador: la de encuadrarse en el marco de la más estricta legalidad para responder a las exigencias de un Estado de derecho. Es esta la razón por la cual creemos que se deba permanecer vinculado a la idea del proceso como relación jurídica: su rechazo llevaría inevitablemente al debilitamiento de todo un planteamiento de libertad logrado mediante fatigas de siglos.

He aquí por qué no creemos poder considerar positiva la idea del proceso, propuesta por GOLDSCHMIDT, como «situación jurídica»: incluso ella representa ciertamente un debilitamiento sustancial bajo el aspecto político de las exigencias de un Estado de derecho al que el proceso penal debe servir. La situación jurídica sería «el conjunto de todas las perspectivas, posibilidades, cargas y liberaciones de cargas de una de las partes, en la expectativa de una sentencia favorable». La tesis es indudablemente sugestiva, pero resuelve la dogmática del proceso en una serie de estados emotivos o psicológicos y termina por dar al proceso penal una entonación sociológica más bien que jurídica. Todo acaecimiento de la vida y de la historia y, por tanto, también el proceso penal, se encuentra en un momento dado de su vida en una determinada situación de la que puede surgir una determinada expectativa respecto al epílogo final, pero ello nada dice en cuanto al *contenido* jurídico que la situación presenta. Es esto lo que nos interesa como juristas en última instancia, no el momento o la serie de momentos fácticos prevalentemente psicológicos que en concreto pueden siempre subsistir y actuar en las partes.

Y si la tesis del proceso penal como situación jurídica no puede ser aceptada porque no es jurídica, no puede ser tampoco acogida la tesis de quien ve en el proceso penal una conexión cuyos términos se identifican con un sujeto y con la descripción de una conducta (CORDERO), por la impronta excesivamente formal del mismo planteamiento, que gravita en torno al concepto de «tipo jurídico» que es un concepto demasiado amplio para poder explicar y analizar los momentos particulares de la dinámica procesal.

La relación jurídico procesal tiene carácter *triangular*, en el sentido que es necesaria para el fin de su constitución la presencia de tres sujetos: juez, ministerio fiscal, imputado. Son estos los tres sujetos principales del proceso como relación jurídica, mientras que son del todo secundarios, y por tanto, ontológicamente no necesarios para la existencia de la relación jurídica procesal penal, la parte civil, el responsable civil, y la persona civilmente obligada a la reparación. Estos sujetos, en efecto, pueden, pero no deben, intervenir en el proceso penal para desarrollar una actividad dirigida a la satisfacción de intereses de naturaleza privada (resarcimiento del daño, obligación reparar el daño causado por el delito cometido por tercera persona, obligación de pagar en vía civil las multas leves por las contravenciones).

La relación jurídica procesal penal surge en el momento en que aparece la figura del juez. Es en este momento cuando nace a favor de las partes (m.f. e imputado) un derecho frente al juez (derecho a la decisión), con el oportuno deber a cargo del juez de emitir la sentencia, «mientras que entre las dos partes subsiste una ulterior relación, que se refiere al derecho potestativo del m.f. de dar vida a la condición para la actuación de la voluntad de la Ley y del correlativo estado de sujeción del imputado al efecto jurídico de la actuación de la Ley» (LEONE). Pero sobre la base de esta relación entre m.f. e imputado no surge todavía una relación procesal penal, la cual se fija en el juez como en una garantía suprema. La relación jurídica-procesal penal tiene naturaleza jurisdiccional, no puramente administrativa. Aunque es verdad que en los actos de la policía judicial promovidos por el m.f. o en el caso de la instrucción sumaria hay algo que se dirige hacia un proceso penal, por lo que tales actos son actos con finalidad procesal, se trata, sin embargo, de actos procesales sustancialmente administrativos; y estos no deben confundirse con los actos procesales verdaderos y propios, cuales son solo aquéllos garantizados por la intervención del juez. De otro modo —bajo el aspecto político— retrocederíamos. Si es verdad que la historia del proceso es una historia tendente a lograr un juez imparcial que actúe por encima de las partes, la calificación de procesal pertenece solo a la actividad que puede ser controlada por la presencia del magistrado.

He aquí por qué la instrucción sumaria está al margen de la legalidad garantizada jurisdiccionalmente: aquélla está guiada por el m.f. en un clima que a veces permite (o ha permitido o consentido) también poderes discrecionales excesivos al m.f., en menoscabo de la defensa del imputado. Recientemente se han intentado remedios, pero el peligro está siempre ante nosotros y las razones que militan por una reforma que unifique las dos instrucciones hoy existentes (la formal controlada y dirigida por el juez instructor y la sumaria dirigida por el m.f.) son razones reales, porque el proceso penal está, todavía hoy, bajo este aspecto, muy lejos de ser liberado de las graves y agobiantes hipotecas iliberales.

2. EL PRINCIPIO DE LA DECLARACIÓN DE LA VERDAD. —Se ha solido decir que una diferenciación básica entre el proceso penal y el proceso civil debe ser buscada en el tema de la investigación de la verdad del hecho respecto al cual corresponde después al juez dar la más precisa calificación jurídica. Aunque es verdad que la sentencia del magistrado puede ser reconducida al esquema de un silogismo, en cuya estructura la premisa mayor viene dada por la norma legal, la menor por el hecho objeto de la

constatación y la conclusión por la posibilidad o no de reconducir el hecho (la subsunción) bajo la abstracta previsión legislativa, la investigación verdadera y propia que interesa bajo el aspecto de la prueba es aquella que tiene como su objeto la existencia o no del hecho en su materialidad histórica. La norma legal no se prueba. El juez debe conocerla y debe saberla interpretar. Cuando él rehusare emitir una resolución aduciendo la imposibilidad de interpretación de la Ley, él cometería un delito de denegación de auxilio a la justicia. *Venite ad factum iura novit curia:* esta era la invitación que todavía en la edad media el juez hacia a las partes, para que no descuidasen la indicación de los medios indispensables para probar la subsistencia histórica de un hecho productivo de determinadas consecuencias jurídicas.

Estamos en el campo de la prueba, que es un argumento arduo y difícil, pero sobre todo materia en la que se reflejan también concepciones distintas de naturaleza política. Y es a tal propósito cuando se afirma como el proceso civil —en cuanto menos politizado que el penal porque incide con sus consecuencias sobre posiciones de naturaleza privada— sea en el tema de la prueba menos exigente que el penal, donde debe dominar la regla de la investigación de la verdad sustancial o real sobre la verdad legal o formal. Cuando está en juego un interés patrimonial de un sujeto, actor o demandado en un proceso civil, ciertamente puede también el proceso ser resuelto en términos legales que no correspondan a los términos sustanciales (con un juramento decisorio se decide una causa civil aunque el juramento sea falso); mientras que, cuando están en discusión intereses personales (libertad, honor, reputación, etc.), el juez debe estar en grado de llegar al fondo de las cosas para aclarar si efectivamente el imputado ha cometido el hecho delictivo en torno al cual se discute.

No queremos negar que tal contraposición entre la verdad legal de un lado, que concierne al proceso civil, y la verdad sustancial de otro que concierne al proceso penal, pueda tener un relieve en el ámbito de ambos procesos, pero no creemos sea justo hacer de la contraposición un principio *absoluto* como si al proceso civil no le interesase lograr la verdad efectiva o real del hecho. El proceso, tanto civil como penal, es un instrumento de verdad. Aunque sea innegable —dada la limitación de las posibilidades humanas en la búsqueda de la verdad— que no siempre la verdad legal es la verdad sustancial, pero de tal afirmación no es lícito concluir que entre ambos haya ontológicamente una diferenciación radical por lo que concierne a la prueba de los hechos. Cambian las *técnicas* concretas que tienen una explicación de carácter histórico, pero el intento es el mismo: es preciso hacer un esfuerzo para investigar la verdad. Este podrá ser más o menos intenso en un sector que en otro, pero la idea inspiradora es la misma. En el proceso civil el juez no se puede sustituir a la iniciativa de las partes y *debet indicare secundum alligata et probata,* lo que depende de la naturaleza del objeto del proceso, constituido por un litigio civil «donde confluyen intereses de naturaleza privada» disponibles en *re ipsa;* en el proceso penal, por el contrario, el juez se puede sustituir a la inactividad de las partes en la búsqueda de la verdad, dado que se discute en torno a una «pretensión punitiva» y están en juego intereses indisponibles. Por otra parte, si en el proceso civil el juez se encuentra limitado en la formación de su convencimiento por la presencia y por la eficacia normativa de limitaciones (prueba documental que no puede ser sustituida por prueba testifical), de pruebas privilegiadas (juramento decisorio), de pruebas legales (presunciones), esto no sucede porque se quiera deformar el juicio del magistrado. El legislador, ha preferido más bien guiar al juez en la vía de la investigación de la verdad indicándole un cierto camino: y ello ya sea por la naturaleza de las relaciones y de las situaciones a regular, ya por una desconfianza que el legislador alimente frente al juez, en cuanto cree ser más idóneo y más experto que cualquier otro en la indicación de la búsqueda de la verdad. Pero pretender que el legislador haya querido con esta elección la no-verdad, sería, todavía antes que un grave mal entendimiento en el plano jurídico, un verdadero y propio absurdo lógico, moral y político. Y ello es tan cierto que esta función de guía en la declaración de la verdad el legislador la pretendió en una época también para la actividad del juez penal, ya porque partía del presupuesto que el proceso penal se debiese modelar sobre el civil, ya porque estaba animado de una desconfianza semejante también hacia el magistrado penal, respecto al cual pensaba no le debía ser reconocida una total autonomía funcional en la carencia de un principio constitucional concerniente a la división de poderes.

La contraposición entre la verdad legal o formal y la verdad sustancial no se lleva, por tanto, a sus últimas consecuencias hasta el punto de ver en aquélla una fractura entre las funciones del juez penal y las del juez civil, sino que hay que entenderla como criterio *orientativo* o *referido a la praxis* que califica más una función y menos a otra. Pero el fin de todo proceso es la búsqueda de la verdad. En el proceso penal aquél es también un momento dramático dada la naturaleza del proceso mismo. En razón de la intensidad con la que se ansia en el proceso penal la búsqueda de la verdad, tras las observaciones hechas, podemos también decir que un principio fundamental del proceso penal es el de la investigación de la verdad material o sustancial de los hechos en torno a los cuales se discute, para que sean probados su subsistencia histórica sin rémoras, obstáculos y deformaciones. Esto comporta que el legislador tenga que eliminar del Código toda *limitación a la prueba* y que el juez tenga que ser dejado *libre en la formación del propio convencimiento.* Estos principios son conquistas del pensamiento moderno y como tales ellos se insertan en el marco del desarrollo histórico de la idea del Estado de derecho. BECCARIA insistió particularmente sobre estos principios para que el proceso penal pudiese salir de las estrecheces mortales de una técnica inquisitoria llevada al paroxismo; y CARRARA los elevó a la categoría de principios, no solo políticos sino también jurídicos, en el ámbito de su ciertamente inmortal sistema. Ellos son hoy patrimonio común de todos los procesos penales de los Estados que inspiran sus principios jurídicos en las ideas de libertad y de responsabilidad.

¿Qué quiere decir todo esto en concreto? Cuando se habla de un libre convencimiento judicial no se quiere en absoluto afirmar que el juez sea libre *de la* prueba. Ello sería, ciertamente, un peligroso absurdo. Llevaría a la consecuencia de que el juez penal podría juzgar sobre la base de una ciencia propia, de una convicción no vinculada a datos objetivos, de un juicio de verosimilitud o de inverosimilitud que ha sido y es juicio suficiente en los regímenes políticos iliberales, no en los regímenes fundados en la libertad del ciudadano como valor fundamental que puede ser limitado solo sobre la prueba de hechos concretos. El juez penal no es libre de la prueba: libre es por el contrario en la valoración de los resultados *de la* prueba: si hay testigos el juez los debe escuchar, pero es libre en la valoración de la credibilidad de los mismos acerca de la verdad de los hechos sobre los que el testimonio ha sido depuesto. No está obligado a estimar verdaderos o falsos los testimonios solo porque *unus testis nullus testis, duo testes testis,* como afirmaban lo antiguos brocardos procesales que expresaban reglas probatorias vinculantes para el juez. En concreto, todo esto significa varias cosas. La libertad de prueba se entiende ante todo:

a) *Como no taxatividad de las pruebas* cuales son tomadas por hipótesis y catalogadas en el Código procesal penal (testifical, pericial, documental, por confesión, reconocimiento judicial, etc.). Todo medio de prueba que las nuevas técnicas puedan en el curso del desarrollo histórico ofrecer, puede ser utilizado por el juez, a condición de que no ofenda la autonomía de la voluntad y la dignidad personal del imputado. El imputado, en efecto, en el ámbito de nuestro ordenamiento, tiene derecho incluso a mentir o a callar y no puede ser constreñido con el uso de técnicas adecuadas a confesar ni a su favor ni en su contra.

b) *Como exclusión de toda prueba privilegiada* que pueda en cuanto tal, independientemente de una valoración de los resultados, constreñir al juez a considerar un hecho como verdadero.

En otro tiempo la confesión del imputado (hoy simple indicio) era reputada la reina de las pruebas, es decir, una prueba privilegiada que resolvía toda duda sobre la existencia del hecho delictivo y de la responsabilidad penal del imputado. A tal fin se estimaba legítima la tortura, que no era una pena, sino un medio de coerción para obtener la confesión en función de la cual la causa se resolvía. Recuérdese aún al respecto el gran mérito histórico de BECCARIA que influyó de modo decisivo en el proceso de humanización del proceso penal.

c) *Como exclusión de una preclusión en orden a la prueba,* en el sentido que la práctica de un medio probatorio no puede ser negada u obstaculizada como sanción procesal pues repercutiría en la investigación de la verdad de los hechos.

d) *Como exclusión de toda prueba legal* que en un tiempo (y como en parte todavía sucede en el proceso civil) se imponía como mandato al juez de estimar fijado y probado el hecho y la responsabilidad del imputado en razón de la constatación de un hecho diverso unido, sin embargo, al primero por una regla de experiencia: el *id quod plerumque accidit.* Solo las limitaciones que la Ley civil prevé para la prueba del *status* de las personas tienen abierta la puerta en el proceso penal (art. 308, Código procesal penal). Estamos en el terreno de las presunciones o de las pruebas indirectas, argumento que debe ser brevemente aclarado porque es de importancia capital para el proceso penal.

La distinción fundamental respecto a las pruebas es aquélla entre prueba *directa o histórica* y prueba *indirecta o crítica.* No se dice con ello que la primera fotografíe el hecho y la segunda lo reconstruya en términos puramente lógicos y, por tanto, críticos. No hay prueba sin constatación de un determinado hecho y la constatación necesita del uso de los instrumentos lógicos del pensamiento humano que son por su naturaleza instrumentos críticos. El campo de la prueba es esencialmente el campo reservado a la crítica, que es un momento típico del pensamiento humano y sin el cual no se llega a la declaración de la verdad. En este cuadro, tenemos una prueba histórica o directa cuando un medio probatorio se dirige a constatar el hecho que forma el objeto de un determinado proceso penal, como es el caso en que un testigo declare haber visto al imputado robar y reconocerlo, en consecuencia, como al ladrón. El momento crítico aquí concierne a la credibilidad del testigo, pero en seguida que esta venga reconocida, el hecho es probado y es el hecho típico y característico, objeto del proceso penal en curso. En la prueba indirecta, por el contrario, el testigo afirma no ya haber visto al imputado mientras robaba, sino de haberlo visto, en las cercanías inmediatas de la casa donde el hurto ha sido perpetrado, con el saco a las espaldas. Aquí se prueba un hecho diverso del que se discute en el proceso, pero un hecho que está vinculado a este último por la regla de la experiencia, la cual nos enseña que aquel que ha sido visto merodear con un saco a las espaldas alrededor de una casa en la que ha sido cometido el hurto *es probablemente el ladrón.* Se prueba, en consecuencia, el hecho A (hecho conocido) del que se deduce, sobre la base de una regla de experiencia, el hecho B (hecho desconocido). Si no fuera que, precisamente porque la regla de experiencia expresa solo la probabilidad y no la certeza que el hecho subsista o que el imputado lo haya cometido, la prueba indiciaría es sobremanera delicada y debe ser en cada momento sometida a una criba crítica si se quiere alcanzar tranquilidad de juicio donde están en juego la vida, la libertad, y el honor de un imputado. Cuando después es el legislador el que con normas particulares une el hecho conocido al hecho desconocido, estamos en el campo de las presunciones legales. Estas pueden ser *iuris et de iure* cuando no admiten prueba en contrario, e *iuris tantum* cuando se admite la prueba en contrario como prueba liberatoria para el imputado. Es este, en el proceso penal, el único caso en que subsiste una verdadera y propia *carga de la prueba,* aunque *formal,* a cargo del imputado, en el sentido que si el imputado no se activa para eliminar de la mente del juez un resto de duda él debe someterse a la regla que en este caso la duda no le favorece: *in dubio contra reum pro civitate.* Es necesario, por tanto, en la prueba indiciaria o indirecta, probar un hecho del que se deduce otro; lo que significa que nunca una sospecha o una conjetura del juez podrá sustituir la prueba del hecho.

Sospechas, conjeturas, juicios de verosimilitud o de inverosimilitud, deben ser excluidos del campo de la prueba, porque constituyen su radical negación. Al menos en el proceso penal de una ciudad políticamente abierta. Es preciso un indicio. Pero también el indicio para ser prueba penal válida debe ser *monovalente,* es decir conducir la mente a formular un juicio, que aun no excluyendo la posibilidad de lo contrario, nos tranquilice sobre los resultados objetivos obtenidos porque el hecho probado es verdaderamente *indicativo* y *concluyente* respecto al hecho que se deduce en términos indirectos. Un indicio *polivalente* debe ser descartado como indicio válido porque demasiado grande es el riesgo del error judicial, y existen sistemas que no admiten, por ejemplo, que una pena de muerte pueda estar basada en un proceso indiciario por los peligros que siempre comporta. El error judicial está, por tanto, siempre ligado a una valoración errónea por parte del juez del significado o valor que puedan tener las pruebas indirectas: las cuales —si no pueden ser eliminadas del campo del proceso penal— deben, sin embargo, ser empleadas y valoradas con el más alto sentido de responsabilidad por parte de todos aquellos que intervienen en el proceso, ya se trate del juez, del órgano de la acusación o del defensor del imputado.

3. EL PRINCIPIO DE LA NOTIFICACIÓN DE LA ACUSACIÓN. —Si es verdad que la defensa es un derecho subjetivo público del imputado en todo estado y grado del procedimiento penal; si es verdad que toda la estructura del proceso en un ordenamiento político «abierto» debe estar orientada hacia el reconocimiento y la salvaguardia de tal derecho; si es verdad que la violación de los derechos de la defensa da lugar a sanciones procesales para los actos realizados contra *rationem legis,* es necesario que los hechos que se imputan sean oportunamente notificados al imputado con el fin de consentirle preparar una adecuada defensa. No hay, en efecto, proceso penal digno de este nombre sin la efectiva y oportuna posibilidad de una defensa. La notificación de la acusación sirve, según lo apuntado, para hacer conocer al imputado el hecho o la serie de hechos que se le atribuyen y que formarán el tema de la investigación procesal y del debate. Y aun cuando en el período instructorio la acusación sea secreta, dado el carácter inquisitorio que la fase instructora presenta, en la del juicio la acusación debe ser pública, determinada, clara, completa, con el fin de dar a la sentencia un punto preciso de referencia.

El hecho que, de un lado, haya una acusación y, de otro, una defensa, atribuye al proceso un planteamiento dialéctico que se traduce en la regla de la contradicción, mediante la cual se separa lo verdadero de lo falso, lo útil de lo inútil, lo esencial de aquello que no lo es. Es, por tanto, en el choque frontal cuando la chispa de la verdad puede saltar. Y tal convencimiento ha llevado en ciertos sistemas precisamente a una abolición de la fase instructoria (escrita y secreta): el imputado, tras una declaración preliminar a la policía, se le envía ante el juez donde tiene lugar entre el ministerio fiscal y el detenido el llamado *cross examination,* es decir, el examen y el interrogatorio cruzado del que sobresalen y clarifican los momentos que justifican la condena o la absolución.

De todas formas, es cierto que la notificación de la acusación es una institución siempre orientada hacia la salvaguardia de los derechos de la defensa. Lo que quiere decir, que el imputado debe ser puesto en situación de conocer todo hecho y todo elemento esencial (momento constitutivo de un delito) y accidental (circunstancia) de la que puede derivar una declaración de responsabilidad o de mayor responsabilidad. No basta, pues, notificar en un proceso por homicidio el hecho de haber ocasionado la muerte de un hombre, sino que, si se trata de un homicidio con agravante, es preciso notificar también, por ejemplo, el empleo de la asechanza o del veneno (art. 576, núm. 2, Código penal) para que la defensa pueda ser puesta en situación de abarcar todo el tema de la acusación en toda su extensión con el fin de discutir o rechazar la tesis contraria. Lo que no es necesario, por el contrario, es la indicación de las circunstancias atenuantes o de todo lo que atenúa de cualquier modo el peso de la acusación, pudiendo el juez tener presente todo lo que alivie la posición de imputado independientemente de que se le haga una comunicación al mismo.

La notificación de la acusación puede tener carácter provisional o carácter definitivo. Hasta tanto que la instrucción no se termine con el auto de reenvío a juicio, tras la instrucción formal (art. 374, Código procesal penal), con la petición de la citación a juicio que agota, en caso desfavorable para el imputado, la instrucción sumaria (art. 396, Código procesal penal), la notificación tiene carácter provisional y sumario. De este modo, desde el primer acto de instrucción, debe ser enviada al imputado una comunicación judicial «con indicación de las normas legales violadas y de la fecha del hecho atribuido» (artículo 304, Código procesal penal); en los mandamientos o en las órdenes que vayan dirigidos al imputado, se requiere una «nota sumaria del hecho, con la indicación de los artículos legales que lo prevén» (art. 264, párrafo 1.°, núm. 2), si bien después la notificación debe ser hecha en términos claros y precisos. El medio que a tal fin sirve es el interrogatorio del imputado, respecto al cual el artículo 367 del Código procesal penal estatuye que: «el juez notifica en forma clara y precisa al imputado el hecho que le es atribuido...». En todo caso, el interrogatorio del imputado no es medio de prueba concluyente, porque aunque el imputado admita el hecho que le es desfavorable no por esto solo el juez debe estimar haber alcanzado la verdad. Al contrario, el juez tiene la obligación de «investigar todos los hechos y todas las circunstancias que el imputado ha expuesto en el interrogatorio, en cuanto puedan conducir a la fijación de la verdad» (art. 368, Código procesal penal). Lo que quita a la confesión toda naturaleza de prueba privilegiada o no. Aquélla se reconduce en cuanto a los resultados a la categoría de los indicios, si bien monovalentes, y el interrogatorio se presenta como instrumento de la notificación de una acusación con el fin de poner al imputado en situación de defenderse.

En un determinado momento la notificación toma configuración definitiva y analítica respecto a los hechos constitutivos o agravantes de los que nace una pretensión punitiva o la posibilidad de aplicar una medida de seguridad. Este es el momento en que las dos formas de instrucción concluyen bien con el auto de reenvío a juicio del imputado o con la petición de citación a juicio. La notificación al imputado del auto de reenvío a juicio o de la citación representa el modo típico y normal de una notificación escrita definitiva y de una acusación al imputado, el cual tiene el derecho de ser juzgado solo respecto a los hechos ahora definidos en los documentos antedichos, respecto a los cuales es puesto en situación de preparar una defensa. El cuadro del proceso está así definido y descrito, y el tema del debate indicado; de estos límites no se puede exceder sino en los casos excepcionalmente consentidos por la Ley. Se afirma que la acción penal se ha individualizado e identificado, razón por la que respecto del mismo hecho no puede pender o no puede comenzarse otro proceso ante otro juez.

Sin embargo, si, en el curso del debate o tras los actos instructorios, aparece un hecho nuevo que se agrega así al hecho ya definitivamente notificado, surge indudablemente un problema. Cuando se trate de un hecho nuevo que no tiene ningún vínculo o ningún nexo con el hecho por el que el proceso se actúa, es evidente que el juez debe tomar nota y hacer una relación al Fiscal para que proceda en la forma acostumbrada. Pero si se trata de un hecho nuevo que entra en la esfera de la competencia del juez actuante, y este hecho está ligado por una determinada relación con el hecho por el que el proceso existe, a petición del m.f. el juez actuante lo notifica oralmente al imputado en el curso del debate (art. 445, Código procesal penal) y puede conceder al imputado un plazo para que pueda preparar su defensa. Se debe tratar de un *delito concurrente* (ya sea en el cuadro del concurso real de delitos o del de concurso ideal), de la *continuación de un delito* o de una *circunstancia agravante*. Bajo el presupuesto de la competencia del juez actuante y del nexo que liga un delito a otro, es posible de este modo ampliar durante el juicio el tema de la discusión, en nombre de una exigencia de economía procesal. Es decir, se piensa que sería un excesivo dispendio de energía procesal y sería peligroso para la investigación de la verdad de los hechos si se debiese remitir todo al Fiscal para iniciar *ex novo* un segundo procedimiento. Es esta la hipótesis de la llamada *notificación oral supletoria*, en la que falta una notificación escrita de la acusación, mientras que en la hipótesis normal la notificación oral en el juicio (que debe siempre tener lugar) sirve para esclarecer e indagar sobre los términos de la notificación escrita.

Otro problema surge cuando en el curso del juicio el hecho resulte diverso de aquel regularmente notificado al imputado (por ejemplo, no se trata ya de extorsión, sino de robo con fuerza en las cosas). En este caso, sin embargo, es necesario no confundir lo que es la diversa calificación jurídica que el juez en la sentencia atribuye al hecho regular y oportunamente notificado, con lo que es el problema del hecho diverso. Ya hemos dicho que la notificación de la acusación no se refiere a la norma legal. Aunque esta debe ser indicada en los documentos de la notificación, no es esta la que se notifica. Se notifica el hecho, y con tal que el hecho permanezca idéntico el juez es del todo libre de calificarlo en la sentencia de modo diverso a como ha sido calificado en los documentos de la acusación. Que la notificación de la acusación no se refiera a la calificación jurídica de los hechos y que al respecto el juez sea plenamente libre, se deduce del art. 477, parte I, el cual reza expresamente que «en la sentencia el juez puede dar al hecho una definición jurídica diversa a la enunciada en el auto de reenvío a juicio, o en la petición de la citación. Y ello es perfectamente lógico porque cuando el juez califica de modo diverso los hechos no viola ninguna sustancial exigencia de la defensa: de este modo podrá calificar como apropiación indebida un hecho para el que la acusación es de malversación de caudales públicos cuando se convenza que el imputado no era funcionario público.

Por el contrario, el juez no puede modificar el hecho, porque en tal caso llegaría a violar un derecho y una posición de defensa del imputado, con grave perjuicio de su libertad personal. Se estatuye en el párr. II del art. 477 que «si resulta del juicio que el hecho es diverso del enunciado en los actos antedichos, el juez fuera de los casos contemplados en el artículo 445, dispone mediante auto el envío de las actuaciones al m.f.». La regla de la notificación de la acusación exige de este modo que entre el hecho que se acusa y el hecho que forma objeto de la sentencia subsista una relación de identidad: el juez no puede conocer de un hecho diverso del notificado aunque sí puede calificarlo de modo diverso.

A propósito del concepto de identidad del hecho surgen graves problemas: ¿Cuándo es cuando el hecho cambia? ¿Cuándo es cuando permanece el mismo? A este respecto la doctrina ha estado y está atormentada por soluciones opuestas, en las que se reflejan actitudes metodológicas y culturales diversas entre sí. Es evidente que en un marco político cultural que se desinteresa de las posiciones defensivas del imputado, el problema de la *mutatio libelli* (para usar un término de la edad media) es de secundaria importancia y puede ser resuelto en términos amplísimos; mientras que, allí donde domina una concepción de libertad, un rigor particular debe ser considerado como absolutamente necesario. No es con la lógica abstracta como el problema puede ser resuelto, porque en derecho hay identidad incluso cuando no es aplicable la proposición lógica $a = a^1$. Si es posible pasar de una acusación de malversación de caudales públicos a una condena por apropiación indebida, ello significa que la relación lógica de identidad de los hechos ha sido superada, porque los dos hechos delictivos no son lógicamente idénticos si bien lo son procesalmente. Y ni siquiera con la lógica formal jurídica se puede llegar a una contribución decisiva para la solución del problema, a pesar de que la doctrina haya insistido tanto en ello. Se ha afirmado así que el hecho es idéntico cuando permanece idéntica la acción, aun modificándose el resultado o viceversa; cuando, fijado todo el momento objetivo, cambie solo el título subjetivo de la imputación (por ejemplo, culpa en lugar de dolo); cuando, aun mudando todos los momentos formales del hecho, permanece idéntica la lesión del bien jurídico de la categoría, y así sucesivamente.

Nos parece, sin embargo, que todas estas soluciones, aunque han llevado a contribuciones válidas para el conocimiento de uno de los más arduos problemas del proceso penal sean unilaterales. Lo verdaderamente determinante es mirar más allá de los límites formales o sustanciales del hecho en discusión. No se puede ofrecer una regla formal de solución, ni siquiera una ligada al concepto de la objetividad jurídica del hecho, sino que es preciso más bien proyectar el problema en una pantalla finalista, teleológica. Si es cierto que el espíritu inspirador del principio de la notificación de la acusación es la tutela efectiva y eficaz del derecho de defensa del imputado, todas las veces en las que, sobre la base de una valoración de un elemento de hecho, se viole un derecho o una posición defensiva del imputado, deberemos concluir que el hecho es diverso y que el cambio operado por el juez es ilegítimo. Entra de este modo en juego el criterio de la defensa, como criterio decisivo y determinante. De nada vale insistir sobre el motivo que el momento del hecho que cambia es esencial o accidental, objetivo o subjetivo, formal o sustancial: lo que en efecto cuenta es la agresión a las posiciones defensivas del imputado. Este es el verdadero *telos,* el espíritu inspirador de todo el problema. Cualquier otra solución es esquemática y mecánica. Puede conducir a buen puerto, pero puede también alejarnos del puerto. La objeción que de este modo se deja todo, al renunciar a un criterio general de solución, a la decisión del magistrado que *caso por caso* estará llamado a decidir, no dice nada. No se trata de un reenvío al arbitrio del magistrado, sino a su prudente criterio de valoración sobre la base de una regla que es uno de los pilares del sistema dentro del cual operamos. Actuamos en un mundo que en ningún caso y por ninguna pretensión admite que la posición defensiva del imputado pueda ser atacada. El principio de la notificación de la acusación y de la identidad del hecho se conecta, en último extremo, a la regla de carácter constitucional que quiere tutelar la defensa del imputado en toda la estructura del proceso. Estamos de este modo ante una garantía de libertad para el ciudadano.

4. EL PRINCIPIO DEL «FAVOR REI». —Bajo un cierto ángulo visual, el principio del *favor rei* es el principio básico de toda la legislación penal procesal de un Estado inspirado, en su acción política y en su ordenamiento jurídico, por un criterio superior de libertad. No hay en verdad Estado auténticamente libre y democrático en el cual tal principio no haya encontrado acogida, de ahí que en los esquemas jurídicos de semejante organización estatal siempre estará presente un estímulo hacia un reconocimiento de libertad y de autonomía de la persona humana. En la contraposición entre el *ius puniendi* del Estado, de un lado, y el *ius libertatis* del imputado, de otro, la preeminencia debe ser atribuida a este último si se quiere que el valor de la libertad sea el que triunfe. Aunque ello pueda parecer, en orden a ciertos delitos comunes una solución exagerada, no se debe, sin embargo, olvidar que las ideas liberales-democráticas han encontrado el modo de afirmarse como ideas innovadoras en relación a los delitos políticos desde los que después se han extendido también a los demás: delitos políticos, cuya disciplina penal y procesal penal es el termómetro del grado de democracia de una *polis*. Añádase que en el clima político de un Estado totalitario todo delito, bien por razón de la materia o bien por razón de la intervención del agente, deviene delito político, de forma que no queda lugar para el delito común. En un régimen liberal, por el contrario, la categoría de los delitos políticos, tiende a reducirse o a desaparecer.

En nuestro ordenamiento —aunque vinculado todavía a un Código penal que en el artículo 8 amplía desmesuradamente el delito político, considerando tal no solo aquel que lesiona un interés político del Estado o un derecho político del ciudadano, sino también el delito común inspirado en todo o en parte por motivos políticos— ninguna diferencia de tratamiento existe entre las dos categorías de delitos. Incluso para el delincuente responsable de un delito político, como para cualquier otro, vale la regla del *favor rei*, mientras que tal regla permanece aún invertida donde dominan concepciones políticas autoritarias o totalitarias.

El *favor rei* —a nuestro entender— debe ante todo constituir una regla fundamental para la interpretación. Ello supone que cuando no se pueda tener una interpretación unívoca sino solo una situación de contraste entre dos interpretaciones de una norma legal (antinomia interpretativa), habrá que elegir la interpretación más favorable a las posiciones del imputado. En verdad el juez no puede ser *agnóstico* respecto a las elecciones interpretativas. Él vive en un determinado clima político-constitucional en el ámbito del cual el valor supremo es la persona humana; y es la posición de esta la que el juez debe propugnar cuando es llamado a elegir entre dos interpretaciones opuestas de un norma legal.

El *favor rei es* un principio general de inspiración que en concreto debe encontrar su manifestación en normas jurídicas particulares. Se dice que una norma de este tipo es la norma que regula la famosa presunción de inocencia del imputado, hecha propia por la Constitución, donde en el artículo 27 se dice que «el imputado no es considerado culpable hasta la condena definitiva». Nótese, sin embargo, presto, que en esta disposición no se usa la expresión positiva del artículo 6.º de la Convención europea de los derechos del hombre, para la cual «toda persona acusada de un delito es presuntamente inocente hasta que su culpabilidad no haya sido legalmente establecida». La diferencia de expresión puede parecer de gran relieve y ha sido subrayada por ANDRIOLI. Tal autor cree, en efecto, que la norma de la convención, ratificada por el Parlamento italiano, ha devenido hoy norma vinculante para el ordenamiento jurídico procesal italiano, con la consecuencia de haber innovado en la regla de la carga de la prueba en el proceso penal: esta se modelaría ahora con la imitación de la carga de la prueba en el proceso civil, estableciendo una carga formal de la prueba verdadera y propia a cargo de los sujetos de la relación procesal. Nos parece, sin embargo, que una norma de un tratado internacional que por su naturaleza debe expresar, más que una regla concreta, un principio de cultura común a varios pueblos, no sea de tal naturaleza que suponga una modificación en una disciplina de carácter general aún vigente en el tema de la carga de la prueba en nuestro sistema.

Si bien se mira, incluso la norma del art. 27 de la Constitución —como ya hemos afirmado— no expresa técnicamente una presunción que pueda incidir en el problema de la carga de la prueba en el proceso penal, cuya disciplina permanece siempre diversa de la que opera en el proceso civil, ligado a otras perspectivas de fondo. La norma del artículo 27 es la traducción literal y en el plano constitucional del *favor rei,* que caracteriza a un sistema penal abierto al momento histórico-político que atravesamos. Para saber si, y hasta qué punto, el *favor rei* pueda haber sido influido concretamente en las estructuras del proceso debemos examinar particularmente el problema de la carga de la prueba. Se entiende por carga de la prueba el peso que incumbe en el proceso civil al actor quien debe demostrar la fundamentación de su pretensión respecto al demandado, si no quiere ver que el juez *in limine litis* rechace su demanda; y el peso que incumbe al demandado para sostener la validez de su excepción respecto a la demanda del actor, si quiere que el juez la tenga en debida cuenta, *Iudex debet iudicare secundum alligata et probata partium.* Se trata de una carga formal verdadera y propia, que debe ser afrontada cuando las partes quieran sustraerse a un perjuicio y, por tanto, a un vencimiento. Si en el proceso penal encontrase aplicación una verdadera y propia presunción de inocencia del imputado, es evidente que al órgano de la acusación correspondería una carga formal de la prueba; de forma que el juez, cuando el ministerio fiscal permaneciese inactivo, debería absolver al imputado porque a favor de este jugaría una presunción de inocencia. Pero en el proceso penal no sucede así, debiendo el juez investigar a todo coste la verdad de los hechos sin estar limitado por presunciones a cargo o a favor del imputado, aquél puede siempre sustituirse a la inactividad del m.f. para probar que el hecho delictivo subsiste, o a la inactividad del detenido para probar que el hecho por el contrario no subsiste. Pero si no existe una carga de la prueba en el proceso penal entendida en sentido formal, subsiste, por el contrario, una carga entendida en *sentido material* que encuentra su razón de ser en los *límites intelectuales* de todo *investigador*, comprendido el juez, el cual en un determinado momento, a pesar de todo su esfuerzo y de toda su buena voluntad, se puede encontrar en un estado de duda respecto a la fijación de un hecho que tiene importancia penal. ¿Si es verdad que solo un juicio de certeza sobre la existencia de un hecho puede justificar una decisión del magistrado, cuando el hecho permanece *incierto*, como debe él comportarse? No existiendo una carga formal de la prueba a cargo del m.f. y con mayor razón a cargo del imputado, es sobre el m.f. quien gravita todo el peso de la carga de la prueba en el proceso penal, en el sentido que él está llamado a probar (si quiere eliminar toda duda de la mente del juez) la existencia de los *hechos constitutivos* de la pretensión punitiva (que el imputado de un hurto haya sustraído realmente una cosa mueble ajena) y la inexistencia de los *hechos impeditivos* (no subsiste a favor del imputado el estado de necesidad que deja impune el delito de hurto): es decir, todo el conjunto de los presupuestos, elementos, condiciones y circunstancias que hacen posible la aplicación de la pena. Si las pruebas se malogran, aunque continúe subsistiendo en la mente del juez una duda, el juez está obligado a guiarse sobre la base de la regla *in dubio pro reo et contra civitatem* y a absolver al mismo imputado. Toda la carga de la prueba en el proceso penal está de este modo constituida y confiada al m.f. y en provecho del imputado, a menos que no actúe respecto de este último una presunción de culpabilidad expresamente prevista por el legislador. En tal caso corresponde al imputado el peso de activarse para probar su inocencia. La regla *in dubio pro reo* no se refiere solo en concreto a la interpretación de la norma penal como se creía en otro tiempo aunque —y ya lo hemos dicho— el *favor rei,* de hecho, inspira siempre la exégesis de la norma; no se refiere al problema del libre convencimiento del juez que se manifiesta bajo el presupuesto de que un hecho haya sido establecido; sino que se reconduce fundamentalmente a la carga de la prueba y encuentra campo y modo de aplicación frente al hecho que resulta incierto. Nunca, cuando es incierto el hecho, podrá tener lugar una sentencia de condena; en este caso el juez absolverá con fórmula dubitativa (sentencia de absolución por insuficiencia de pruebas), en la cual se traduce y se manifiesta una de las exigencias de libertad del proceso penal moderno. Hoy muchos autores sostienen que la sentencia por insuficiencia de pruebas debe ser suprimida, en favor de la fórmula de absolución plena; pero tememos que ello, por razones atinentes a una tradición y a una mentalidad conservadora de la magistratura, pueda acabar en daño del imputado, el cual podría encontrarse expuesto a una desnaturalización de la prueba y verse, en vez de absuelto con fórmula dubitativa, condenado con fórmula plena.

Una segunda hipótesis en la que encuentra aplicación el principio del *favor rei es* la prevista por el art. 152, Código procesal penal, que impone al juez la obligación de la inmediata declaración de determinadas causas de no punibilidad, con el fin de evitar peligrosas discusiones respecto al fondo de la causa. Dispone la primera parte del artículo citado que «en todo estado y grado de procedimiento el juez que reconozca que el hecho no subsiste o que el imputado no lo ha cometido o que la Ley no lo prevé como delito, o que el delito se ha extinguido, o que la acción penal no podía ser iniciada o proseguida, debe declararlo de oficio con sentencia». Es una confirmación, esta, de aquella exigencia básica que ve en el proceso un instrumento de garantía y un estímulo también inmediato hacia la libertad del imputado; exigencia que encuentra confirmación en el párrafo segundo del mismo artículo, donde se dice que «cuando resulta una causa de extinción del delito, pero ya existan pruebas que hacen evidente que el hecho no subsiste o que el imputado no lo ha cometido o que el hecho no está previsto por la Ley como delito, el juez *decide respecto al fondo,* absolviendo con la fórmula prescrita». La decisión respecto al fondo es una garantía puesta para la tutela de la inocencia, un derecho del imputado, una defensa de la libertad y dignidad del hombre, aunque ella viene subordinada a la condición de una «evidencia» de la prueba que a menudo se interpreta en términos tales que quita todo el valor positivo a la norma recordada. Evidencia de la prueba no significa en absoluto «prueba *prima facie» o prueba fácil.* En el sentido que tal prueba deba ya ser lograda antes del proceso, significa prueba idónea para determinar un juicio de certeza si bien el *iter* crítico para llegar a tal conclusión no es ni fácil ni rápido.

5. EL PRINCIPIO DEL CONTROL EN EL PROCESO PENAL. —Un principio que se reconduce al del *favor rei,* aunque no de modo integral, es el del control. Entendemos por control la posibilidad que un juez de grado superior a aquel que ha dictado una sentencia vaya a controlar la correspondencia o no de la decisión impugnada con la voluntad de la Ley. Dado que esta falta de correspondencia puede depender de un equivocado procedimiento de investigación y de fijación del hecho (la llamada premisa menor del silogismo judicial) o de una equivocada valoración jurídica del hecho por error que se refiere a la interpretación de la norma (premisa mayor del silogismo), el control puede referirse al momento fáctico de la decisión (control de fondo) o al momento jurídico, es decir la correspondencia o no de la decisión respecto a una precisa voluntad de la Ley. El control del hecho y del derecho debe siempre, en un régimen político abierto, admitir la posibilidad que un segundo juez pueda —investido mediante la interposición de la apelación— reexaminar la decisión del juez de grado inferior. Se trata de la regla del *doble grado de jurisdicción* que hoy se ha extendido a todos los procedimientos de competencia del juez ordinario, comprendida la sentencia de la Corte di Assise (tribunal del jurado) en base a la reforma de 1951, mientras que antes de dicha reforma estas sentencias eran inapelables. Son, por el contrario, todavía hoy inapelables las sentencias del Tribunal militar, que admiten solo recurso por razones jurídicas al Tribunal supremo militar. Pero nuestro ordenamiento conoce también un tercer grado de jurisdicción, es decir, el juicio de casación, el cual, sin embargo, no puede extenderse al fondo (hecho) de la causa y se limita a las cuestiones de derecho, siendo la Casación el órgano jurisdiccional que debe garantizar la recta interpretación de la Ley, bien supremo en el ámbito de los valores típicos de un Estado de derecho.

En nuestro ordenamiento jurídico el control se realiza mediante la interposición de un medio de impugnación, unido al vencimiento de uno de los sujetos de la relación jurídica procesal (m.f. o imputado) que se lamenta ante un juez de grado superior respecto de aquel que ha emitido la sentencia de la *injusticia* de la misma sentencia. Los medios de impugnación se distinguen en ordinarios y extraordinarios. Son ordinarios los que se interponen contra una sentencia aún no pasada en cosa juzgada (apelación, recurso de casación); extraordinarios, los que suponen el pase en cosa juzgada de la sentencia y de esta manera el principio de la irrefragabilidad de la cosa juzgada (revisión). Los medios de impugnación ordinarios tienen efecto *suspensivo* respecto a la ejecución de la sentencia; *devolutivo,* en el sentido que transfiere a la competencia del juez superior toda la causa y, por tanto, la sentencia impugnada en todos sus puntos o solo en los puntos a los que se refieren los motivos aducidos *(tantum devolutum quantum appellatum); extensivo,* en el sentido que, si uno de los vencidos impugna, la misma impugnación se extiende a todos los otros imputados con tal que el motivo aducido no se refiera exclusivamente a la persona que lo ha propuesto.

Ahora bien, ¿en qué sentido el principio del control se reconduce al *favor rei?* Ya hemos dicho que ello no sucede en términos completos. En efecto: al m.f. corresponde un derecho de impugnación de modo directo contra toda sentencia si bien mediante tal impugnación la sentencia puede sufrir una *reformatio in peius* para el imputado; al m.f. corresponden plazos más amplios de los previstos para imputado con el fin de interponer la apelación. Todo ello nos dice que la regla del combate con armas iguales entre m.f. e imputado queda mermada —al menos en el sector de las impugnaciones— en favor del órgano de la acusación. Pero no obstante esto, creemos que se deba hablar de un *favor rei* bajo dos puntos de vista: en primer lugar, cuando es solo el imputado el que interpone la apelación vale en su favor la regla de la prohibición de la *reformatio in peius* de la sentencia. Bajo un aspecto lógico tal regla podrá incluso ser un absurdo, pero bajo un aspecto político es una conquista de la libertad en el duro camino hacia un Derecho procesal «humano».

En segundo lugar, nuestra Constitución y el Código procesal penal ponen una exigencia fundamental por cuanto concierne a la sentencia y a todo otro acto procesal del juez (parecen excluidas las providencias) con el fin de hacer posible efectivamente el control: la sentencia debe ser *motivada.* Esto de la motivación es una conquista todavía relativamente reciente en la historia del proceso civil del hombre. Si bien incluso antes de la gran revolución francesa la regla de la motivación había ya aparecido esporádicamente aquí y allí, es solo con la irrupción de los principios filosófico-jurídicos del iluminismo cuando aquélla se manifiesta como regla general y categórica, como un dato fijo del nuevo sistema. Y hoy no hay Constitución o Código democrático que no hayan hecho propias las exigencias que el juez deba exponer en la sentencia las razones lógicas, tanto de hecho como de derecho, que lo han llevado a una determinada conclusión. La sentencia del magistrado no puede ser un mandato o una orden administrativa, que puede incluso estar privada de un apoyo lógico (aunque la necesidad de la motivación de los actos administrativos se hace hoy sentir en términos urgentes); la sentencia es fruto y resultado de una delicada operación lógica que el juez debe manifestar por escrito a fin de que el razonamiento por él seguido pueda ser controlado bajo el aspecto de ser impecable. La jurisdicción está de este modo enteramente ligada a la motivación. La motivación respecto al hecho exige que el juez, refiriéndose a las pruebas recogidas y valoradas, no tenga más remedio que expresar las razones por qué un hecho en sus elementos objetivos y subjetivos, esenciales o accidentales, constitutivos o impeditivos deba o no ser estimado presente. La motivación concerniente al Derecho exige que el juez deba expresar el porqué de una determinada elección normativa e interpretativa. Solo así el imputado es puesto en grado de conocer y juzgar la actividad mental del magistrado en la elección y en la valoración de todo momento relevante para la decisión; y solo así podrán ser individualizados e indicados los errores lógicos en los cuales ha caído el juez. También esta posibilidad que hoy el ordenamiento jurídico reconoce al imputado es una de las garantías predispuestas por el Estado de derecho para la tutela de las libertades individuales.

No todo defecto de motivación es, sin embargo, relevante para los fines de la impugnación de la sentencia. La motivación puede *faltar, ser contradictoria* (art. 475, núm. 3), o *insuficiente* (art. 476, núm. 2), aunque hoy se tienda justamente a ampliar el concepto de insuficiencia para reconducirlo a la carencia de motivación. Solo la carencia o lo contradictorio de la motivación son para el Código motivos de nulidad; no, por el contrario, la insuficiencia de la misma, la cual puede dar lugar solo a un proceso de rectificación de la sentencia. La carencia de motivación transforma efectivamente la parte dispositiva de la sentencia en un mandato de la autoridad *(sic volo, sic iubeo, stat pro ratione voluntas);* lo contradictorio, en cuanto expresa una oposición lógica radical entre dos tomas de posición mentales del juez, quita a la parte dispositiva todo válido apoyo, en cuanto que vulnera su fundamento y su tejido conectivo. En todo caso, las sentencias no motivadas o contradictoriamente motivadas tienen solo la apariencia de la legalidad pero no la sustancia, ya que esta está ligada siempre a la coherencia lógica del proceso mental seguido por el juez.

Tratándose de uno de los argumentos más delicados de todo el proceso penal, es necesario subrayar también la gravedad de una motivación *implícita,* porque es precisamente típico de la motivación el hacer explícito lo que es implícito, así que puede decirse que la motivación implícita no es una motivación. Y también sobre la motivación *genérica,* cuya ambigüedad demasiado a menudo tolera nuestra jurisprudencia, es preciso hacer firmes reservas. Tenemos una motivación genérica todas las veces en que la motivación es apodíctica, axiomática, decisoria; todas las veces en que el magistrado renuncia a examinar analíticamente los resultados del juicio y de las pruebas para limitarse a expresar un juicio de carácter asertorio y global que rehúye el debido análisis de todo elemento, momento, circunstancia, y petición surgido durante el proceso. Ahora bien, aun cuando sea verdad que el magistrado debe evitar ser prolijo, tratando de formular una motivación «sobria, conceptual, concisa, perspicaz, autoritaria, impersonal» (MANZINI), todo ello falta cuando él se limita a evocar en términos genéricos «a los resultados del juicio o a los resultados positivos de las pruebas examinadas», sin resaltar debidamente los aspectos del material logrado y sin un examen crítico de las diversas posibilidades de elección. La motivación genérica —vinculada frecuentemente a un desfiguramiento de los hechos— debe ser en realidad equiparada a una verdadera y propia carencia de motivación.

6. EL PRINCIPIO DE LA IRREFRAGABILIDAD DE LA COSA JUZGADA PENAL. —El proceso penal por naturaleza tiende a una sentencia. La acción penal ejercitada por el m.f. tanto en el caso en que se pida la condena, como cuando se pida la absolución, encuentra su consunción en una decisión del magistrado que decide sobre los hechos de que se han tratado. Ello acaece según la lógica de aquel planteamiento que ve en la norma un mandato abstracto dirigido a todos los asociados para que se abstengan de cometer ciertos tipos de acción bajo la amenaza de una sanción penal; y en la sentencia el mandato que, de abstracto y genérico, deviene *concreto y específico,* en el sentido que a un sujeto autor de un hecho previsto por la Ley como delito viene aplicada la pena. Si ello no fuese así sería traicionada la función del ordenamiento jurídico que, en cuanto organismo viviente en la conciencia de todos, debe actuar en la conciencia del particular mediante la resolución del magistrado.

Deviniendo de esta manera concreta, la norma se dirige a resolver un conflicto de intereses (usamos la expresión en sentido lato después de cuanto se afirmó respecto a tal cuestión) y a garantizar de tal modo la paz social y la concordia entre los ciudadanos.

A tal respecto surge un problema político muy delicado: puesto que es verdad que la sentencia es siempre obra de un hombre y puesto que es verdad que el hombre puede también equivocarse, la sentencia puede también estar equivocada, lo que —en términos jurídicos— quiere decir que la sentencia puede ser injusta. Ahora bien, si de un lado la exigencia que en un determinado momento la norma se concrete en la sentencia para resolver un conflicto de intereses y para garantizar la paz social lleva a reputar la decisión del juez *intocable, inmutable, definitiva,* de otro lado la posibilidad de errores judiciales connaturales al juicio del hombre llevaría a negar la posibilidad que la sentencia pueda lograr las características recordadas: con la consecuencia de poder —si fuese el caso— reiniciar siempre una nueva discusión sobre los hechos y sobre las responsabilidades «provisionalmente» establecidas. Existen tendencias tanto para una solución como para otra. Se ha dicho que la regla de la intocabilidad o irrefragabilidad de la cosa juzgada solo porque se reputa inmutable es una expresión de fetichismo y de ficción, en el sentido que no corresponde a la verdad, el que *«res iudicata pro vertíate habetur».* Y toda ficción es insoportable, especialmente allí donde están en juego la verdad y la justicia de una sentencia que no pueden estar subordinadas a un mito insostenible cual ha devenido el de la irrefragabilidad de la cosa juzgada penal. CARNELUTTI y otros han formulado la urgente necesidad de sustraerse al nocivo mito de la cosa juzgada, al fin de dar respiro a una exigencia de vida y de libertad. Sin embargo, por otra parte, LEONE ha sostenido que «por cuanto concierne a la cosa juzgada penal conviene observar como en el ámbito de la certeza del derecho se manifiesta un aspecto particular que está representado por la tendencia del proceso penal al fin del mantenimiento de la paz social (...) y colocada en este plano la autoridad de la cosa juzgada reposa sobre una solidísima base, que justifica —y en manera indudablemente más vinculante que su reconducción a la autoridad del Estado— aquellas afirmaciones según las cuales la injusticia de la sentencia irrevocable vendría compensada por la *utilidad pública».*

No obstante, tanto si se quiere resolverlo con una presunción de verdad como con una ficción, el drama queda expuesto con toda su gravedad. La revisión de la sentencia puede ser remedio solo en casos excepcionales, pero ella no afecta al principio de la irrefragabilidad de la cosa juzgada porque el juicio de revisión debe cerrarse con una sentencia a su vez votada para ser definitiva e inmutable. Y las razones de seguridad jurídica, de estabilidad del ordenamiento, de certeza en la regulación de las relaciones jurídicas, son de tal naturaleza que explican la institución no tanto en términos de justicia, cuanto más bien de utilidad social: por el bien de todos es necesario que uno (incluso inocente) tenga que morir. Proposición, esta, que niega aquel fundamento de moral absoluta lejano del provecho y de la felicidad del mayor número (moral de BENTHAM), que se creía o se postulaba en la raíz del sistema procesal penal. Una exigencia democrática que tienda a la salvación del individuo en el marco de la verdad y de la justicia, postularía otra solución, mientras que también el Estado que se autodefine democrático, en un determinado momento, recurre a un principio autoritario par enraizar sobre bases utilitaristas una solución que debería estar siempre inspirada por precisos criterios de verdad y de justicia sustancial. De esta forma, aunque ligado a la justicia, en una de sus estructuras fundamentales, el proceso penal se basa en una exigencia de fin, de utilidad.

Del principio de la inmutabilidad de la cosa juzgada penal deriva una regla muy importante: la del *ne bis in idem* que encierra una verdadera y propia preclusión, por la que, en el supuesto de la identidad del hecho no se puede ser juzgado una segunda vez por el mismo hecho y, por tanto, reasumir la condición de imputado. El artículo 90 del Código procesal penal dispone que «el imputado condenado o absuelto incluso en contumacia con sentencia devenida irrevocable no puede ser de nuevo sometido a procedimiento penal por el mismo hecho, ni siquiera si este se considera diverso por el título, por el grado o por las circunstancias...». De nuevo, otra vez, el problema de la identidad del hecho aparece claramente tras cuanto ya ha sido dicho sobre el tema a propósito de la correlación entre la sentencia y la acusación. Sin embargo, no es necesario creer que el problema sea el mismo o que se resuelva en los mismos términos. En el tema de la interpretación de las disposiciones legales no es determinante una razón lógico-sistemática, sino una razón teleológica: es necesario contemplar la *función* de la norma, lo que está en relación con el fin de la misma. En el tema de la correlación entre acusación y sentencia es decisivo el interés de la defensa, en el sentido que nunca un cambio de un hecho a otro pueda ser consentido si sobre la base de tal cambio se compromete el derecho de defensa; aquí, por el contrario, es el interés en la certeza y seguridad jurídica el que puede venir comprometido cuando se pretende querer juzgar por segunda vez un hecho amparado por la cosa juzgada. Pero a este respecto, ¿qué se entiende por identidad del hecho bajo el aspecto de la inmutabilidad de la cosa juzgada?

También a este propósito vemos que la relación lógica de identidad $a = a^1$ *no* puede ser invocada. La Ley reputa idéntico el hecho aunque este cambie: a) *respecto al título.* Bajo este aspecto existe identidad de valoración con la solución dada en el tema de la correlación entre acusación y sentencia. Se califica el hecho como apropiación indebida mientras existe ya una sentencia que lo ha calificado como de malversación de caudales públicos: cambia solo el *nomen iuris*, pero la sustancia del hecho permanece idéntica, b) *Respecto al grado.* La hipótesis se refiere particularmente al caso en que se quiera juzgar de nuevo un hecho como delito consumado, cuando subsiste ya una sentencia que lo ha juzgado como hecho en grado de tentativa. Condenado alguno por homicidio en grado de tentativa no puede —tras pasar la sentencia en cosa juzgada— venir condenado por homicidio consumado solo porque la víctima ha fallecido, c) *Respecto a las circunstancias.* Si tras el pase en cosa juzgada de la sentencia por delito de hurto surge la agravante de fractura, no hay absolutamente nada que hacer. La cosa juzgada es intocable.

De cuanto se ha dicho es quizá posible extraer una regla general: el hecho permanece idéntico a los fines de la regla del *ne bis in idem* todas las veces en que permanece idéntica la realidad vital en que se ha manifestado la acción delictiva del sujeto, independientemente del resultado o evento.

Cuando se pretenda reexaminar un comportamiento humano (acción u omisión) que ya ha formado objeto de conocimiento y de juicio por parte del magistrado, y respecto al cual la sentencia ha adquirido el carácter de ser definitiva e inmutable, la Ley alza la barrera de una preclusión y prohíbe el reexamen de aquella realidad vital que ha formado objeto de un juicio. *Roma locuta est causa finita.* En ciertas hipótesis la situación incluso podrá resultar enojosa; sin embargo, la estabilidad de la cosa juzgada y una consideración de humanidad *(favor rei)* quieren que no se pueda volver hacia atrás.

La cosa juzgada puede ser alterada y anulada solo en un caso y con tal que sea una decisión de condena: en el caso de la *revisión* de la sentencia que es un medio extraordinario de impugnación.

Este se regula precisamente en el supuesto que una sentencia de condena haya pasado en cosa juzgada, pero no tiende a alterar la cosa juzgada, reiniciando la discusión de todo aquello que, en el proceso ya terminado, había sido ya logrado. No se trata de discutir de nuevo las pruebas, la motivación, etc., sino de examinar *nuevos elementos de prueba* que «solos o unidos a los ya examinados en el procedimiento, hacen evidente que el condenado debe ser absuelto por lo dispuesto en la primera parte o en el tercer párrafo del artículo 479 del Código procesal penal», que prevén la hipótesis de una absolución porque el hecho no constituye delito o porque el imputado no lo ha cometido, y la hipótesis de la declaración de «no deberse proceder» porque el delito se ha extinguido o la acción penal no podía ser iniciada o proseguida. No solo es este el caso en que una revisión de la cosa juzgada puede ser pedida. El art. 554 del Código procesal penal (modificado por la Ley de 14 de mayo de 1965, número 841) prevé también otras hipótesis, que aquí no es necesario analizar. Diremos solo que, de los cinco casos previstos, cuatro son de orden prevalentemente lógico (contradicción de fallos, revocación de una sentencia civil que haya juzgado sobre cuestiones prejudiciales civiles de influencia en el proceso penal, etc.), mientras aquél que hemos recordado es teleológico en el sentido que constituyendo —como bien afirma LEONE— el «corazón» de la nueva disciplina, expresa su latido y su tendencia: operar de modo que un error judicial no pueda cristalizarse en eterno cuando una razón de inocencia aparezca tras el fallo y sea de tal naturaleza, que sola o conjuntamente a los elementos ya examinados en el procedimiento, favorezcan el triunfo de la inocencia que en un sistema político «abierto» debe ser la meta última de toda actividad procesal.

CAPÍTULO IV

El futuro del proceso penal

1. El futuro del proceso penal depende de dos condiciones fundamentales. La primera se refiere a la consolidación de la idea democrática en la vida política. Si, en efecto, en la evolución política italiana no ocurren en el futuro momentos de interrupción o de involuciones, hay que pensar que las futuras reformas, parciales o totales, de los procesos hoy en vigor serán siempre más adecuados a los postulados políticos de la democracia. Ello quiere decir que el proceso penal se adecuará cuanto más sea posible al tipo de proceso acusatorio, cuyos caracteres fundamentales son —y está bien recordarlo— «la plena publicidad de todo el procedimiento; la libertad personal del acusado hasta la condena definitiva; la igualdad absoluta de los derechos y poderes entre el acusador y el acusado; la pasividad del juez en la recogida de las pruebas tanto de imputación como en descargo; la continuidad del contexto; la síntesis en todo el procedimiento».

Si debiésemos tener, por el contrario, un proceso de involución política de carácter autoritario o totalitario —lo que se verificó, por ejemplo, en Alemania de 1933 a 1945—, la estructura y las finalidades del proceso penal vendrían fatalmente a asumir las características del proceso de tipo inquisitorio que —siempre según la magistral síntesis de CARRARA— presenta los caracteres de «una dirección de las pruebas al pleno albedrío del juez; instrucción escrita desde el principio hasta el final; y, de este modo, también la defensa escrita; procedimiento constantemente secreto no solo en relación con los ciudadanos, sino también en relación con el mismo justiciable, en cuya presencia nada se hace y al que no se comunica el proceso hasta que no está terminado, y en fase de reenvío; prisión provisional del justiciable y su absoluta segregación de todo contacto con los demás hasta el momento de la defensa; interrupción de los actos; y de este modo emisión de la sentencia a comodidad del juez, orden analítico hasta el reenvío a un examen especial».

Si queremos, por ejemplo, tomar de nuevo en consideración la experiencia procesal germánica bajo el régimen nazista, podemos recordar con KERN como el nacional socialismo, en cuanto típica expresión de un exacerbado autoritarismo estatal, tuvo que rechazar fundamentalmente el liberalismo y prestar poca o ninguna atención a los individuos y a la libertad del individuo, en el «interés de la comunidad del pueblo». De este modo, el nazismo consideró en términos de menor importancia el interés del imputado y eliminó una serie de disposiciones que debían servir para su tutela. En consecuencia, aumentó los casos de prisión provisional y abandonó la concepción del proceso penal como un litigio entre dos partes igualmente legitimadas, en ventaja total del acusador público. Los modos y los términos de la defensa fueron atenuados; limitadas las posibilidades de impugnación; y admitida la ejecutoriedad de las decisiones del magistrado antes de ser definitivas. Reconoció al ejecutivo la posibilidad de eliminar incluso las sentencias pasadas en cosa juzgada. Atribuyó al ministerio fiscal —dependiente del ejecutivo— en gran medida poderes concretos y funciones de decisión. La justicia se politizó, la independencia de la magistratura fue privada de sus garantías, los legos fueron excluidos de la administración de la justicia penal.

Hemos querido recordar todas estas amargas experiencias recientes porque ellas podrían volver nuevamente si la vida política debiese abandonar el camino de una libertad con tanto esfuerzo conquistada. Por lo demás, todavía hoy, allí donde están en auge regímenes políticos de carácter totalitario, las estructuras y las finalidades procesales penales están todas animadas por la idea que la sociedad clasista debe ser defendida de los comportamientos antisociales de los individuos o, sin más, de los «modos de ser» de la personalidad individual, es decir, de su peligrosidad para los intereses del grupo. En el proceso penal de la Rusia soviética se partía incluso de una presunción de culpabilidad que ponía prácticamente a cargo del imputado la prueba de su inocencia. Hoy —a cincuenta años de la revolución— en un clima político menos ardiente que consiente hablar de una «legalidad socialista», mientras el recurso a la analogía deviene menos frecuente en materia penal, también en el campo procesal penal la primitiva presunción de culpabilidad que invertía la carga de la prueba ha sido suavizada. En efecto, dispone el párrafo 2.º del art. 14 de la Ley sobre los principios de la legislación relativa a la organización de los Tribunales que «el tribunal, el fiscal y las personas encargadas de conducir la indagación y de realizar las investigaciones no deben imponer al imputado la carga de la prueba». Ello, sin embargo, no significa que el imputado sea, como en las legislaciones democráticas, presunto inocente hasta la condena definitiva, sino quiere significar solo que técnicamente es más útil para la tutela de los intereses de la colectividad socialista imponer a los órganos inquisitorios de la misma colectividad el activarse para los fines de la búsqueda de las pruebas. No obstante, en la duda, se condena al imputado; mientras que está claro que, a tales fines en un sistema de democracia, en caso de duda el imputado debe venir absuelto, incluso con la fórmula dubitativa.

La segunda condición que puede determinar una revisión del proceso penal vigente es la eventual reforma del Código penal. Y, bien entendido, debe tratarse de una reforma de estructura, no de una de aquellas revisiones parciales que ya hemos experimentado en los últimos años. Ello quiere decir una reforma de tal naturaleza que asigne al Derecho penal una nueva fisonomía, como es el caso de una abolición de la institución de las medidas administrativas de seguridad. Es sabido como el Código penal vigente, junto al hombre «culpable» conoce también al hombre «peligroso» y disponga junto a la «pena» la «medida de seguridad» cual complemento o cual sustitución de la pena. Tal previsión legislativa de la medida, en cuanto garantizada jurisdiccionalmente en el momento de su aplicación, ha ensanchado las tareas del juez penal y, por tanto, ha desplazado los límites del proceso penal, el cual está ahora orientado no solo a la fijación del hecho y de la culpabilidad del imputado, sino también al establecimiento de la peligrosidad de dicho imputado. El proceso penal, por tanto, ha asumido tareas de policía de seguridad, y si ello desde un punto de vista de garantías procesales puede incluso ser un bien, bajo el aspecto del ensanchamiento de los cometidos del proceso penal, deja abierta la vía a fundadas críticas. En efecto, con la excusa de la fijación de los presupuestos de la peligrosidad, un amplio margen de discrecionalidad entra en el marco del proceso tradicional y conlleva, fuera de toda duda, los signos de una gradual transformación de tareas, de estructuras, y de finalidades. En el ámbito de un Estado de derecho que ha contribuido a la formación del proceso penal moderno —garantía de libertad—, la irrupción de las medidas de seguridad ha hecho demasiado elástico el concepto de legalidad que no se puede apoyar sobre datos precisos y seguros cuando se trata de fijar los criterios y determinar los presupuestos de la peligrosidad de un sujeto. Peligrosidad y legalidad son términos entre sí en cierto aspecto antitéticos, porque la legalidad es la expresión de un juicio de adhesión entre un hecho establecido (juicio de certeza) y una norma legal, mientras que la peligrosidad, incluso si parte de indicios seguros, está siempre en función de un juicio de probabilidad de nuevos daños para el futuro por parte de un sujeto «peligroso». Tal atributo de peligrosidad referido a una persona humana es ontológicamente de lo más aberrante que se pueda imaginar, al ser el hombre portador de una eticidad que lo diferencia netamente de todo factor de peligro que pueda actuar en el mundo de la naturaleza.

El proceso penal, que es instrumento de verdad y de justicia y está, por tanto, al servicio de los valores morales supremos y absolutos, no debería conocer de materias y de objetos ligados por naturaleza a una función pública del todo ajena a la jurisdiccional, es decir, referible solo a la función administrativa de seguridad que tienda a prevenir daños sociales y no a establecer jurisdiccionalmente delitos y responsabilidades personales, basadas en un juicio de culpabilidad y, por tanto, de imputación personal. La función jurisdiccional queda humillada y mortificada en cuanto se tienden a confundir entre sí funciones estatales diversas con perjuicio de la seguridad jurídica. Pero una eventual eliminación de las medidas del proceso penal solo podrá ser consecuencia de una radical reforma del Código penal.

Cree LEONE que uno de los problemas básicos del proceso penal que debe ser resuelto es el de «una mayor rapidez del proceso en el interés, no solo del imputado, sino de la prevención general, de su propia manifestación y de la sociedad que quiere conocer, a veces con angustiosa impaciencia, la verdad sobre un caso judicial». Si por prontitud se entiende mayor rapidez del actual curso procesal de las cosas ya hemos advertido como no siempre ello pueda coincidir con los intereses del imputado que ve en las formas, en los términos, y en las nulidades, insustituibles garantías de libertad y tutela de intereses defensivos. Las recientes novelas pueden haber frenado el ritmo del proceso, pero ello era, si bien se mira, inevitable con vista al interés público que gravita en torno a la posición defensiva del imputado. No es necesario creer que el interés del imputado sea un puro interés privado. Aunque el Código vigente considera al imputado como una parte también «privada», aquél es siempre un sujeto fundamental del proceso y los intereses que en él se centran son intereses de toda la colectividad. Es verdad que urge a la sociedad el castigo del culpable y un castigo rápido, pero es también cierto que apremia a la sociedad la absolución del imputado inocente. No puede interesar en ningún caso una más o menos rápida condena de un inocente. De ello se deduce la preeminencia de la consideración de la tutela de las posiciones individuales en la autonomía del proceso penal sobre las posiciones de la colectividad. Bajo esta perspectiva deben, por tanto, ser resueltos en el futuro los problemas de la rapidez del procedimiento. Se trata de un conflicto entre dos intereses públicos, aunque portador de uno de ambos parezca ser una persona privada, es decir, el imputado. El proceso penal es siempre proceso tendente a la tutela de intereses públicos o «publistizados», aunque por su origen sean privados en cuanto ligados a un individuo en particular: el imputado. En consecuencia, no estamos de acuerdo con LEONE cuando el ilustre jurista postula una «mayor participación en el proceso penal, incluso a título de iniciativa, de sujetos privados: acción penal privada, por lo menos subsidiaria; revisión del instituto de la parte civil también a los efectos de la legitimación para la impugnación por cuanto concierne a la decisión penal». Todo ello puede entenderse en el marco de un proceso de «privatización» del procedimiento penal, en el que toman siempre mayor relieve el interés individual y la voluntad privada. Precisamente, lo contrario de la concepción que defendemos, como la más idónea para tutelar los valores y las exigencias supraindividuales. La acción penal privada (¿qué clase de Derecho sería?) vendría a exponer el procedimiento penal a las posibilidades de venganza o a las de explosión de rencor individuales, cuando ya hoy las condiciones de procedibilidad (querella y denuncia) son siempre el reconocimiento de una autónoma valoración de la oportunidad de un proceso por parte del particular.

En cuanto a la parte civil, es una institución (o un sujeto secundario) apenas tolerable en el ámbito del proceso penal, por lo que una extensión de sus posibilidades y de sus facultades vendría verdaderamente a subordinar todo el proceso penal a una exigencia de provecho individual, cuando la persona lesionada tiene ciertamente ante sí otras vías para el reconocimiento de sus pretensiones. La parte civil no es un acusador privado que pueda sustituirse sin más a la aquiescencia del m.f. respecto a las impugnaciones. Ello supondría una extensión de facultades inconcebible y un derrumbamiento del proceso de ser portador de justicia a ser un simple instrumento de tutela de intereses privados.

Una eventual reforma futura debería, a mi parecer, retocar la cuestión relativa a una más acentuada posición defensiva del imputado en la fase instructoria y a una eventual unificación en las manos del juez instructor de las dos clases de instrucción hoy admitidas por el Código. Es verdad que un paso adelante ha sido dado, pero queda aún mucho que hacer. En cuanto al mantenimiento de la fase instructoria secreta y escrita, modelada sobre el tipo de proceso inquisitorio, las opiniones no están aún suficientemente claras. Solo mediante una acentuación de una mayor lealtad procesal, tanto por parte del imputado como por parte del defensor, podría hacer pensar en una superación del tipo actual de instrucción, para entrar en el orden de ideas del proceso angloamericano. Pero los tiempos en Italia no parecen todavía maduros para tal operación.

BIBLIOGRAFÍA

Obras de carácter general

A) *Para la doctrina penal italiana:*

ALTAVILLA, *Manuale di Diritto penale,* parte generale, Napoli, 1934.

ANTOLISEI, *Manuale di Diritto penale,* parte generale, 6.ª ed., Milano, 1969.

BATTAGLINI, *Diritto penale,* parte general, 3.ª ed., Padova, 1949.

BETTIOL, *Diritto penale,* parte generale, 8.ª ed., Padova, 1973.

BOSCARELLI, *Compendio di Diritto penale,* parte generale, Milano 1968.

CARNELUTTI, *Lezioni di Diritto penale. Il reato,* Milano, 1943.

CAVALLO, *Diritto penale,* vols. I-III, Napoli, 1955-62.

DE MARSICO, *Diritto penale,* parte generale, Napoli, 1969.

FLORIAN, *Parte generale del Diritto penale,* 4.ª ed., Milano, 1934.

FROSALI, *Sistema penale italiano,* vols. I-III, Torino, 1958.

GRISPIGNI, *Diritto penale italiano,* 2.ª ed., Milano, 1952.

GUADAGNO, *Manuale di Diritto penale,* Roma, 1962.

LEONE, *Elementi di Diritto e procedure penale,* 2.ª ed., Napoli, 1969.

MAGGIORE, *Diritto penale,* parte generale, vols. I y II, 5.ª ed., Bologna, 1951.

MANZINI, *Istituzioni di Diritto penale italiano,* parte generale, 9.ª ed., Padova, 1949.

MANZINI, *Trattato di Diritto penale italiano,* vols. I-X, 4.ª ed., Tormo, 1961-64.

MUSOTTO, *Corso di Diritto penale,* parte generale, Palermo, 1964.

PAGLIARO, *Principi di Diritto penale,* parte generale, Milano, 1972.

PANNAIN, *Manuale di Diritto penale,* parte generale, 4.ª ed., Torino, 1967.

PETROCELLI, *Principi di Diritto penale,* vol. I, 3.ª ed., Napoli, 1964.

PISAPIA, *Istituzioni di Diritto penale,* 2.ª ed., Padova, 1970.

RANIERI, *Manuale di Diritto penale,* 4.ª ed., Padova, 1968.

SABATINI, GU., *Istituzioni di Diritto penale,* parte generale, vol. I, Catania, 1943.

SALTELLI-ROMANO DI FALCO, *Commento teorico-pratico del Codice penale,* vols. I-IV, 3.ª ed., Roma, 1956.

SANTANIELLO, *Manuale di Diritto penale,* 3.ª ed., Milano, 1967.

SANTORO, *Manuale di Diritto penale,* vols. I-V, Torino, 1958-68.

TESAURO, *Istituzioni di Diritto e di procedura penale,* Napoli, 1964.

VANNINI, *Manuale di Diritto penale,* parte generale, Milano, 1951.

B) *Para la doctrina procesal italiana:*

ALTAVILLA, *Lineamenti di Diritto processuale penale,* Napoli, 1946.

ANDRIOLI, *Appunti di procedura penale,* Napoli, 1965.

BELLAVISTA, *Lezioni di Diritto processuale penale,* 3.ª ed., Milano, 1972.

CARNELUTTI, *Lezioni sul processo penale,* vols. I-IV, Roma, 1946-1949.

CARNELUTTI, *Principi del processo penale,* Napoli, 1960.

CONSO, *Istituzioni di Diritto processuale penale,* 2.ª ed., Milano, 1969.

CORDERO, *Procedura penale,* 2.ª ed., Milano, 1971.

DE MARSICO, *Diritto processuale penale,* 4.ª ed., a cura di Pisapia, Napoli, 1966.

FLORIÁN, *Diritto processuale penale,* 3.ª ed., Torino, 1939.

FOSCHINI, *Sistema del Diritto processuale penale,* vols. I-III, 2.ª ed., Milano, 1966-68.

FROSALI, *Sistemo penale italiano,* vols. I-IV, Torino, 1958.

GRISPIGNI, *Diritto processuale penale,* Roma, 1945.

LEONE, *Trattato di Diritto processuale penale,* vols. I-III, Napoli, 1961.

LEONE, *Manuale di Diritto processuale penale,* 8.ª ed., Napoli, 1971.

LEONE, *Istituzioni di Diritto processuale penale,* vols. I-II, Napoli, 1965.

MANZINI, *Istituzioni di Diritto processuale penale,* 12.ª ed., Padova, 1967.

MANZINI, *Trattato di Diritto processuale penale italiano,* vols. I-IV, 6.ª ed., Torino, 1967-72.

MASSARI, *Il processo penale nella legislazione italiana.,* Napoli, 1934.

RANIERI, *Manuale di Diritto processuale penale,* 5.ª ed., Padova, 1965.

SABATINI, GU., *Principi di Diritto processuale penale,* vols. I-II, Catania, 1948-49.

SANTORO, *Manuale di Diritto processuale penale,* Torino, 1954.

SCARANO, *Istituzioni di Diritto processuale penale,* Napoli, 1956.

TESAURO, *Istituzioni di Diritto e di procedura penale,* Napoli, 1956.

VANNINI, *Manuale di Diritto processuale penale italiano,* 6.ª ed., Milano, 1969.

C) *Para la doctrina penal extranjera:*

BASILEU GARCIA, *Instituiçoes de Direito penal,* São Paulo (sin fecha).

BAUMANN, *Strafrecht,* Allgemeiner Teil, 5.ª ed., Bielefeld, 1968.

BELING, *Grundzüge des Strafrechts,* II.ª ed., Tübingen, 1930.

BOUZAT y PINATEL, *Traite de Droit penal et de criminologie,* vols. I-III, Paris, 1970.

BRUNO, *Direito penal,* vols. I-IV, 3.ª ed., Río de Janeiro, 1967.

CUELLO CALÓN, *Derecho penal,* 16.ª ed., Barcelona, 1971.

DEL BOSAL, *Derecho penal español,* 3.ª ed., Madrid, 1960.

DONNEDIEU DE VABRES, *Traité élémentaire de Droit criminel et de législation pénal comparé,* 3.ª ed., París, 1947.

FONTÁN BALESTRA, *Derecho penal,* 6.ª ed., Buenos Aires, 1969.

FRANK, *Das Strafgesetzbuch für das deutsche Reich,* 18.ª ed., Tübingen, 1931.

HIPPEL (VON), *Manuale di Diritto penale* (trad. it. Vozzi), Napoli, 1936.

HORROW, *Grundriss des österreichischen Strafrechts,* Wien, 1952.

JESCHECK, *Lehrbuch des Strafrechts,* Allgemeiner Teil, 2.ª ed., Berlin, 1972.

JIMÉNEZ DE ASÚA, *Tratado de Derecho penal,* vols. I-VI, Buenos Aires, 1956-1962.

KOHLRAUSCH y LANGE, *Strafgesetzbuch,* 43.ª ed., Berlín, 1961.

LISZT (VON) y SCHMIDT, *Lehrbuch des deutschen Strafrechts,* 26.ª ed., Berlín, 1932.

MAGALHÁES NORONHA, *Direito penal,* 3.ª ed., São Paulo, 1965.

MAYER, *Strafrecht,* Allgemeiner Teil, Stuttgart, 1967.

MAURACH, *Deutsches Strafrecht,* Allgemeiner Teil, 4.ª ed., Karlsruhe, 1971.

MEZGER, *Diritto penale* (trad. it. Mandalari), Padova, 1935.

NOVOA MONREAL, *Curso de Derecho penal chileno,* Santiago, 1966.

NOWAKOWSKI, *Das österreichische Strafrecht in seinen Grundzügen,* Graz, 1955.

RITTLER, *Lehrhuch des österreichischen Strafrechts,* Allgemeiner Teil, vol. I, 2.ª ed., 1954.

SAUER, *Allgemeine Strafrechtslehre,* 3.ª ed., Berlin, 1955.

Schmidhäuser, *Strafrecht,* Allgemeiner Teil, Tübingen, 1970.

SCHÖNKE y SCHRÖDER, *Strafgesetzbuch Kommentar,* 16.ª ed., München, 1972.

SOLER, *Derecho penal argentino,* Buenos Aires, 1963.

STEFANI y LEVASSEUR, *Droit penal general,* vols. I-II, 6.ª ed., Paris, 1972.

WELZEL, *Das deutsche Strafrecht,* 11.ª ed., Berlín, 1969.

D) *Para la doctrina procesal extranjera:*

BELING, *Deutsches Reichsstrafprozessrecht,* Berlín-Leipzig, 1928.

HENKEL, *Strafverfahrensrecht,* Stuttgart, 1954.

HIPPEL (VON), *Der deutsche Strafprozess-Lehrhuch,* Marburg, 1941.

KERN, *Strafverfahrensrecht,* 11.ª ed., München-Berlín, 1972.

LOWE y ROSENBERG, *Die Strafprozessordnung und das Gerichtsverfassungsgesetz mit Nebengesetzten, Grosskommentar,* vol. I, 22.ª ed., Berlin, 1971.

PETERS, *Strafprozess,* 2.ª ed., Karlsruhe, 1966.

ROEDER, *Lehrbuch des österreichischen Strafverfahrensrechts,* Wien, 1963.

SAUER, *Allgemeine Prozessrechtslehre,* Berlin, 1951.

SCHMIDT, *Lehrkommentar zur Strafprozessordnung und zum Gerichts verfassungsgesetz,* Teil I, Göttingen, 1952.

Instituciones de Derecho Penal y Procesal
de
GIUSEPPE BETTIOL
se imprimió en la República Argentina
en marzo de 2022.

www.ingramcontent.com/pod-product-compliance
Lightning Source LLC
LaVergne TN
LVHW082238051026
849532LV00012B/4034
* 9 7 8 9 5 6 4 0 7 0 3 8 4 *